W0470400

© 2025, LESEDITIONS**OVADIA**

37-41 Boulevard Dubouchage • 06000 Nice
Nice • Genève • Paris • Bruxelles • Montréal

En application de la loi du 11 mars 1957, il est interdit de reproduire intégralement ou partiellement le présent ouvrage sans autorisation de l'éditeur ou du Centre français d'exploitation du droit de copie (CFC), 20, rue des Grands Augustins, 75006 Paris

N° d'éditeur : 2-36392

ISBN 978-2-36392-654-8

Pascale Caron
Dr Yves-Marie Le Bay

Préface de Christophe Courtin

L'ENTREPRENEUR IA

CONSEILS D'ENTREPRENEURS

LESEDITIONSOVADIA

Préface

L'intelligence artificielle n'est pas une tendance passagère. C'est un raz-de-marée. Elle transforme en profondeur notre manière de travailler, d'entreprendre et même de penser l'avenir du business. En quelques années, elle est passée du statut de curiosité technologique à celui de moteur indispensable de la performance économique. Refuser de l'adopter aujourd'hui, c'est accepter d'être distancé demain.

Lorsque j'ai découvert ChatGPT pour la première fois, j'ai eu un choc, un vrai choc. J'ai compris que quelque chose de profond était en train de se jouer, et que nous entrions dans une nouvelle ère. Pendant trois jours, je n'ai pas dormi. Pourquoi ? Parce que tout ce que je savais sur le travail, et l'innovation venait d'être remis en question.

Dans mon Groupe, j'ai immédiatement pris une décision radicale : intégrer l'IA à tous les niveaux. J'ai demandé à mes directeurs de s'y mettre et j'ai moi-même changé ma façon de travailler. Le résultat a été sans appel : nous sommes aujourd'hui bien plus efficaces et plus agiles. Personnellement, j'ai doublé ma productivité. Ce n'est pas une simple question de gain de temps, c'est une transformation complète de la manière dont nous pensons notre travail.

◆ Une révolution technologique et économique

L'IA n'est pas qu'un outil de plus. C'est une rupture. Une rupture comparable à l'invention de l'imprimerie, de l'électricité ou d'Internet. Et comme toutes les ruptures, elle provoque des bouleversements profonds. Dans les dix prochaines années, nous allons voir disparaître des millions d'emplois administratifs, analytiques et de support, remplacés par des agents autonomes et des algorithmes toujours plus performants.

Cette révolution va aussi toucher les métiers de la connaissance. Hier, ce qui faisait la valeur d'un expert, c'était sa maîtrise d'un savoir pointu, longuement acquis. Aujourd'hui, n'importe quel système d'IA peut résumer en quelques secondes ce qu'un spécialiste mettrait des années à apprendre. La vraie question devient donc : qu'est-ce que l'humain peut encore apporter ?

La réponse, selon moi, réside dans l'intuition, la créativité et la stratégie. Un entrepreneur qui comprend l'IA et sait comment l'exploiter pour maximiser son impact devient une machine de guerre. Celui qui s'accroche à ses anciennes pratiques risque de se faire balayer.

◆ Une adoption inévitable

Certains résistent encore à cette révolution, par peur ou par incompréhension. Pourtant, l'histoire nous montre que les grandes ruptures technologiques ne laissent que deux options : s'adapter ou disparaître. Ceux qui ont dédaigné Internet ont regardé leur business s'écrouler.

Dans mon entreprise, j'ai vu la transformation de mes équipes. Certains développeurs résistaient au départ, préférant coder « à l'ancienne ». Jusqu'à ce qu'ils constatent, que des collègues moins expérimentés, mais armés d'IA, les dépassait en vitesse et en qualité. En quelques mois, l'adoption est devenue une évidence. Ils sont devenus des experts augmentés.

J'ai également pu observer cette transformation au sein de ma propre famille. Mon fils, âgé de 13 ans, s'est pris de passion pour l'IA et l'a utilisée pour refondre l'intranet de sa nouvelle école. Non seulement il a conçu un site fonctionnel, mais il l'a enrichi de fonctions interactives et intuitives, surpassant ce que des professionnels plus expérimentés auraient pu produire en plusieurs semaines. Il a également créé un jeu pour aider ses camarades à apprendre la géographie, en intégrant des données dynamiques et des systèmes d'interaction automatisés. Cet exemple illustre à quel point l'IA permet à n'importe qui, quel que soit son âge ou son expérience, de créer des solutions innovantes et de surpasser les limites traditionnelles de l'apprentissage et de la productivité.

Le message est clair : l'IA ne remplacera pas ceux qui savent l'utiliser, mais elle fera disparaître ceux qui s'en passent.

◆ Un futur à réinventer

L'IA ne se contente pas d'optimiser l'existant, elle ouvre aussi des perspectives nouvelles. Elle permet à des entrepreneurs de lancer des business ultra-efficaces en peu de temps, d'analyser des marchés avec une précision jamais atteinte, et même de créer des produits qui auraient été impossibles à concevoir il y a quelques années.

Mais cette révolution soulève également des questions profondes. Que va-t-il advenir des millions d'employés remplacés par des IA ? Quel sera l'impact sur la société, sur les inégalités, sur la place de l'humain dans le travail ? Je ne parle pas de la France, mais du monde en général. Ces questions ne peuvent être ignorées. Il est essentiel d'anticiper et d'accompagner ces changements pour éviter qu'ils ne deviennent sources de crise sociale.

D'ici 10 ou 20 ans, les modèles économiques tels que nous les connaissons pourrait être radicalement transformé. De nouveaux vont émerger, où la valeur ne se mesurera plus seulement en heures travaillées, mais en création d'impact et en intelligence d'utilisation des ressources.

◆ Un livre essentiel pour comprendre et agir

Ce livre n'est pas juste un état des lieux. Il ne se contente pas de prédire l'avenir. Il vous met face à la réalité de cette révolution et vous donne des clés pratiques pour agir.

À travers les témoignages d'entrepreneurs qui ont intégré l'IA dans leur business, vous allez découvrir comment ils ont réussi à transformer leur activité, à créer de la valeur et à se différencier. Ces histoires ne sont pas de simples cas d'école, ce sont des exemples concrets qui montrent que l'IA, loin d'être une menace, est une opportunité pour ceux qui savent l'embrasser.

Que vous soyez déjà engagé dans cette transition ou encore hésitant, plongez dans ces pages avec ouverture d'esprit. Une chose est certaine : l'IA ne vous attendra pas.

Bonne lecture.

Christophe Courtin
Fondateur et Président du Groupe Courtin

Remerciements

À tous les entrepreneurs français qui se sont pliés avec enthousiasme à l'exercice de l'interview, aux Conseillers du Commerce Extérieur de la France qui nous ont permis d'accéder à des événements majeurs comme le CES de Las Vegas et l'IA Summit de Paris.

Avant-propos

Le livre que vous vous apprêtez à lire est le fruit d'une enquête de six mois, consacrée à l'impact de l'intelligence artificielle sur les entrepreneurs français.

Durant cette période, marquée par une accélération technologique constante, nous avons conduit de nombreux entretiens avec des dirigeants issus de secteurs variés. Leurs témoignages, riches et concrets, révèlent comment l'IA transforme les modèles économiques, les pratiques managériales et les dynamiques d'innovation au sein des entreprises.

Afin de suivre l'évolution rapide de ces usages, nous avons choisi d'accompagner cet ouvrage d'une version digitale complémentaire. Elle intégrera régulièrement de nouvelles interviews, accessibles en scannant le QR code ci-dessous. Vous pourrez ainsi continuer à explorer les initiatives d'entrepreneurs qui façonnent, au quotidien, l'économie de demain grâce à l'intelligence artificielle.

Introduction

> « *L'intelligence artificielle se définit comme le contraire de la bêtise naturelle.* »
>
> Woody Allen, réalisateur et humoriste américain

Il est tard. Une lumière tamisée éclaire le bureau encombré d'un entrepreneur plongé dans ses pensées. Face à son écran, les chiffres défilent. Pourtant, ce soir, ce qui l'intéresse c'est une ligne de texte : un modèle prédictif, généré par son outil d'intelligence artificielle, qui propose une décision à adopter. Cette suggestion va à l'encontre de son intuition, mais elle s'appuie sur des données qu'il n'aurait jamais pu analyser seul.

Il hésite. Cette hésitation n'est pas uniquement technique, elle est profondément humaine. L'IA ne parle pas la langue de ses doutes ou de ses rêves. Elle analyse, elle propose. Et lui, il ressent, il imagine. Peut-il vraiment faire confiance à une machine pour l'accompagner dans des choix déterminants ?

Pourtant, en appuyant sur le bouton « confirmer », il ne se contente pas d'accepter une recommandation technologique. Il franchit une frontière. Il entre dans une nouvelle ère de sa vie professionnelle, où l'humain et la machine travaillent ensemble, non pas comme rivaux, mais en partenaires.

◆ Une relation de confiance à construire

Mais cette alliance entre l'homme et la machine ne va pas de soi. Comme toute relation, elle repose sur la confiance. Et pour être solide, elle doit se bâtir sur une compréhension mutuelle.

Pour Julien, intégrer l'IA dans son entreprise était au départ un pari risqué. Les équipes étaient sceptiques et craignaient que la technologie ne complique davantage leur travail quotidien. Cependant, en mettant l'accent sur la formation et l'accompagnement, cet entrepreneur a transformé l'IA en une véritable alliée. « Ce n'est qu'en comprenant les limites et les forces de l'IA que nous avons pu vraiment lui faire confiance », a-t-il expliqué.

Dans le cas de Stéphanie, l'intégration de l'IA a apporté une véritable dynamique de surprise et de satisfaction au sein des collaborateurs. « Ils ont pu constater l'efficacité de ces outils, ce qui les motive davantage. Ils sont plus rapides et produisent des contenus plus précis, percutants et contextualisés. »

Les gains de temps sur certaines tâches chronophages permettent aux équipes de se concentrer sur des missions à valeur ajoutée, ce qui est très gratifiant. « Cette dynamique a même généré une émulation positive, où chacun partage ses astuces et ses réussites, renforçant la coopération et l'innovation collective. »

◆ Un entrepreneur n'est pas un expert en tous les sujets

Être entrepreneur, c'est naviguer dans l'incertitude. Les jours se suivent, mais aucun ne ressemble au précédent. Chaque décision est une prise de risque et même si on est bien entouré, on ne peut pas être expert en tous les domaines.

Olivier, entrepreneur français basé aux États-Unis. nous a partagé son expérience personnelle. Il gère une équipe de 30 collaborateurs jeunes et adeptes de la Tech et a implémenté l'IA à tous les niveaux dans son équipe. Mais il ne peut pas tout déléguer : « chaque année, mon comptable me soumet ma déclaration fiscale. En général, je reçois le document de 170 pages cinq jours avant et me demande simplement si tout semble correct. Cette fois-ci, au lieu de le parcourir rapidement moi-même, j'ai décidé de transmettre le PDF à une IA pour trouver des opportunités d'optimisation. Elle m'a renvoyé plusieurs suggestions d'ajustements possibles, que j'ai ensuite envoyés à mon conseiller, qui a reconnu qu'il n'y avait pas pensé. Cela met en évidence qu'un comptable ne peut pas connaître par cœur toutes les options de déductions pour chaque client, tandis qu'une IA peut analyser chaque détail sans limites de temps. Sur certains points sa réponse a été : "Ah, je ne savais pas." Ce n'est pas ce que j'attendais d'un expert en fiscalité – c'est à lui de poser les bonnes questions. Ce que l'IA m'apporte, c'est la capacité de mener une conversation plus précise avec lui, sans même maîtriser tous les aspects. En conclusion j'ai changé de comptable ! »

◆ Intelligence Artificielle, de quoi parle-t-on ?

L'IA est sans conteste l'une des innovations les plus transformatrices de notre époque. Elle s'infiltre dans tous les aspects de notre vie, de la manière dont nous consommons l'information à la façon dont les entreprises fonctionnent. Warren Buffet, l'un des investisseurs les plus prospères au monde, a reconnu l'ampleur de cette révolution en 2022, déclarant que l'IA allait métamorphoser notre société plus que tout ce que nous avons vu jusqu'à présent. Cependant, cela n'est pas sans susciter des inquiétudes. Le célèbre physicien Stephen Hawking, en 2014, avait déjà mis en garde contre les risques de l'IA. Il l'a qualifiée du plus grand événement de l'histoire humaine, qui pourrait aussi être le dernier si nous ne parvenons pas à gérer ses menaces.

L'étymologie des termes « intelligence » et « artificielle » nous invite à explorer les fondements mêmes de ce que nous entendons par « intelligence artificielle ». Le mot *intelligence* vient du latin *intellegere*, qui combine *inter* (entre) et *legere* (choisir, recueillir). Il désigne donc la capacité à discerner et relier des éléments pour parvenir à une compréhension, une synthèse ou une décision. Cette aptitude est l'un des traits les plus distinctifs de l'esprit humain. Elle met en lumière des facultés comme la logique, la créativité ou encore l'intuition.

En revanche, le terme *artificielle* provient du latin *artificialis*, dérivé de *ars* (art) et *facere* (faire). Il désigne ce qui est le fruit d'un travail ou d'une création humaine, mimant souvent la nature sans en être une partie intégrante. L'idée d'artificialité met en avant la notion d'imitation et de fabrication, une création qui, si elle est façonnée par l'homme, essaye de reproduire des propriétés naturelles.

L'intelligence artificielle, à travers sa dénomination même, porte en elle une tension intrinsèque entre le naturel et l'artificiel. Elle vise à recréer, à travers des systèmes techniques, une aptitude que nous associons traditionnellement à la pensée humaine. Cette capacité repose sur des algorithmes, des modèles et des données, qui permettent à des machines de simuler la compréhension, l'apprentissage ou encore la résolution de problèmes.

L'étymologie même de l'expression « intelligence artificielle » révèle son ambition : un pont entre la créativité humaine et l'ingéniosité technologique, cherchant à reproduire – ou peut-être à dépasser – certaines des fonctions les plus complexes de l'esprit humain. Mais, voyons comment tout cela a commencé…

◆ Histoire de l'IA : de ses débuts, à l'essor actuel

L'histoire de l'intelligence artificielle (IA) commence bien avant l'arrivée des ordinateurs modernes. Dans les années 1940, les travaux en informatique et en mathématiques, notamment ceux d'Alan Turing, posent les bases de la réflexion sur la création de machines capables de simuler la pensée humaine. En 1950, Turing propose le « test de Turing », un critère pour évaluer si une machine peut produire un comportement intelligent similaire à celui d'un humain.

Le terme « intelligence artificielle » apparaît en 1956, lors d'une conférence à Dartmouth College aux États-Unis. Cet événement rassemble des chercheurs comme John McCarthy, Marvin Minsky, Claude Shannon et Herbert Simon, qui explorent l'idée de construire des systèmes aptes à raisonner, apprendre et résoudre des problèmes.

Les premières décennies voient l'émergence d'algorithmes capables de résoudre des cas complexes et de jouer par exemple aux échecs. En 1965, Joseph Weizenbaum conçoit ELIZA, un logiciel qui simule une conversation simple, ouvrant la voie aux interactions homme-machine. Cependant, ces progrès sont suivis par des périodes de ralentissement, appelées « hivers de l'IA », dus aux limites technologiques et à des attentes trop élevées. Les financements diminuent, freinant les recherches.

Dans les années 1980, les « systèmes experts » redynamisent le domaine. Ces programmes, basés sur des règles définies, reproduisent les décisions humaines dans des contextes précis, comme la médecine ou la finance. Bien qu'efficaces dans des cas spécifiques, ils peinent à s'adapter à des situations nouvelles.

En 1997, Deep Blue, un superordinateur d'IBM, bat le champion du monde d'échecs Garry Kasparov. Cet événement illustre la capacité des machines à maîtriser des tâches complexes. Cependant, l'IA reste limitée à des performances spécifiques, sans reproduire la flexibilité humaine.

À partir des années 2010, l'apprentissage automatique (machine learning) et le profond (deep learning) permettent des avancées significatives. Basées sur des réseaux neuronaux artificiels, ces méthodes rendent les machines capables d'apprendre sur de grandes quantités de données. Elles trouvent des applications dans de nombreux domaines, pour la reconnaissance d'images, la traduction automatique ou les véhicules autonomes. En 2016, AlphaGo de DeepMind surpasse les meilleurs joueurs de Go, considéré comme plus compliqué que les échecs.

◆ Mais qu'est-ce qu'un algorithme ?

Imaginez-le comme un chef d'orchestre qui dirige les opérations d'une entreprise. Il s'agit d'un ensemble d'instructions précises qui guident les opérations et les décisions, permettant d'automatiser des tâches, d'analyser des informations et de résoudre des problèmes complexes.

Prenons l'exemple d'une boutique en ligne qui utilise un algorithme de recommandation. Ce dernier étudie l'historique d'achat des consommateurs, leurs préférences et leurs interactions sur le site pour leur proposer des produits susceptibles de les intéresser. Non seulement on améliore l'expérience client, mais on augmente aussi les ventes et la fidélité. Il existe en deux types : tout d'abord les algorithmes explicites, comme une recette de cuisine, ils suivent des règles prédéfinies et transparentes. Les algorithmes implicites, eux apprennent à partir de données, s'adaptant et évoluant au fil du temps.

◆ Les données : le carburant des algorithmes

Si les algorithmes sont le moteur de l'IA, les données en sont le carburant. Elles les alimentent, leur permettant d'apprendre, de s'améliorer et de prendre des décisions intelligentes. Dans le cas d'un algorithme qui pronostique la météo. Il a besoin de données : la température, la pression atmosphérique, la vitesse du vent... Plus il a d'informations, plus ses prédictions seront précises. Elles sont de deux types ; les données structurées, organisées de manière logique et facilement exploitables, comme les renseignements clients stockés dans une base de données. Et puis il y a celles non structurées, plus difficiles à utiliser. Les exemples sont les commentaires des clients sur les réseaux sociaux ou les e-mails. Des techniques d'analyse de texte et de traitement du langage naturel sont utilisées pour extraire les bonnes informations.

Si elles sont de mauvaise qualité, elles peuvent conduire à des résultats erronés et à des décisions inefficaces. La mise en place de processus de collecte, de nettoyage et de validation des données est essentielle. Ils sont donc intimement liés. Les algorithmes nécessitent des données pour fonctionner, et les données ont besoin d'algorithmes pour être exploitées.

◆ Les LLMs : moteurs de l'IA générative

Le terme *Large Language Models* (LLMs) désigne une catégorie spécifique de modèles d'intelligence artificielle spécialisés dans le traitement et la génération de langage naturel. Ces modèles, qui tirent leur nom de leur taille impressionnante, reposent sur des architectures contenant des milliards, voire des trillions de paramètres. Le concept a émergé avec l'essor de l'apprentissage profond et des réseaux neuronaux, mais il s'est véritablement imposé au cours des dernières années grâce à des avancées technologiques majeures. Popularisé dans le domaine de l'IA générative, le terme fait référence à des systèmes capables de produire des textes, de comprendre le contexte linguistique et de s'adapter à des tâches variées. Il transforme notre manière d'interagir avec la technologie.

Ils sont entraînés sur des quantités massives de données, ce qui leur permet d'apprendre les nuances du langage et de produire des textes cohérents et pertinents. Le développement des LLMs a connu une accélération ces dernières années, avec des modèles performants, générant des résultats de plus en plus sophistiqués et innovants.

À ce jour, le nombre exact de grands modèles de langage (LLM) disponibles n'est pas précisément établi, mais leur prolifération est notable. Parmi les plus récents et performants, on peut citer GPT-4 d'OpenAI,

PaLM (Gemini) de Google, Claude d'Anthropic, LLaMa de Meta, Mistral (startup française), ERNIE de Baidu ou Deepseek. Ces modèles se distinguent par divers aspects tels que le coût, l'accessibilité, la capacité de traitement en termes de jetons, et la prise en charge de différentes langues. Par exemple, GPT-4 peut traiter jusqu'à 25 000 mots, facilitant ainsi la génération de textes longs et complexes. Le paysage des LLM évolue rapidement, avec l'émergence constante de nouveaux modèles et des améliorations apportées aux existants. Cette dynamique reflète les avancées continues dans le domaine de l'intelligence artificielle et du traitement du langage naturel.

◆ Le marché mondial de l'IA : une croissance exponentielle

L'une des raisons principales de l'essor fulgurant de l'IA est l'explosion des données. En 2024, la quantité de données générées quotidiennement a atteint des niveaux sans précédent : environ 402,74 millions de téraoctets, soit l'équivalent de 0,4 zettaoctet. Pour mettre cela en perspective, imaginez que chaque grain de sable sur Terre représente un octet de données. Cette quantité astronomique dépasse de loin tout le sable de toutes les plages et de tous les déserts de la planète, multiplié par plusieurs milliers ! Chaque jour, nous générons environ 500 millions de Tweets/X, effectuons 3,5 milliards de recherches Google et envoyons 347 milliards d'e-mails. Tout cela constitue le carburant essentiel au développement et à l'apprentissage des systèmes d'IA. Plus il y a de données, plus les algorithmes d'IA peuvent assimiler et s'améliorer.

Le marché mondial de l'intelligence artificielle (IA) connaît une croissance fulgurante, stimulée par l'explosion des données et les progrès technologiques constants. En 2023, sa valeur est estimée à 241 milliards de dollars, reflétant une progression significative. Cette dynamique est loin de s'essouffler. Selon les prévisions, le marché pourrait atteindre jusqu'à 826,7 milliards de dollars d'ici 2030, avec un taux de croissance annuel moyen estimé à environ 31,2 %.

Actuellement, le segment des logiciels domine largement ce secteur, suivi par le matériel et les services. Les entreprises à l'échelle mondiale investissent massivement dans l'IA, conscientes de son pouvoir transformationnel pour optimiser leurs opérations, développer de nouvelles opportunités et renforcer leur compétitivité sur le marché global.

NVIDIA est aujourd'hui le leader mondial de l'intelligence artificielle. Initialement spécialisé dans les processeurs graphiques (GPU) pour les jeux vidéo, il a rapidement identifié leur potentiel pour l'IA et investi dans des architectures adaptées. Les GPUs, grâce à leur capacité à effectuer des calculs en parallèle, sont devenus essentiels pour traiter les vastes quantités de données requises par l'IA. NVIDIA est un acteur incontournable de l'écosystème de l'IA. En novembre 2024, sa capitalisation boursière est estimée à environ 3 616 milliards de dollars américains, ce qui en fait la plus grande entreprise mondiale en termes de valeur marchande.

◆ Une Invitation à agir

En écrivant ce livre, nous avons voulu rendre hommage à ces entrepreneurs qui agissent. Ils testent, ils échouent, ils apprennent, et ils réussissent. Et l'intelligence artificielle, loin de remplacer leur créativité ou leur courage, devient une extension de leur vision, une alliée dans un monde complexe et incertain, ce monde VUCA (Volatile Unpredictable Complex and Ambiguous).

À travers ces pages, vous découvrirez des récits inspirants, mais aussi des conseils pratiques. Notre objectif est simple : vous montrer que, quelle que soit la taille de votre société, l'intelligence artificielle peut être votre meilleure alliée.

Alors, posez-vous cette question : qu'est-ce qui vous retient ? Que pourriez-vous réaliser si vous aviez à vos côtés une technologie capable de multiplier vos forces, d'amplifier vos idées et de vous libérer de vos contraintes ? Serez-vous un entrepreneur augmenté ?

1 Panorama de l'IA dans l'entrepreneuriat français

> « *L'IA n'est pas un phénomène que l'on subit, mais un artefact que l'on construit.* »
>
> Yann LeCun, responsable scientifique de l'IA chez Meta

1.1 L'IA en France : Histoire et Écosystème

L'histoire de l'IA en France remonte aux années 1950, avec des figures pionnières comme Jacques Pitrat, un spécialiste de l'IA forte et de la conscience artificielle. La création de l'Institut National de Recherche en Informatique et en Automatique (INRIA) en 1967 a ensuite structuré et institutionnalisé cette discipline naissante.

Cependant, l'IA française a connu des hauts et des bas. Les « hivers de l'IA », périodes de désenchantement et de réduction des financements, ont parfois ralenti la dynamique de recherche. Le manque de puissance de calcul et les limitations des techniques de l'époque ont également constitué des obstacles à la réalisation des ambitions des pionniers. Malgré ces difficultés, la recherche française en IA a continué à progresser, notamment grâce à des figures emblématiques comme Alain Colmerauer, inventeur du langage Prolog, et Gérard Huet, spécialiste du traitement automatique du langage naturel.

À partir des années 2010, l'IA connaît un nouvel essor mondial, porté par l'avènement de l'apprentissage profond (deep learning) et l'augmentation exponentielle des capacités de calcul. La France s'inscrit pleinement dans cette renaissance, avec des initiatives gouvernementales ambitieuses comme la stratégie nationale pour l'IA lancée en 2018. Cette stratégie vise à positionner la France comme un leader mondial de l'IA, en s'appuyant sur ses forces traditionnelles en mathématiques et en informatique. L'influence des avancées américaines et chinoises en IA est indéniable, mais la France s'efforce de développer une approche propre, axée sur l'éthique et l'IA au service de l'humain.

Depuis, plusieurs jalons décisifs ont marqué cette trajectoire. En 2019, les Instituts Interdisciplinaires d'Intelligence Artificielle (3IA) ont été créés pour renforcer la recherche, l'innovation et la formation en IA. Ces centres d'excellence, implantés dans des régions de pointe comme Grenoble, Nice, Paris et Toulouse, bénéficient de financements significatifs pour mener des projets en IA.

En 2023, le gouvernement a introduit le plan France 2030, doté d'un budget de 2,5 milliards d'euros destiné à accélérer le développement de l'IA dans divers secteurs. L'année 2024 a été marquée par des initiatives supplémentaires pour structurer le paysage technologique français. Le lancement des IA clusters, soutenus par 500 millions d'euros, vise à créer des pôles d'excellence régionaux. En parallèle, le programme IA Booster France 2030 et plusieurs appels à projets ont été instaurés pour stimuler l'adoption des outils d'IA. Cette période a également vu l'ouverture d'un bureau d'OpenAI à Paris, renforçant alors l'attractivité de la France pour les acteurs internationaux du secteur.

En 2025, la France a co-présidé le « Sommet pour l'action sur l'Intelligence Artificielle » à Paris. Cet événement d'envergure mondiale était consacré à la promotion d'une IA éthique et au service de l'intérêt général, consolidant ainsi la position de la France comme un protagoniste engagé dans l'évolution de l'IA.

Ces étapes montrent à quel point la France s'efforce d'intégrer pleinement l'intelligence artificielle dans son économie et sa société, en combinant innovation technologique, soutien institutionnel et ambitions internationales.

1.2 Les pionniers français de l'IA

La France se distingue par une histoire riche en innovation dans le domaine de l'intelligence artificielle, portée par des entrepreneurs ou ingénieurs novateurs dont les contributions ont façonné le paysage technologique, tant en France qu'à l'international. Parmi ces figures emblématiques, Yann LeCun occupe une place centrale. Pionnier de l'apprentissage profond, il est reconnu pour ses travaux sur les réseaux de neurones convolutionnels, qui ont révolutionné la vision par ordinateur. Ancien directeur du laboratoire d'IA, de Facebook, il continue de jouer un rôle de premier plan grâce à ses recherches et ses publications influentes.

Un autre acteur majeur est Le Dr Luc Julia, expert reconnu en intelligence artificielle et interaction homme-machine. C'est une figure incontournable du domaine. Co-créateur de Siri, il a occupé des postes de direction en innovation chez Apple, Samsung et Hewlett-Packard avant de rejoindre Renault en tant que Chief Scientific Officer. Son approche de l'IA est pragmatique et centrée sur l'utilité réelle pour l'humain, loin des fantasmes technologiques souvent relayés par la culture populaire. Dans cet entretien, il partage sans filtre sa vision sur l'IA générative, ses limites, son impact écologique, l'éthique et l'avenir du domaine. En tant que Chief Scientific Officer de Renault, Luc Julia travaille sur l'intégration de l'IA dans l'industrie automobile. Il supervise la mise en place d'algorithmes intelligents pour optimiser la conduite, améliorer l'interface homme-machine et rendre les véhicules plus sûrs et intuitifs. L'un des projets phares sous sa direction est le développement d'un assistant IA embarqué, illustré par l'avatar intelligent de la nouvelle Renault 5. Ce dernier n'est pas uniquement une interface vocale, mais un véritable compagnon de route capable de s'adapter aux habitudes du conducteur. Nous avons eu la chance de l'interviewer et vous retrouverez ses conseils à la fin de ce chapitre.

Clément Delangue, cofondateur et PDG de Hugging Face, est également une figure incontournable. Hugging Face est devenue une référence mondiale dans le domaine des modèles de langage open source, promouvant une IA éthique et accessible. Il permet à une large communauté de développeurs de créer des applications performantes.

Parmi la nouvelle génération d'entrepreneurs, Arthur Mensch incarne le dynamisme de l'écosystème français. À seulement 32 ans, il a cofondé Mistral AI, en 2023, une start-up spécialisée dans l'intelligence artificielle générative. Forte d'une approche open source et de collaborations avec

EPREUVE

EPREUVE

des géants de l'industrie comme Microsoft et AWS, l'entreprise a rapidement atteint une valorisation impressionnante de 6 milliards d'euros. Mistral AI développe des grands modèles de langage (LLM), et a récemment conclu un accord avec l'Agence France-Presse pour l'utilisation de ses dépêches d'actualité. Mistral espère limiter les hallucinations et les erreurs liées à de mauvaises sources trouvées sur Internet. La start-up suit la voie ouverte par OpenAI, qui multiplie ces derniers mois les contrats avec les médias, Le Monde, News Corp (Wall Street Journal, The Times) et Axel Springer (Bild, Die Welt, Politico). Mais la portée du partenariat avec l'AFP n'est pas aussi importante : il ne permet pas à Mistral d'utiliser les dépêches pour entraîner ses modèles.

Ces figures emblématiques témoignent du dynamisme et de la capacité de la France à produire des talents de premier plan dans le domaine de l'intelligence artificielle. Elles participent activement au rayonnement international de l'écosystème français, attirant des investissements significatifs et établissant des collaborations stratégiques avec les plus grandes entreprises mondiales. Leur contribution ne se limite pas à la création de compagnies de forte valorisation, mais s'étend également à la promotion d'une IA responsable et accessible, essentielle pour façonner un avenir technologique inclusif et durable.

1.3 L'IA Générative et son Impact sur le PIB français

L'intelligence artificielle générative pourrait représenter un levier majeur pour la croissance économique de la France. L'augmentation estimée du PIB serait de 220 à 240 milliards d'euros par an d'ici dix ans, soit une progression de 9 % par rapport à 2022. Cette perspective repose sur une adoption massive de cette technologie au sein des entreprises et organisations françaises.

L'un des principaux moteurs de cet impact réside dans l'amélioration de la productivité. La GenAI pourrait transformer 64 % des emplois en France, permettant aux collaborateurs de se consacrer à des tâches à forte valeur ajoutée. Ce gain d'efficacité est estimé entre 185 et 195 milliards

EPREUVE

EPREUVE

d'euros par an. Cependant, ce bouleversement entraînera aussi des transitions dans le marché du travail. Environ 6 % des salariés devront se reconvertir ou changer de métier, ce qui engendrera une perte temporaire de productivité évaluée entre 5 et 10 milliards d'euros.

Cette technologie pourrait également transformer de multiples secteurs, notamment les services aux entreprises, l'administration publique, l'éducation, la santé, l'industrie et la construction, qui figurent parmi les principaux bénéficiaires de ces innovations.

L'impact sur l'emploi devrait, dans l'ensemble, être positif. L'IA Générative promet d'améliorer les capacités de nombreux métiers et de favoriser la création d'opportunités professionnelles inédites. Cependant, cette transition nécessitera des efforts soutenus pour accompagner les travailleurs dans leur requalification et leur formation continue.

1.4 Les acteurs clés de l'écosystème de l'IA en France

L'IA s'appuie sur un écosystème riche et diversifié, structuré autour de quatre piliers principaux : les institutions de recherche, les start-ups, les grandes entreprises et l'intervention stratégique du gouvernement.

Les institutions de recherche jouent un rôle central. L'INRIA et les Instituts Interdisciplinaires d'Intelligence Artificielle (3IA) sont en première ligne de ces efforts. Ces organisations développent des projets de pointe et collaborent étroitement avec des partenaires académiques et industriels pour transformer les avancées scientifiques en applications concrètes.

Les start-ups contribuent également à dynamiser le paysage technologique. Ces acteurs participent à l'attractivité internationale de la France dans ce domaine stratégique. Les grandes compagnies internationales, conscientes du potentiel du marché français, renforcent leur présence en ouvrant des laboratoires de recherche ou en installant des centres de données.

Parallèlement, des groupes nationaux intègrent déjà l'intelligence artificielle dans leurs opérations pour optimiser leurs processus et développer de nouveaux services.

EPREUVE

Par exemple L'Oréal s'est associé à IBM pour concevoir un modèle fondation en IA générative. Ce partenariat vise à améliorer les procédures internes de l'entreprise et à conforter sa position de leader, en exploitant les capacités de l'IA pour innover dans la cosmétique.

Servier intègre l'IA de Google, dans sa recherche et développement : ils ont annoncé un partenariat de cinq ans avec Google pour introduire l'IA générative dans ses activités. Cette collaboration a pour objectif d'accélérer la découverte de nouveaux traitements en tirant parti des technologies avancées de Google en matière d'IA.

Dans la mode, la marque de chaussures française Jonak a coopéré avec la start-up Imki pour créer une collection capsule intitulée « Laces More ». En exploitant l'IA générative, ils ont revisité leurs archives pour proposer des modèles contemporains inspirés de leur patrimoine. L'emblématique maison Chanel explore l'utilisation de l'IA générative pour améliorer son efficacité opérationnelle, notamment sur des tâches à faible valeur ajoutée. Toutefois, la maison de luxe insiste sur la nécessité de préserver son identité et son savoir-faire artisanal, en privilégiant l'humain dans la relation client et la création.

En parlant de savoir-faire artisanal, dans nous avons eu le privilège d'interviewer les Ateliers de France. Spécialisés dans la restauration du patrimoine et l'artisanat haut de gamme, ils utilisent l'intelligence artificielle pour optimiser leurs processus tout en valorisant le savoir-faire manuel. Ils interviennent sur des projets prestigieux comme Notre-Dame de Paris, le Grand Palais ou le Château de Versailles. L'IA leur permet de planifier des travaux complexes, de suivre efficacement les chantiers et de transmettre des techniques ancestrales aux nouvelles générations. En documentant les gestes rares et en créant des tutoriels, elle garantit la pérennité des savoir-faire.

Le gouvernement français joue un rôle crucial en coordonnant des stratégies nationales, en offrant des financements ciblés et en élaborant des réglementations pour soutenir le développement de l'intelligence artificielle. Cet engagement politique vise à garantir non seulement l'adoption de ces technologies, mais également leur utilisation éthique et responsable dans l'ensemble de l'économie.

EPREUVE
EPREUVE

EPREUVE

1.5 L'IA Générative et la French Tech

L'intelligence artificielle générative s'impose comme un levier stratégique majeur au sein de l'écosystème technologique français. Son impact est particulièrement visible chez les start-ups et scale-ups du Next40 et du French Tech 120.

En 2024, les start-ups françaises ont levé un total de 7,8 milliards d'euros, soit une légère diminution de 7 % par rapport aux 8,3 milliards d'euros obtenus en 2023. Cette performance positionne la France au deuxième rang européen, derrière le Royaume-Uni avec 14 milliards d'euros, mais devant l'Allemagne qui a collecté 7,3 milliards d'euros. Le nombre d'opérations a un peu augmenté, passant de 715 en 2023 à 723 en 2024, avec un ticket moyen de 10,75 millions d'euros. Le secteur de l'intelligence artificielle générative a particulièrement attiré les investisseurs, avec 21 opérations totalisant 1,6 milliard de dollars. Parmi les levées de fonds notables, Mistral AI a obtenu 468 millions d'euros, et Poolside établie en France depuis 2023, 455 millions d'euros. Cependant, malgré ces performances, l'Europe reste en retrait par rapport aux États-Unis, où les investissements dans l'IA ont atteint 38 milliards de dollars, contre 4,14 milliards de dollars en Europe. Franck Sebag, associé chez EY, souligne que ces chiffres n'incluent pas les investissements des grandes sociétés, notamment en Chine, où les contributions proviennent majoritairement d'entreprises globales. Il est également préoccupant de constater que l'IA représente 20 % des financements américains, contre seulement 8 % en Europe, ce qui illustre un écart significatif entre les deux continents.

L'IA est avant tout un moteur d'innovation, surtout pour les start-ups qui l'emploient comme un facteur de différenciation. Contrairement aux grandes compagnies, qui privilégient souvent des usages axés sur l'efficacité opérationnelle, les scale-ups françaises, intègrent cette technologie au cœur même de leurs propositions de valeur. Par exemple, 60 % des sociétés ayant introduit l'IA s'en servent pour personnaliser l'expérience client, une transformation qui redéfinit les modèles économiques et les attentes des utilisateurs.

EPREUVE

EPREUVE

Cependant, plusieurs obstacles freinent encore son adoption. La confidentialité des données reste une préoccupation majeure pour 27 % des entreprises, particulièrement dans les secteurs sensibles comme la fintech et la santé, où les exigences réglementaires sont élevées. Par ailleurs, seulement 15 % des compagnies explorent des applications avancées de l'IA, tel que l'innovation produit, se limitant principalement à des usages plus simples, pour l'automatisation des processus. Ces freins sont accentués par des difficultés à identifier des cas d'usage pertinents, ralentissant ainsi une adoption plus généralisée.

L'avenir de l'IA générative en France repose sur plusieurs facteurs clés. Il sera crucial de structurer les efforts pour démocratiser cette technologie et en multiplier l'utilisation. Toutefois, l'environnement juridique actuel, perçu comme peu favorable à l'innovation, ainsi que le déficit de talents dans le numérique, constitue des défis majeurs. Les PME, en particulier, rencontrent des difficultés à entamer leur transition numérique et à mobiliser les ressources nécessaires.

Pour surmonter ces obstacles, les programmes de formation continue doivent être adaptés aux besoins concrets des sociétés et viser à combler le fossé des compétences. Par ailleurs, les entreprises gagneraient à effectuer un diagnostic approfondi de leurs données et de leurs capacités en IA, afin de mieux comprendre leur potentiel et de définir des stratégies claires pour intégrer cette technologie.

1.6 IA et Entrepreneurs français : Tendances et Défis

Bien que 96 % des compagnies françaises considèrent l'IA comme stratégique, seulement 37 % l'ont réellement intégrée dans leurs opérations. Malgré une forte reconnaissance de son importance, l'adoption concrète est encore limitée par des obstacles divers.

Une tendance majeure est l'utilisation de l'IA générative pour personnaliser l'expérience consommateur, avec 60 % des entreprises qui l'ont implémentée à cette fin. Cela montre que les sociétés cherchent à améliorer leur engagement client et à transformer leurs modèles économiques grâce à cette technologie. Le traitement des tâches répétitives est

EPREUVE

EPREUVE

un domaine d'application courant de l'IA, en particulier pour la gestion des factures, le traitement des données, ou la planification logistique. L'IA est également employée pour l'analyse prédictive, permettant aux entreprises d'anticiper les tendances du marché, d'identifier les risques et d'ajuster leurs stratégies en continu. À travers nos interviews nous avons noté quelques exemples d'utilisation de l'IA dans des secteurs spécifiques. Les sociétés de la fintech ont recours à l'IA pour améliorer la productivité, réduire les coûts et optimiser le service client. L'IA est cruciale pour la gestion de portefeuilles d'actifs en temps réel, la détection de la fraude, et les tâches répétitives. En santé l'IA est exploitée pour l'administratif, l'analyse de données médicales, et l'aide au diagnostic. Dans la culture : Des acteurs français explorent l'IA pour la création de contenu. La Bibliothèque Nationale de France (BnF) l'utilise pour l'indexation, la recherche et la numérisation de ses collections.

Les PME, qui représentent la majorité de l'emploi en France, manquent souvent de ressources et de compétences pour expérimenter et mettre en œuvre des solutions à grande échelle. Cependant, l'IA Générative semble stimuler l'adoption de l'IA par les PME, en raison de la disponibilité de modèles publics pré-entraînés comme Gemini et ChatGPT qui diminuent les barrières techniques. Il existe une pénurie d'expertises spécialisées en IA. La plupart des sociétés qui ont intégré l'IA dans leur fonctionnement ont utilisé l'autoformation, ce qui limite la structuration des connaissances et l'émergence d'une culture IA. Les compagnies ressentent un besoin de former les équipes internes.

Les entrepreneurs français sont aussi préoccupés par les questions de confidentialité des données, la transparence des algorithmes, et leurs biais. Il est nécessaire d'avoir des réglementations claires et une approche éthique de l'emploi de l'IA pour maintenir la confiance des usagers. Uniquement 15 % d'entre elles explorent les applications avancées de l'IA comme l'innovation produit, au-delà de l'automatisation des processus. Il y a donc une marge de progression pour utiliser l'IA à des fins plus créatives et disruptives.

Concernant les grandes compagnies et les conseils d'administration, la plupart restent largement sous-préparés pour superviser son adoption. Une étude de Deloitte révèle que seuls 2 % des administrateurs se sentent compétents pour encadrer efficacement l'IA, tandis que 79 % admettent

EPREUVE

EPREUVE

un manque significatif de connaissances dans ce domaine. Cette carence limite leur capacité à évaluer les opportunités et les risques liés à cette technologie. De plus, près de la moitié des entreprises n'intègrent pas encore l'IA dans leurs priorités stratégiques, malgré son potentiel pour transformer des processus comme le recrutement ou l'expérience utilisateur.

Pour combler ces lacunes, il est urgent d'investir également dans la formation des CAs. Une meilleure compréhension des types d'IA, des enjeux éthiques et des implications réglementaires est essentielle. La promotion d'une culture de transparence doit accompagner cette montée en compétence, avec des protocoles clairs pour surveiller et auditer les systèmes d'IA. Enfin, une collaboration étroite avec les parties prenantes externes, comme les régulateurs et les experts, permettra aux entreprises de concilier innovation et prudence, renforçant ainsi la confiance dans cette technologie et son utilisation responsable.

1.7 L'IA en France en 2025

En 2025, la France se positionne comme un acteur majeur dans le domaine de l'IA, grâce à des initiatives gouvernementales ambitieuses, un écosystème entrepreneurial dynamique et une attention particulière portée aux aspects éthiques et réglementaires.

La France s'engage activement en mettant l'accent sur une intégration éthique et responsable. Le cadre réglementaire a été conforté par l'adoption de l'IA Act le 15 mars, accompagné de la création d'un comité interministériel dédié à l'IA. Parallèlement, le Programme d'Investissement d'Avenir (PIA) finance des projets stratégiques pour soutenir l'innovation dans ce domaine.

Afin de renforcer sa souveraineté numérique, la France a proposé un fonds d'investissement ambitieux de 1 000 milliards d'euros. Par ailleurs, le pays a accueilli en février 2025 le Sommet pour l'action sur l'intelligence artificielle à Paris, un rendez-vous international qui a promu une IA au service de l'intérêt général.

L'écosystème entrepreneurial français en matière d'IA est en pleine effervescence, avec des start-ups innovantes qui attirent l'attention internationale. La France en compte plus de 750 dans le secteur de l'IA,

EPREUVE

ce qui en fait une force majeure en Europe, bien que la pérennité et la croissance de ces sociétés restent incertaines.

Les grandes tendances technologiques vont de l'essor des systèmes agentiques, capables d'agir de manière autonome dans des environnements complexes. L'IA frugale devient également un enjeu majeur. Elle vise à développer des systèmes d'intelligence artificielle plus économes en ressources, en optimisant à la fois le matériel (processeurs d'inférence) et les logiciels (modèles compressés, frameworks légers). Elle répond aux besoins de réduire la consommation énergétique, notamment pour des appareils embarqués ou en périphérie (edge computing). Cette approche diminue l'empreinte écologique, rend l'IA accessible sur des dispositifs à faible puissance et permet son déploiement dans des contextes contraints.

La demande en professionnels spécialisés dans l'IA est en forte croissance. Les jeunes ingénieurs en IA connaissent un démarrage de carrière florissant, avec un taux d'emploi de 93 % six mois après l'obtention du diplôme, atteignant 99 % après deux ans, et un salaire médian de 50 500 euros par an. Les écoles d'ingénieurs adaptent leurs programmes pour introduire l'IA, répondant ainsi aux exigences du marché. Il est essentiel de renforcer les formations initiales d'enseignements scientifiques en particulier de mathématique et d'informatique et d'y inclure les femmes. L'IA doit être une composante de toutes les disciplines existantes plutôt qu'une formation à part.

L'expansion rapide des technologies d'IA entraîne une augmentation très importante de la demande en infrastructures, notamment en data centers. La France et l'Europe se préparent à accroître leur capacité d'accueil. Les data centers sont très énergivores, soulevant des questions majeures, en matière de durabilité et d'impact environnemental.

La France affiche donc un positionnement solide dans le domaine de l'IA, avec des avancées significatives en matière de recherche, d'innovation et de réglementation. Cependant, des défis persistent, notamment en ce qui concerne la durabilité environnementale et la formation des talents, nécessitant une attention continue pour maintenir sa compétitivité et assurer une adoption responsable de l'IA.

EPREUVE
EPREUVE

EPREUVE

Entretien avec Luc Julia pour EntrepreneurIA

Selon vous, quelles sont les principales idées reçues sur l'IA générative, notamment avec l'essor de ChatGPT, que le public et les entrepreneurs devraient remettre en question ?

L'intelligence artificielle qui n'existe pas, c'est celle de Hollywood : une IA omnisciente et autonome, pouvant tout faire, seule. C'est ce que j'appelle l'Intelligence Artificielle Générale (AGI), et elle reste un fantasme. En revanche, les IA spécialisées, conçues pour accomplir des tâches précises et utiles au quotidien, sont bien réelles et nombreuses.

Le problème majeur avec ces systèmes génératifs, c'est l'illusion d'infaillibilité qu'ils créent. On leur attribue une capacité à répondre à tout, mais en réalité, plus une IA est généraliste, moins ses retours sont pertinents. L'une des idées reçues les plus répandues est de les assimiler à des humains, alors qu'elles ne font qu'imiter nos biais. Et plus on s'attend à ce qu'elles soient omnipotentes, plus la déception est grande.

Les chiffres précis sont difficiles à établir, mais certaines études estiment que ces IA donnent des réponses justes dans environ 64 % des cas. Cela signifie qu'elles produisent des erreurs ou des hallucinations dans 36 % des cas, ce qui est considérable. Pourtant, cette réalité est souvent méconnue.

La fiabilité des réponses dépend aussi de la manière dont la question est formulée. L'IA ne comprend pas véritablement ce qu'elle dit ; elle génère des réponses en fonction des modèles statistiques sous-jacents. Parfois, elle ne sait même pas compter correctement. Si vous lui demandez de prouver que 2 + 2 = 5, elle tentera de le faire sans remettre en question l'absurdité de la requête.

Quel est votre point de vue sur les nouveaux modèles d'IA ou sur les technologies émergentes, notamment celles évoquées par Yann Le Cun, en opposition aux modèles génératifs ?

Yann lui-même admet qu'il ne sait pas encore s'il parviendra à développer ce raisonnement sur lequel il travaille depuis plusieurs années.

EPREUVE

En réalité, les IA généralistes sont vouées à disparaître progressivement. Elles sont déjà en déclin et seront remplacées par des modèles plus spécialisés. Deux grandes approches émergent : le finetuning, qui ajuste un modèle existant pour une tâche définie, et le RAG (Retrieval-Augmented Generation), qui permet d'intégrer des connaissances externes pour améliorer la pertinence des réponses.

Cette tendance vers des modèles spécialisés va s'intensifier. On parle aussi d'IA Agentique, un concept où plusieurs agents spécialisés collaborent pour accomplir des actions complexes. Chaque agent excelle dans un domaine précis, et leur interaction permet une certaine forme d'orchestration, qui pourrait évoquer du raisonnement – avec toutes les réserves nécessaires.

Cette évolution sera marquante dans les mois et années à venir. Aujourd'hui, les agents utilisent des méthodes d'intelligence artificielle générative, mais les principes d'orchestration, sont la depuis longtemps. Par exemple, CORBA, dans les années 80 et 90, reposait déjà sur des concepts d'agents collaboratifs.

Les approches actuelles, qui concilient IA générative et modèles statistiques, vont probablement perdurer. Ce que développe Yann est intéressant, et l'avenir pourrait voir émerger des systèmes hybrides. Il s'agit d'une combinaison entre des systèmes experts, parfois considérés comme des technologies « anciennes », et les méthodes modernes d'IA. Certains laboratoires de recherche explorent cette voie, qui semble prometteuse.

L'un des enjeux majeurs reste l'impact écologique. Les IA statistiques actuelles consomment énormément de ressources, et toute avancée qui permettrait d'optimiser leur efficacité tout en réduisant leur empreinte environnementale serait un progrès significatif.

L'informatique quantique, contrairement aux mathématiques, relève avant tout de la physique. Ici encore, on flirte avec la science-fiction, car même les chercheurs en quantique les plus honnêtes reconnaissent qu'ils ne savent quand, ou s'ils parviendront à des avancées concrètes.

Si l'on arrive à maîtriser cette technologie, il faudra tout repenser, repartir de zéro. Aujourd'hui, l'informatique repose sur des modèles mathématiques, tandis que l'informatique quantique s'ancre dans la physique. Une partie de cette discipline utilise néanmoins des statistiques pour stabiliser les modèles.

EPREUVE
EPREUVE

EPREUVE

Mais qu'implique réellement cette évolution ? Certains imaginent que cela pourrait nous rapprocher du fonctionnement du cerveau biologique. Si nous parvenions à l'imiter, alors peut-être pourrions-nous reproduire l'intelligence elle-même. Cependant, ce raisonnement est hautement spéculatif. Non seulement nous ne comprenons pas encore pleinement le fonctionnement du cerveau – les neuroscientifiques estiment n'en maîtriser que 20 à 40 % – mais en plus, nous ne savons pas précisément ce qu'est l'intelligence. Cela relève donc, pour l'instant, de la fiction.

Ce qui est certain, en revanche, c'est que d'ici deux, trois ou cinq ans, des méthodes révolutionnaires d'intelligence artificielle émergeront et connaîtront un engouement massif. Comme à chaque cycle, certains annonceront que nous sommes proches de l'AGI. Puis, après quelques mois ou années, on réalisera que ces méthodes sont surtout efficaces pour des tâches spécialisées, l'enthousiasme retombera… avant qu'un nouveau cycle ne recommence.

Ce phénomène suit une dynamique bien éprouvée, proche du Hype Cycle de Gartner. Depuis 70 ans, l'IA traverse ces phases d'euphorie et de désillusion successives. Et ce schéma continuera probablement encore longtemps.

Croyiez-vous plus à l'open source, de type Meta, ou aux solutions propriétaires comme OpenAI qui n'a d'open que le nom ?

Si vous discutez avec des experts de l'open source, beaucoup vous diront que l'open source de Meta n'est pas si ouvert que cela. Certes, il l'est davantage qu'OpenAI, qui a officiellement abandonné l'open source en 2018 par choix stratégique.

L'open source, qu'il soit authentique ou partiel, est une approche très intéressante. Des initiatives comme celles de Mistral ou Meta permettent d'exploiter leurs modèles, même si l'accès aux données d'entraînement reste limité. En revanche, les algorithmes sont, dans une certaine mesure, accessibles et réutilisables.

L'un des avantages majeurs de ces modèles open source est qu'ils peuvent être exécutés localement. On peut les télécharger, les ajuster et les déployer sur un PC personnel ou des serveurs privés, ce qui offre une alternative aux solutions centralisées dans le cloud.

EPREUVE

EPREUVE

Cette approche a plusieurs bénéfices, notamment sur le plan écologique. Elle permet d'optimiser les modèles, de les spécialiser et de les alléger, ce qui les rend plus frugaux en ressources. En réduisant leur empreinte et en les rendant autonomes, on gagne aussi en contrôle sur les données et les usages.

Bien sûr, l'open source peut également être exploité dans le cloud. Mais je crois davantage à un open source « ramené downstairs », c'est-à-dire rapproché des utilisateurs et des infrastructures locales, plutôt que confiné aux grandes plateformes centralisées.

Vous avez évoqué l'impact et la frugalité. Quelle stratégie préconisez-vous pour réduire cet impact tout en maintenant l'innovation ? Lors du WAICF, il y a quelques semaines, David Gurle a justement abordé ce sujet avec Hivenet et les réseaux distribués.

Cela fait longtemps que l'on en parle, car ils offrent un avantage clé : leur décentralisation. Contrairement aux infrastructures centralisées, ces systèmes permettent d'effectuer les calculs localement, en périphérie du réseau (« downstairs »), tandis que la coordination des modèles reste en partie centralisée (« upstairs »).

L'un des aspects essentiels de cette approche est qu'elle déplace l'inférence – c'est-à-dire l'utilisation des modèles – vers des infrastructures locales, réduisant ainsi la dépendance aux data centers énergivores.

Aujourd'hui, la consommation des IA génératives est un vrai sujet. Les chiffres varient selon les études et la complexité des requêtes, mais on estime qu'environ 20 requêtes ChatGPT dépensent l'équivalent de 1,5 litre d'eau. Ce chiffre est alarmant, surtout quand on sait que des millions de requêtes sont effectuées chaque jour. Et cela ne tient même pas compte des émissions de CO_2.

Le modèle des data centers, pose un problème majeur, notamment parce que 60 % de leur consommation électrique sert uniquement au refroidissement des machines, empilées les unes sur les autres et générant une chaleur excessive.

Les solutions envisagées pour réduire cet impact sont parfois discutables. Certains proposent d'installer des centrales nucléaires à proximité

EPREUVE

des data centers, mais cela pose d'autres défis, en particulier en termes de consommation d'eau pour le refroidissement. D'autres suggèrent de les placer dans des zones polaires, sous l'océan, voire dans l'espace.

Des idées encore plus extrêmes émergent, comme celles d'Elon Musk, qui envisage d'installer des data centers sur la Lune ou Mars. Si cette approche peut sembler innovante, elle ne ferait que déplacer le problème ailleurs, avec un impact environnemental et écosystémique pour l'instant inconnu.

Au lieu de chercher à externaliser ces infrastructures, la vraie solution pourrait être d'adopter des modèles plus frugaux, mieux distribués et adaptés à une consommation d'énergie plus responsable.

Comment les entreprises peuvent-elles s'assurer que leurs systèmes d'IA sont conçus de manière éthique, en évitant les biais ?

Les biais sont inévitables. Plutôt que de chercher à les éliminer totalement, il faut les comprendre et les assumer.

Tant qu'un modèle est générique, il est biaisé, car il reflète la nature même d'Internet, qui est lui-même biaisé. Par exemple, environ 70 % du contenu en ligne provient des États-Unis, ce qui influence la manière dont ces modèles pensent et s'expriment. Ils adoptent une vision majoritairement américaine, avec ses propres références culturelles, ses erreurs et ses imprécisions – qui ne sont finalement pas très différentes des biais européens.

Lorsque l'on développe un modèle plus spécialisé, entraîné sur nos propres données, on peut avoir l'illusion d'un système plus éthique, car il repose sur des données que nous contrôlons et que nous considérons comme légitimes. Mais en réalité, cela ne fait qu'introduire nos propres biais dans le système.

Cependant, cela n'a rien d'anormal. Il faut simplement accepter que tout modèle est construit avec un prisme et comprendre comment il oriente ses réponses. Un système d'IA reproduit ce qu'on lui donne et répond en fonction des règles et des données qu'on lui impose. L'important n'est pas d'éliminer totalement les biais – ce qui est illusoire – mais d'avoir une conscience critique de leur présence et de leur impact.

EPREUVE

Qu'est-ce que vous pensez du rôle de la réglementation ? Elle devrait jouer dans le développement, le déploiement de l'IA. Parce qu'en Europe, on a tendance à trop réglementer. Aux États-Unis, il n'y a pas du tout. Donc, est-ce qu'il y a un juste milieu ?

Aux États-Unis, la régulation fonctionne différemment de l'Europe. Elle intervient *a posteriori*, principalement à travers la jurisprudence, plutôt que par des lois anticipant les risques. C'est ce qui explique la différence d'approche :

✓ Aux États-Unis, on expérimente, on assume les erreurs, puis on régule après coup, en réaction aux abus ou aux problèmes identifiés.

✓ En Europe, la régulation est a priori, c'est-à-dire qu'on cherche à encadrer une technologie avant même d'en avoir pleinement compris les implications.

C'est ce qui donne naissance à une vision caricaturale : aux États-Unis, on invente, en Asie, on copie, en Europe, on régule.

Concernant les AI Acts, je pense que certaines décisions sont mal calibrées. Attention, je ne dis pas que la régulation est inutile. Au contraire, elle est essentielle : il faut des lois pour encadrer les usages et éviter les dérives. Mais ces règles devraient être fixées une fois que l'on comprend réellement les enjeux et les applications.

Le problème de l'AI Act, c'est son interdiction globale de certaines technologies, plutôt que de prohiber des applications spécifiques. Cette approche manque de granularité. Par conséquent, cela risque de bloquer l'innovation en empêchant le développement de technologies potentiellement bénéfiques.

Et en Europe, la machine législative est lente : si une erreur est faite, la correction peut prendre une décennie.

On a déjà commis cette erreur dans les années 80 avec la génétique. À l'époque, la France a interdit certaines manipulations génétiques par crainte de l'eugénisme. Mais l'eugénisme est une application de la génétique, pas la génétique elle-même. En interdisant aveuglément la technologie, on a freiné des avancées comme la thérapie génique, qui est aujourd'hui une révolution médicale.

EPREUVE

EPREUVE

L'histoire risque de se répéter avec l'IA : réguler trop tôt et trop large peut empêcher des avancées majeures avant même qu'on en saisisse tout le potentiel.

Au final, cette approche nous a fait perdre 10 ans. On réalise, après coup, qu'il aurait peut-être été préférable de ne pas interdire certaines technologies. Mais en attendant, le retard accumulé est considérable. Le problème vient d'un manque de granularité dans la régulation. Plutôt que de cibler des applications précises, on a imposé des restrictions trop larges, regroupant des technologies très différentes sous un même cadre réglementaire. Cela freine inévitablement l'innovation. On le voit déjà : des entreprises comme Meta, Apple et d'autres hésitent à déployer certaines fonctionnalités en Europe, de peur d'enfreindre des règles trop floues ou trop contraignantes. Et le risque est majeur : ne pas utiliser ces nouvelles technologies, c'est aussi se priver de découvertes potentielles. Certaines innovations pourraient déboucher sur des avancées essentielles, mais si elles sont bloquées en amont, nous ne le saurons jamais.

Et quel développement en IA vous enthousiasme le plus actuellement ? Comment voyez-vous l'évolution de cette technologie dans les prochaines années ?

Pour moi, les domaines d'application les plus prometteurs concernent en premier lieu la médecine. C'est un secteur où l'IA apporte déjà des avancées extraordinaires.

Les IA actuelles, qui reposent sur des modèles statistiques, se rapprochent en ce sens de la génétique, qui repose elle aussi sur des principes combinatoires, notamment dans l'analyse de l'ADN. Grâce à cette puissance de calcul, nous allons assister à des découvertes majeures :

- ✓ Détection précoce des maladies, en identifiant des marqueurs bien en amont.
- ✓ Thérapies ciblées, avec des traitements personnalisés basés sur le profil génétique.
- ✓ Développement de nouvelles molécules, en accélérant la recherche et la conception de médicaments.

EPREUVE

EPREUVE

L'IA joue un rôle clé depuis des années en imagerie médicale, et avec l'arrivée des modèles génératifs, son impact s'étend encore plus loin. Ce sont des avancées fascinantes.

Un autre domaine qui me passionne est celui du transport. Avec le vieillissement des populations, les déplacements deviennent plus complexes, et les routes restent un enjeu majeur de sécurité, avec près d'un million de morts par an dans le monde.

L'IA peut apporter des solutions pour rendre les véhicules plus sûrs. Contrairement à la vision de la voiture totalement autonome – qui, selon moi, est trop coûteuse et complexe à généraliser –, je crois beaucoup aux systèmes d'aide à la conduite. Ces technologies, déjà présentes dans de nombreux véhicules, deviennent de plus en plus performantes et réduisent considérablement les risques d'accident.

Mais l'IA ne se limite pas à la sécurité routière. Elle ouvre aussi des possibilités en matière de divertissement et de pédagogie à bord des véhicules. Plutôt que de se distraire avec des jeux simplistes – comme compter les voitures rouges et bleues –, on pourra exploiter ces outils pour des expériences enrichissantes et interactives.

Justement, est-ce que vous avez des projets actuels sur ce sujet ?

Un bon exemple récent est la nouvelle Renault 5, lancée en décembre. Ce modèle intègre un avatar intelligent, bien que son intelligence soit encore limitée. Il est toutefois plus évolué que les systèmes audios traditionnels des voitures.

Il aide à comprendre le véhicule, avec une touche d'anthropomorphisme. Il incarne la voiture, interagit en langage naturel et possède même une expression visuelle.

L'intérêt principal de cet avatar réside dans son double fonctionnement :

✓ Réactif : il répond aux questions, qu'il s'agisse d'une demande sur la voiture ou d'une curiosité comme la date de naissance de Napoléon.

✓ Proactif : il anticipe les besoins du conducteur. Par exemple, à Paris, où la limitation est à 30 km/h, si vous dépassez la vitesse autorisée, l'avatar peut suggérer d'activer le régulateur de vitesse.

EPREUVE

EPREUVE

C'est une approche pédagogique, qui guide l'utilisateur sans être intrusive.

L'intelligence artificielle est désormais intégrée dans tous les secteurs de l'entreprise, et comme vous l'avez constaté auprès des entrepreneurs que vous interviewez, chaque métier peut bénéficier d'outils IA spécialisés.

Chez Renault, l'IA ne remplace pas les employés, mais elle augmente leurs capacités. C'est ce que j'appelle l'intelligence augmentée : elle assiste les travailleurs dans des tâches spécifiques, en optimisant ce qu'ils auraient pu faire avec leur propre raisonnement, mais de manière plus efficace et plus rapide.

Conseils du Dr Luc Julia **aux entrepreneurs qui veulent intégrer l'IA**

Il est essentiel de ne pas ignorer l'IA, même si elle ne semble pas immédiatement utile à une entreprise. Comprendre ses potentiels et ses limites est crucial pour une adoption intelligente. L'éducation joue un rôle central : il ne s'agit pas seulement d'utiliser ces outils, mais de savoir comment et quand les appliquer. Cependant, il ne faut pas tomber dans l'effet de mode et chercher à intégrer l'IA à tout prix. Les entreprises doivent tester, expérimenter, mais également accepter d'abandonner les projets non pertinents.

Le mot clé ici est éducation. Il faut apprendre à maîtriser l'outil, mais aussi comprendre ses limites et ses dérives potentielles. L'IA est comme un marteau : on peut s'en servir pour planter un clou, mais aussi pour frapper quelqu'un. D'où la nécessité d'une régulation adaptée. Mais cette régulation ne doit pas être uniquement imposée par les États ou les institutions internationales, généralement déconnectés des réalités opérationnelles. Elle peut aussi émerger de la base, notamment au sein des entreprises.

En effet, la régulation ne se joue pas uniquement à l'échelle d'un pays ou du monde. Une entreprise peut et doit définir sa propre éthique d'usage, en déterminant ce qui est acceptable et ce qui ne l'est pas pour ses collaborateurs et ses clients.

EPREUVE

EPREUVE

L'un des risques majeurs est de vouloir appliquer l'IA partout, même là où elle n'apporte aucune valeur ajoutée. Un chiffre intéressant, bien que non encore officiellement publié, illustre cette tendance : dans les grandes entreprises françaises du CAC 40, environ 170 POC (Proof of Concept) en IA ont été lancés entre 2023 et 2024. Mais seuls 10 en moyenne ont été réellement implémentés ou implémentables. Cela représente à peine 5 % de succès, ce qui correspond au taux normal de l'innovation.

Pourquoi un tel engouement ? Parce que l'IA générative possède une caractéristique unique : une simplicité d'utilisation révolutionnaire. Contrairement aux précédentes technologies d'IA, elle peut être exploitée en langage naturel via des prompts, sans nécessiter de compétences techniques avancées.

Au début de 2023, l'un des métiers les plus en vogue dans la Silicon Valley était celui de Prompt Engineer. Mais ce rôle a rapidement disparu. Pourquoi ? Parce que les entreprises ont réalisé que tout le monde pouvait apprendre à écrire un prompt efficace. En langage naturel, n'importe quel utilisateur peut interagir avec ces IA de manière intuitive, rendant inutile le besoin d'une expertise spécifique.

Un autre phénomène amusant est l'explosion du « jailbreaking » des IA à travers les prompts. Beaucoup ont découvert comment contourner les restrictions des modèles pour leur faire générer des réponses qu'ils ne sont pas censés produire.

EPREUVE

2 Intégrez l'IA dans votre Stratégie d'Entreprise

> *« Derrière chaque entreprise florissante se cache une personne ayant pris une décision courageuse. »*
>
> Peter Drucker, consultant en gestion d'entreprise et enseignant

Une étude récente a montré que les sociétés qui adoptent l'IA peuvent augmenter leur productivité de 40 % et améliorer de manière significative leur prise de décision stratégique. L'IA a la capacité d'automatiser les processus, d'analyser de vastes quantités de données en un temps record et de générer des prévisions précises. Elle devient donc un outil incontournable pour toute organisation cherchant à maintenir sa compétitivité dans une économie mondialisée. Ses champs d'application ne cessent de se multiplier : en commençant par une simple automatisation de tâches répétitives, jusqu'à l'élaboration de modèles prédictifs sophistiqués pour optimiser l'ensemble de la chaîne de valeur. L'importance stratégique de l'IA se reflète également dans la vitesse croissante à laquelle de nouvelles plateformes émergent, ce qui offre des opportunités inédites pour tous les secteurs.

Des outils comme les algorithmes d'apprentissage automatique permettent de détecter des tendances invisibles à l'œil humain et de réagir en conséquence. Cela permet de réduire les risques tout en maximisant les opportunités. Cette capacité transforme non seulement la façon dont les entreprises opèrent, mais redéfinit encore les modèles économiques sur lesquels elles reposent.

Aujourd'hui, les applications de l'IA s'étendent bien au-delà de l'automatisation basique pour inclure des solutions avancées telles que l'analyse prédictive, la reconnaissance vocale et la personnalisation à grande

EPREUVE

échelle. Les technologies d'IA générative offrent même aux entreprises l'opportunité de réinventer les relations avec leurs clients et de trouver de nouveaux vecteurs de croissance. Les chatbots, par exemple, ne se limitent plus à répondre à des questions simples ; ils utilisent désormais des modèles de traitement du langage naturel pour entretenir des conversations plus cohérentes et fournir un support personnalisé, créant de ce fait une expérience client plus satisfaisante. Toutes les entreprises, quel que soit leur taille ou leur domaine, doivent adopter une approche proactive face à l'IA. Se former régulièrement à ses évolutions est essentiel pour ne pas prendre de retard sur la concurrence.

Dans ce chapitre, nous aborderons les étapes clés pour définir une stratégie claire, les moyens de surmonter les résistances internes et, enfin, comment élaborer une feuille de route d'intégration réussie. L'objectif est de fournir aux dirigeants un guide pratique pour naviguer dans ce nouveau paysage technologique, en tenant compte des défis spécifiques de chaque secteur. Les entrepreneurs doivent saisir les enjeux de l'IA et l'intégrer à leur modèle économique. Ceux qui ne l'adoptent pas risquent de perdre en compétitivité face à des concurrents plus réactifs. Dans des secteurs où l'adaptabilité et la rapidité sont clés, cet écart ne fera que grandir.

Nous vous proposons donc dans la suite de ce chapitre, d'identifier les opportunités selon votre secteur d'activité, définir les cas d'usage spécifiques, vos objectifs stratégiques et l'approche IA qui vous sera propre. Nous terminerons par une feuille de route en cinq étapes pour vous guider vers cette transformation.

2.1 Identifier les opportunités par secteur d'activité

L'IA ne touche pas tous les secteurs de la même manière, mais son influence s'étend presque partout. Tout au long de nos interviews, nous avons pu constater l'impact de l'IA sur des entreprises de toute taille. Voici quelques exemples de transformation significative, illustrant les différents cas d'usage :

EPREUVE

EPREUVE

En finance, les modèles prédictifs permettent de détecter les fraudes en temps réel et d'optimiser les investissements. La fintech est un domaine où l'IA joue un rôle crucial dans la gestion des risques et l'analyse de crédit. Les outils d'automatisation aident également les banques à réduire les tâches administratives, améliorant ainsi leur efficacité opérationnelle. De plus, l'IA donne la possibilité de proposer des conseils financiers personnalisés pour les clients, en s'appuyant sur l'historique de transactions et l'analyse de la solvabilité.

Dans le commerce de détail, l'IA est employée pour personnaliser l'expérience client, gérer les stocks et prévoir les tendances de consommation. Amazon, par exemple, optimise ses recommandations grâce à des algorithmes sophistiqués, tandis que d'autres acteurs utilisent des outils d'analyse pour mieux comprendre les comportements d'achat et adapter leurs offres en temps réel. L'IA peut aussi contribuer à la mise en place de vitrines intelligentes, de parcours client connectés en magasin et de programmes de fidélité plus dynamiques.

Dans l'industrie et la logistique, l'IA optimise la production en automatisant les processus et en améliorant la qualité grâce à des contrôles précis qui détectent anomalies et défauts. Les systèmes de vision par ordinateur assurent la conformité des pièces en temps réel, tandis que la maintenance prédictive réduit les pannes et les coûts associés. En logistique, elle facilite la gestion des chaînes d'approvisionnement, optimise les itinéraires de livraison et anticipe les défaillances des équipements. Les algorithmes d'orchestration permettent d'adapter instantanément les flux de transport aux imprévus, garantissant ainsi une meilleure efficacité et fiabilité des opérations.

En santé, l'IA est utilisée pour diagnostiquer des maladies complexes, prédire des épidémies et personnaliser les traitements. Des algorithmes d'apprentissage profond analysent des millions d'imageries médicales pour détecter précocement des cancers. Les assistants virtuels aident également les patients à gérer leurs traitements et à suivre leurs rendez-vous médicaux. La recherche biomédicale s'appuie aussi de plus en plus sur le « machine learning » pour accélérer le développement de médicaments et suggérer des thérapies ciblées.

EPREUVE

EPREUVE

En marketing, les outils d'intelligence artificielle (IA) facilitent la création de contenus personnalisés et l'optimisation des campagnes publicitaires en temps réel. L'analyse des données comportementales permet à l'IA de prédire les préférences des consommateurs et de recommander des produits ciblés. Les entreprises qui déploient ces technologies constatent généralement une hausse significative de leurs taux de conversion et de la fidélisation de leur clientèle.

Selon les travaux de Sarath Kumar Boddu et al. (2022), huit applications majeures de l'IA se dégagent dans les fonctions de marketing digital :

- ✓ Ciblage publicitaire : l'IA améliore la pertinence et la diffusion des publicités, notamment grâce à l'optimisation du ciblage. Des plateformes comme Google ou Meta (Facebook) démontrent une efficacité notable dans ce domaine.
- ✓ E-mail marketing : l'IA augmente considérablement l'efficacité des campagnes d'e-mailing. Elle autorise une personnalisation à grande échelle, ce qui accroît l'engagement et le taux de réponse.
- ✓ Analyse du comportement des clients : les traces laissées en ligne (clics, temps passé, partages, etc.) sont désormais analysées par des algorithmes qui mémorisent et comprennent nos habitudes quotidiennes sur le web, offrant ainsi une connaissance approfondie des attentes des consommateurs.
- ✓ Génération de prospects : l'IA est capable de trier d'immenses volumes de données et d'identifier les offres les plus adaptées à chaque client. Elle évalue également la probabilité d'achat ou l'intérêt d'un prospect, permettant de prioriser les actions commerciales.
- ✓ Création automatisée de contenu : de nombreux processus de production de contenus (rédaction, visuels, scripts, etc.) peuvent être automatisés grâce à l'IA, libérant du temps pour des tâches plus stratégiques.
- ✓ Reconnaissance d'images : l'IA possède désormais des capacités avancées pour reconnaître et interpréter des images (ou des vidéos) en temps réel. Elle peut, par exemple, analyser les expressions faciales d'un individu face caméra et déduire son ressenti vis-à-vis d'un message publicitaire.

EPREUVE

EPREUVE

✓ Prédiction marketing : en s'appuyant sur l'analyse continue des comportements en ligne, l'IA anticipe les tendances et propose des messages personnalisés, diffusés au moment le plus opportun.

✓ Chatbots : ils intègrent des systèmes d'IA capables d'interagir en langage naturel avec les utilisateurs. Ils se déploient sur des sites web, les médias sociaux ou encore des messageries privées (WhatsApp, Messenger, etc.) afin d'offrir une assistance continue et responsive.

Dans les Ressources humaines, les chatbots automatisent le tri des candidatures. L'IA peut proposer des formations adaptées et planifier des évolutions de carrière personnalisées. De plus, l'analyse prédictive peut aider à anticiper les départs volontaires ou à détecter les équipes à risque d'épuisement professionnel.

Certains secteurs s'appuient également sur l'IA pour des enjeux de sécurité et de conformité réglementaire. Des banques et assurances utilisent des algorithmes dédiés pour se mettre en conformité avec les règles de lutte contre le blanchiment et le financement du terrorisme, en détectant des activités financières suspectes.

Dans de nombreux autres domaines (transports, énergie, agriculture, etc.), elle joue un rôle de levier d'innovation, permettant à la fois de réduire les coûts et d'augmenter la qualité des services ou des biens proposés. Les municipalités, par exemple, commencent à intégrer l'IA dans la gestion du trafic urbain afin d'optimiser la fluidité de la circulation et de diminuer la pollution.

Trouvez des cas d'usage spécifiques pour votre entreprise

Pour identifier des opportunités dans votre secteur, vous devez :

✓ Déterminez les processus clés (production, distribution, marketing, support clients, etc.) et repérez ceux qui pourraient bénéficier de l'automatisation, de l'analyse prédictive ou de la personnalisation. Les progrès en IA sont souvent rapides ; répétez cet exercice régulièrement pour garder un avantage concurrentiel.

✓ Une bonne gestion des données est cruciale pour tirer le plein potentiel de l'IA. Vous devez par conséquent recenser les gisements de don-

EPREUVE

nées : quels sont les volumes et la qualité des données disponibles ? Où se situent les données sensibles ou stratégiques ? Quels outils sont déjà en place pour les collecter et les traiter ?

✓ Étudiez les pratiques dans votre secteur pour inspirer vos propres initiatives. Identifier les cas d'usage de vos concurrents et leaders du marché. Cela permet aussi d'estimer le degré de maturité IA dans votre domaine et d'anticiper les évolutions futures.

✓ Évaluez l'impact potentiel : chaque scénario doit être mesuré en matière de bénéfices (coûts réduits, revenus supplémentaires, gain de temps, etc.) et de faisabilité (ressources nécessaires, compétences requises, complexité technique). Menez des études de rentabilité à court, moyen et long terme pour apprécier la pertinence d'un projet.

✓ Privilégiez des programmes pilotes : il est souvent judicieux de lancer de petits « Proof of Concepts » dans un processus donné, avant un déploiement à plus grande échelle. Ils servent aussi à évaluer la capacité de l'organisation à gérer un projet IA et à mesurer la réceptivité des équipes concernées.

✓ Effectuez une veille technologique régulière pour rester informé des dernières avancées en IA dans votre domaine. Cela passe par la lecture d'articles scientifiques, la participation à des salons technologiques ou la collaboration avec des laboratoires de recherche.

2.2 Définir ses objectifs stratégiques et son approche IA

2.2.1 Fixez des objectifs clairs et mesurables.

Une stratégie IA efficace s'appuie sur des objectifs clairs, comme réduire les délais de production de 20 % ou augmenter la satisfaction client de 15 % en un an. La méthode **SMART** peut être utile pour évaluer ces objectifs :

✓ **S**pécifique : quel est le résultat attendu ? Définissez précisément les objectifs, comme réduire la perte de clients ou d'abonnés de 10 % sur une période donnée.

EPREUVE

✓ Mesurable : quels sont des indicateurs clés (KPI) permettant de suivre les progrès (taux de rétention, etc.) ?

✓ Atteignable : est-ce faisable en fonction des ressources humaines, financières et techniques disponibles ?

✓ Réaliste : l'objectif s'aligne-t-il sur les priorités stratégiques ? Prenez en compte les contraintes internes et externes (concurrence, réglementation, etc.).

✓ Temporel : quel est le délai prévu ? Fixez une échéance, par exemple dans les 12 mois à venir.

L'un des points critiques pour définir des objectifs efficaces est de s'assurer qu'ils soient conformes à la vision globale de l'entreprise. Par exemple, si l'objectif est d'améliorer l'expérience client, il pourrait inclure des initiatives comme l'intégration de chatbots ou l'utilisation d'algorithmes de personnalisation pour proposer des offres pertinentes en temps réel. Il vaut parfois mieux scinder un objectif global (ex. augmenter la productivité de 20 %) en sous-objectifs plus granulaires par département ou par processus, afin de suivre la progression et d'impliquer toutes les équipes.

2.2.2 Définissez votre approche pour intégrer l'IA.

Les plus courantes sont l'internalisation, l'externalisation et le partenariat stratégique.

✓ L'internalisation convient aux grandes entreprises disposant des ressources nécessaires pour développer leurs propres solutions IA. Elle offre un contrôle total et une personnalisation avancée, mais implique un coût initial élevé, un déploiement plus long et le besoin de recruter des experts. À long terme, elle permet d'acquérir un savoir-faire interne qui peut devenir un atout concurrentiel.

✓ L'externalisation consiste à utiliser des solutions IA fournies par des prestataires pour un déploiement rapide et à moindre coût. Elle est idéale pour les PME qui n'ont pas les ressources pour développer leurs propres outils. Cependant, elle crée une dépendance au fournisseur et limite le contrôle sur les évolutions. Des contrats avec clauses de réversibilité peuvent réduire ces risques.

EPREUVE

EPREUVE

- ✓ Les partenariats stratégiques impliquent une collaboration avec des startups, universités ou instituts de recherche pour co-développer des solutions IA. Cette approche apporte une expertise avancée et permet de partager les coûts et les risques. Elle peut être complexe à gérer et engendrer des conflits d'intérêts. De nombreuses grandes entreprises l'adoptent pour s'intégrer rapidement à l'écosystème IA.

2.2.3 Surmontez les résistances internes

Paschen et al., 2020 et Rust, 2020, ont conclu dans leurs études que de nombreux employés impliqués dans des activités utilisant l'IA (marketing, ventes, support aux ventes) hésiteront à adopter cette technologie. Cela pourrait être dû à une aversion au changement ou à la crainte que l'IA ne rende leurs postes obsolètes.

Les dirigeants et cadres doivent anticiper et gérer le changement pour réussir la transition marketing et commerciale avec l'IA. Face aux défis de la numérisation, une approche proactive est essentielle. Il est crucial d'identifier les causes de la résistance, car celle-ci reste l'un des principaux freins à l'adoption de l'IA.

La résistance à l'IA peut avoir plusieurs causes :

- ✓ Peur de la perte d'emploi : J. Li & Huang (2020) évoquent l'anxiété liée au remplacement professionnel, nourrie par l'idée que l'IA pourrait prendre en charge certaines tâches. Cette peur vient autant de l'observation des autres que de la crainte d'en être directement affecté.
- ✓ Manque de compréhension des technologies IA, rendant leur adoption plus difficile.
- ✓ Défaut de communication sur les bénéfices attendus, freinant l'adhésion des équipes.
- ✓ Habitudes de travail bien ancrées, générant une résistance naturelle au changement.
- ✓ Désinformation : certaines croyances laissent penser que l'IA pourrait adopter des comportements contraires à l'éthique, alimentant ainsi les inquiétudes.

EPREUVE

EPREUVE

Ces résistances sont souvent amplifiées par une vision négative de l'IA, due à des craintes infondées ou à un manque d'informations. Il est essentiel de communiquer en interne : expliquez que l'automatisation ne vise pas à supprimer des emplois, mais à alléger les tâches répétitives. L'objectif est de libérer les équipes pour qu'elles se consacrent à des tâches à plus forte valeur ajoutée. Parfois, ce rejet découle aussi d'un manque de reconnaissance ou d'une faible implication des équipes dans le processus d'innovation.

2.2.4 Créez une culture IA

Toutes les entreprises qui ont réussi à intégrer l'IA de façon efficace ont toutes créé une culture IA. Quelles sont donc leurs recettes ?

✓ Tout d'abord, formez vos collaborateurs : organisez des ateliers pour expliquer les bénéfices et dissiper les craintes. Ces sessions doivent inclure des démonstrations pratiques pour montrer comment l'IA peut faciliter leur travail au quotidien. Des programmes de formation continue ou des certifications internes peuvent aussi rassurer les employés sur la valeur qu'ils apportent et sur l'évolution de leurs compétences.

✓ Impliquer les équipes : créez des groupes de travail multidisciplinaires pour établir un dialogue constructif. Cette approche favorise l'appropriation des outils IA par les salariés. Valoriser les initiatives et les idées innovantes proposées par les équipes, puis leur donner une réelle autonomie pour tester des solutions IA sur le terrain.

✓ Communiquez clairement : expliquez les objectifs et les bénéfices attendus de l'IA pour l'entreprise et pour eux même. Présenter des cas d'usage réussis et les gains mesurables de l'IA. Par exemple, montrer comment une entreprise concurrente a réussi à augmenter sa productivité grâce à l'IA peut inspirer confiance et adhésion. Une communication transparente sur la finalité de la collecte de données et sur la confidentialité peut également rassurer sur l'utilisation de l'IA.

✓ Accompagnez le changement : mettez en place un programme de gestion du changement adapté, puis identifiez et formez des « ambassadeurs IA » au sein de chaque département. Ces ambassadeurs

EPREUVE

deviendront des relais d'information et pourront aider leurs collègues à mieux comprendre les solutions déployées.

✓ Garantissez l'éthique et la transparence : élaborez une charte éthique de l'IA en impliquant les collaborateurs. Et surtout, assurez-vous que les décisions prises par l'IA sont explicables et justifiables. Dans de nombreux secteurs, la conformité réglementaire et l'éthique deviennent un argument de vente auprès des clients, soucieux des questions de protection des données et de respect de la vie privée.

Au-delà de la formation et de la communication, il est crucial d'encourager une culture de l'innovation où l'expérimentation est valorisée. Cela peut passer par la mise en place de budgets dédiés à la R&D, ou par la création de laboratoires internes (innovation labs) où les équipes peuvent concevoir et tester de nouvelles idées.

2.3 La feuille de route d'intégration

Les 5 étapes décrites ci-dessous se retrouvent dans la majorité des entreprises qui ont efficacement intégré l'IA dans leur entreprise. Il est important de suivre une implémentation étape par étape.

Étape 1 : Le Diagnostic

La première phase consiste à réaliser un diagnostic approfondi de l'existant :

✓ Cartographie des processus : identifiez les processus critiques sur le plan des coûts, du temps ou de la valeur ajoutée.

✓ Audit des données : évaluez la qualité, la quantité et la disponibilité des données internes et externes.

✓ Analyse de la maturité technologique : faites un état des lieux des outils et compétences disponibles au sein de l'entreprise (infrastructures, logiciels, équipes).

✓ Identification des besoins prioritaires : sur la base de cette analyse, dressez une liste des problématiques qui pourraient bénéficier d'une solution IA.

EPREUVE
EPREUVE

EPREUVE

Exemple d'indicateur : pourcentage de processus clés déjà numérisés, qualité de la base de données client, etc. Selon l'approche choisie pour intégrer l'IA, il peut être utile d'évaluer les compétences internes en data science, et en développement logiciel afin d'identifier d'éventuels besoins à combler.

Étape 2 : Priorisation des projets IA

Après le diagnostic, il est essentiel de prioriser les projets IA en fonction de :

✓ Leur impact : gains financiers, amélioration de l'expérience client, réduction des risques, etc.

✓ Leur faisabilité technique : complexité des algorithmes, infrastructure nécessaire, disponibilité des données.

✓ Leur alignement stratégique : cohérence avec les objectifs et la vision de l'entreprise.

L'utilisation d'une matrice d'évaluation intégrant ces critères (impact, faisabilité, alignement) permet de classer les opportunités. Les projets ayant un fort impact et une mise en œuvre réalisable doivent être traités en priorité.

Exemple d'indicateur : valeur potentielle estimée (ROI projeté, réduction de coûts), complexité évaluée (temps de développement, niveaux de compétence requis). Certaines entreprises vont jusqu'à inclure un critère de « maturité organisationnelle » pour déterminer si l'équipe interne est prête à piloter ou intégrer un certain projet IA.

Étape 3 : Expérimentation

Lancez des projets pilotes pour évaluer la faisabilité des cas d'usage et affiner les solutions avant un déploiement à grande échelle. Ces tests permettent de valider les hypothèses grâce à des prototypes, des retours de bêta-testeurs ou l'intégration progressive d'outils en version limitée. Les retours, qu'ils soient qualitatifs ou quantitatifs, sont essentiels pour ajuster la solution et décider de la suite du projet.

EPREUVE

EPREUVE

Étape 4 : Déploiement à grande échelle

Après avoir validé un Proof of Concept ou un projet pilote, l'entreprise peut passer à la phase de déploiement à grande échelle :

✓ Mise en production : adaptez les algorithmes et les modèles d'IA à des volumes de données plus importants, automatisez les flux de données, intégrez la solution dans les systèmes d'information existants (ERP, CRM, etc.). Vous devez porter une attention particulière à la sécurité des données et à la robustesse de l'infrastructure.

✓ Gestion du changement : accompagnez les équipes opérationnelles dans la prise en main de l'outil. Formez les utilisateurs finaux et recueillez régulièrement leurs retours pour améliorer la solution. Les communications internes doivent mettre en avant les bénéfices concrets (gain de temps, réduction des erreurs, nouveaux leviers d'analyse, etc.).

✓ Évolution en continu : les modèles d'IA nécessitent une supervision régulière. Vous devez mettre en place un dispositif de réapprentissage afin d'actualiser les modèles lorsque les données ou les conditions de marché évoluent. À ce stade, il est aussi important de prévoir des mécanismes de maintenance et de support technique.

Exemple d'indicateur : taux d'adoption de la solution (pourcentage d'utilisateurs finaux qui se servent de la solution IA au quotidien), réduction effective des coûts mesurée après déploiement. Une autre mesure importante est le temps de réponse ou la précision du système, qui évalue directement sa performance en situation réelle.

Étape 5 : Suivi et évaluation continue

Ajustez les solutions en fonction des retours des utilisateurs et des KPIs. Cette phase garantit que les outils IA restent alignés sur les besoins évolutifs de l'entreprise. L'intégration de l'IA est un processus continu, qui demande un suivi rigoureux :

✓ Surveillance de la performance des modèles : les algorithmes peuvent « dériver » avec le temps notamment si les données ne sont plus représentatives de la réalité. Dans certains secteurs, des évolutions

EPREUVE

réglementaires ou des changements de comportement des consommateurs peuvent également impacter la pertinence du modèle.

✓ Évaluation de la satisfaction interne et externe : mesurer l'adhésion des collaborateurs et la satisfaction des clients. Les retours qualitatifs peuvent aider à identifier des pistes d'amélioration non détectées par les indicateurs quantitatifs.

✓ Retour sur investissement (ROI) : évaluer la rentabilité du projet en prenant en compte les coûts initiaux, la maintenance et les bénéfices directs et indirects. Il peut aussi être utile de considérer les gains immatériels, comme l'image de marque ou la perception d'innovation.

✓ Réajustement de la stratégie : les résultats obtenus peuvent conduire à réorienter la priorisation des projets IA, ou à renforcer l'existant avec de nouvelles fonctionnalités. Dans certains cas, l'intégration de l'IA peut ouvrir la voie à de nouveaux modèles économiques ou à des partenariats inattendus.

Exemple d'indicateur : taux de précision du modèle (pour un algorithme de détection de fraude, de recommandation, etc.). Le taux de satisfaction client après déploiement d'une nouvelle fonctionnalité IA. Le délai de mise sur le marché des nouvelles versions peut également mesurer la capacité d'innovation continue.

Le suivi des performances est essentiel pour évaluer l'efficacité des projets IA. Les KPIs doivent être mesurés régulièrement et comparés aux objectifs définis selon la méthode SMART. Ils aident à maintenir l'entreprise sur la bonne trajectoire stratégique. Les tableaux de bord et outils de monitoring jouent un rôle clé en offrant une visibilité en temps réel sur les progrès.

Voici des exemples d'indicateurs : le taux d'adoption des solutions IA par les employés, la réduction des coûts opérationnels, l'augmentation du chiffre d'affaires ou des marges. Ensuite les gains de productivité comme le temps économisé par employé, l'amélioration de la satisfaction et de l'expérience client. On peut y rajouter la diminution des erreurs et des non-conformités et la fiabilité et rapidité d'exécution des nouvelles fonctionnalités.

EPREUVE
EPREUVE

EPREUVE

Ces métriques permettent un ajustement précis des stratégies IA et garantissent une mise en œuvre alignée avec les objectifs de l'entreprise.

2.4 L'IA, levier de transformation à long terme

L'intégration de l'IA dans une stratégie d'entreprise n'est pas une option, mais une nécessité pour répondre aux défis du 21e siècle.

Ce chapitre a présenté les étapes essentielles pour exploiter pleinement le potentiel de cette technologie. En adoptant une approche structurée et en impliquant toutes les parties prenantes, les entreprises peuvent transformer leurs opérations, stimuler leur croissance et garantir leur pertinence future.

Le défi principal est de considérer l'IA comme un levier de transformation plutôt qu'une simple technologie. En l'intégrant pleinement à la stratégie de l'entreprise, elle devient un moteur d'efficacité, d'innovation et de nouvelles opportunités de marché. Elle permet aussi de renforcer la fidélisation client et d'affirmer un positionnement compétitif. L'expérience acquise grâce aux projets pilotes, combinée à une culture d'innovation, contribuera à renforcer durablement l'avantage concurrentiel de l'entreprise.

Conseil d'expert

Pour réussir votre projet IA, il est essentiel de :

1. *Comprendre la dynamique de son secteur : identifier les opportunités spécifiques et les tendances qui dictent l'évolution du marché. Cette veille doit être continue, car les innovations en IA se succèdent à un rythme soutenu.*
2. *Adopter une vision holistique : L'IA doit être intégrée de manière transversale dans l'ensemble de l'organisation, et non pas cantonnée à des projets isolés. Les synergies entre départements peuvent en effet maximiser les bénéfices tirés de la donnée.*

EPREUVE

3. *Fixer des objectifs stratégiques clairs : aligner l'IA sur la vision d'entreprise et établir des indicateurs de performance pertinents. Sans objectif précis, l'IA risque de n'être qu'un gadget.*
4. *Choisir une approche adaptée : internaliser les compétences clés, s'appuyer sur des partenaires ou opter pour l'externalisation selon les ressources disponibles. Le choix dépendra notamment de la taille de l'entreprise et de la disponibilité des talents.*
5. *Gérer la transformation culturelle : investissez dans les compétences. Formez vos collaborateurs et recrutez des talents spécialisés pour construire une expertise interne solide en IA. Accompagnez les équipes, rassurez sur les enjeux de l'IA et instaurez un climat propice à l'innovation.*
6. *Procéder par itérations et évaluation continue : déployez des projets pilotes, apprendre des retours d'expérience et mesurez en permanence l'impact de l'IA. Cette approche agile limite les risques et encourage l'amélioration constante.*
7. *Prioriser l'éthique et la responsabilité : assurez-vous que vos solutions IA respectent les principes éthiques et les réglementations en vigueur. Cela inclut la protection des données, la transparence algorithmique et la prévention des biais.*

Et surtout, restez agile : soyez prêt à ajuster votre stratégie IA en fonction des évolutions technologiques et des besoins changeants du marché. La capacité d'adaptation rapide est un atout majeur dans un environnement concurrentiel en constante mutation.

EPREUVE
EPREUVE

3 Solutions d'IA pour entrepreneurs

> *« L'IA est une révolution industrielle qui va transformer tous les secteurs de l'économie. »*
>
> Cédric Villani, mathématicien et homme politique français

3.1 Panorama, critères de choix et tendances émergentes

Des chatbots conversationnels aux algorithmes de prédiction, les solutions d'IA se multiplient à un rythme effréné. Face à cette profusion, vous devez naviguer entre les offres des géants technologiques, les innovations des startups et les ressources open source communautaires.

Devant cette offre pléthorique, le choix d'outils adaptés soulève des enjeux techniques, économiques et éthiques majeures. Quels critères privilégier et quels enseignements tirer des retours d'expérience récents ? Ce chapitre propose d'apporter un panorama exhaustif et critique pour vous permettre de mieux comprendre les enjeux et sélectionner la solution la plus proche de vos besoins.

Nous avons identifié trois alternatives en vigueur sur le marché de l'IA : les solutions propriétaires, les startups disruptives et l'écosystème Open source.

3.1.1 Les solutions propriétaires : la domination des géants technologiques

Les grandes entreprises technologiques – OpenAI, Microsoft, Google DeepMind, Meta, Amazon, IBM et Nvidia – concentrent l'essentiel

EPREUVE

des innovations actuelles, structurant le marché autour de plateformes robustes et intégrées.

✓ **OpenAI**, c'est l'incontournable. Elle a démocratisé l'IA au travers de ChatGPT.

✓ **Microsoft** consolide sa position avec Azure AI et ses synergies avec OpenAI. Il multiplie les offres SaaS via GitHub Copilot, tout en adoptant une approche multi-modèles (Claude, Gemini…).

✓ **Google DeepMind** développe **Gemini,** modèle multimodal conjuguant puissance et adaptabilité, tout en soutenant la recherche fondamentale.

✓ **Meta**, avec **Llama**, démocratise des modèles avancés open source, favorisant la personnalisation et la transparence.

✓ **Amazon** investit massivement, notamment via AWS et l'intégration des modèles Claude pour améliorer ses services vocaux.

✓ **IBM**, pionnier du domaine, poursuit son engagement avec **Granite Code Models** et l'**AI Alliance**, promouvant l'éthique et la sécurité.

✓ **Nvidia**, incontournable sur le volet matériel, subit cependant la concurrence de systèmes plus économiques basée sur de l'Open Source.

✓ **xAI,** l'entreprise fondée par Elon Musk a créé **GROK** qui est une solution propriétaire. Il a annoncé vouloir rendre certains modèles Open Source.

Ces acteurs proposent un écosystème propriétaire offrant des services clés en main, performants, mais onéreux, nécessitant souvent des compétences techniques avancées et une forte dépendance à leurs infrastructures.

3.1.2 Les startups disruptives : agilité, spécialisation et coûts optimisés

Les startups jouent un rôle décisif dans l'innovation IA, en développant des solutions ciblées :

✓ **DeepSeek**, avec son architecture **Mixture-of-Experts (MoE)**, propose un rapport qualité-prix inédit, tout en favorisant l'open source. Il capte en 2025, 27 % du marché des PME chinoises

EPREUVE

EPREUVE

✓ **Anthropic** mise sur la sécurité et la robustesse avec la gamme **Claude**, qui prône l'IA éthique.

✓ **Mistral AI**, fer de lance européen, offre des modèles adaptés aux contextes locaux et respectueux des normes européennes (RGPD).

✓ **QWEN** développé par Alibaba Cloud ouvre une brèche dans l'hégémonie américaine à des coûts défiant toute concurrence, 30 fois moins chers que les modèles d'OpenAI.

✓ **Ernie**, du Chinois Baidu, s'ouvre à une stratégie *open source*. Il introduit une architecture hybride *transformer-diffusion*, permettant une génération multimédia cohérente sur des séquences longues.

3.1.3 L'écosystème open source : vers une démocratisation de l'IA

L'essor de l'open source, incarné par Hugging Face, DeepSeek, LLaMA 3.1 et Ernie de Baidu, redistribue les cartes :

✓ Mutualisation des efforts de recherche,

✓ Transparence accrue sur les données et les algorithmes,

✓ Coût réduit, car les modèles sont libres.

Fondée en 2016, Hugging Face s'est imposé comme une plateforme incontournable dans le domaine de l'IA open source. Elle offre un espace collaboratif où développeurs et entreprises peuvent partager, explorer et améliorer des modèles de machine learning. Avec plus de 900 000 modèles et 200 000 jeux de données disponibles, elle facilite l'accès aux ressources nécessaires pour créer des applications d'IA performantes. Cette approche collaborative vise à rendre l'IA plus compréhensible et transparente, permettant à un large éventail d'utilisateurs de contribuer à l'innovation technologique.

En parallèle Amazon, en ouvrant AWS à ces modèles, démontre que l'hybridation entre services propriétaires et open source est désormais une voie stratégique pour l'ensemble du marché.

EPREUVE

EPREUVE

3.2 Panorama des outils disponibles

Nous vous proposons un panorama des outils disponibles, en analysant les critères de choix techniques, économiques, éthiques. Nous comparons notamment l'IA générative à l'IA prédictive et différentes architectures de modèles. Nous présentons ensuite des retours d'expérience concrets et les tendances à l'horizon 2025-2026. L'objectif est de vous guider à travers les implications stratégiques de l'IA et vous montrer la meilleure façon d'en tirer parti dans votre activité.

3.2.1 Les géants de la tech : offres d'IA clés en main

Les grandes entreprises technologiques présentent un écosystème complet de solutions d'IA. Ils sont dans la majeure partie des cas propriétaires. OpenAI, Google, Microsoft, Amazon ou IBM offrent des plateformes cloud intégrant des services d'IA prêts à l'emploi.

Par exemple, ChatGPT Entreprise, Google Cloud Vertex AI, et AWS Machine Learning proposent des API pour la vision par ordinateur, le traitement du langage naturel ou l'analyse prédictive. Microsoft Azure s'est allié à OpenAI pour fournir l'accès à des modèles de pointe (GPT-4, Codex, DALL-E) via Azure OpenAI Services. De son côté, IBM Watson le pionnier historique continue d'évoluer avec des solutions d'IA entreprise (décisionnel, NLP, AutoML).

Ces offres des géants mettent l'accent sur des infrastructures cloud robustes ce qu'on appelle la scalabilité, l'intégration aux systèmes existants à travers une API et un SDK et le support professionnel. Elles séduisent les entrepreneurs recherchant des solutions fiables et clés en main, capables de passer à l'échelle en fonction de la croissance de leur business.

Néanmoins, ces solutions impliquent souvent des coûts récurrents, abonnements cloud, facturation à l'usage, et une dépendance vis-à-vis d'un fournisseur avec un risque d'enfermement propriétaire. Pour vous, les outils des Big Tech permettent d'accéder à des technologies éprouvées et performantes sans développement en interne, tout en restant conscient des contreparties que sont les coûts, le contrôle des données, et la dépendance.

EPREUVE

3.2.2 Startups innovantes et solutions disruptives

Parallèlement aux géants, une myriade de startups IA proposent des solutions innovantes, souvent plus spécialisées ou plus agiles. OpenAI elle-même a commencé comme startup avant son partenariat Microsoft, en lançant ChatGPT qui a popularisé l'IA générative grand public. D'autres se sont positionnées sur les services de langage comme AI21 Labs avec Jurassic-2, Cohere avec ses modèles de langage spécialisés business, Anthropic avec son assistant Claude. Elles offrent via API des modèles alternatifs pour intégrer un chatbot ou un outil de rédaction dans une application.

Dans le domaine de l'IA visuelle, Stability AI une startup britannique a ouvert la voie avec Stable Diffusion, un modèle génératif d'images open source qui a « disrupté » le secteur. Midjourney ou Runway ont également émergé pour la génération d'images ou de vidéos par IA.

Beaucoup de jeunes pousses proposent des solutions verticales adaptées à des usages métiers pointus. Par exemple, des fintechs utilisent l'IA pour l'analyse financière automatisée, des medtechs ont des IA de diagnostic ou d'assistance à la radiologie, des legaltechs offrent des assistants juridiques automatisés, etc. L'avantage pour les entrepreneurs est de pouvoir s'appuyer sur ces solutions faciles d'installation ciblées sur leur secteur d'activité. Ces startups, plus petites que les géants, sont souvent réactives aux besoins clients et innovent rapidement, ce qui vous permet de bénéficier de fonctionnalités parfois en avance sur les généralistes.

En revanche, vous devez évaluer la pérennité du fournisseur, car toutes ne survivront pas ou ne resteront pas indépendantes et la maturité de la solution.

Toutefois, l'essor de l'IA a attiré d'importants financements, et les startups IA d'aujourd'hui peuvent devenir les leaders de demain. L'équilibre entre startups et big tech évolue sans cesse. En 2023-2024 on a vu de multiples acquisitions et partenariats : les grands groupes rachetant des pépites IA, ou investissant pour ne pas se laisser distancer. C'est le signe que l'innovation se joue autant dans les laboratoires des géants que dans les incubateurs de la Silicon Valley ou d'ailleurs **[1]**. Pour un entrepreneur, collaborer avec une startup IA peut aussi être l'occasion d'un partenariat stratégique ou d'influencer la roadmap du produit, ce qui est moins envisageable avec un mastodonte de la tech.

3.2.3 Outils open source et initiatives communautaires

Au-delà des offres commerciales, l'écosystème open source occupe une place cruciale dans la démocratisation de l'IA. Des plateformes collaboratives comme Hugging Face Hub mettent à disposition des milliers de modèles IA pré entraînés partagés par la communauté**[2]**, couvrant la vision, le langage, l'audio, etc. Cela inclut des modèles de langage massifs ouverts comme BERT, GPT-2, et plus récemment des équivalents open source des chatbots comme OpenLLaMA par exemple. L'open source permet aux entrepreneurs d'expérimenter avec des modèles gratuits ou peu coûteux, d'auditer le code et les données, et de les adapter à leurs besoins. Un exemple est BLOOM, un modèle de langage multilingue de 176 milliards de paramètres entraîné en 2022 dans le cadre d'une collaboration ouverte réunissant plus de 1 000 chercheurs de 70 pays, sous la coordination de Hugging Face**[3]**. BLOOM est capable de générer du texte en 46 langues et a été mis à disposition sous licence ouverte, illustrant comment la recherche collaborative peut rivaliser avec les modèles des grands laboratoires privés. Néanmoins BLOOM n'a pas reçu la reconnaissance du public et des entreprises.

D'autres projets communautaires ont ouvert des brèches : Stable Diffusion dans la génération d'images, a été publié en open source, rendant accessible une technologie auparavant réservée à quelques acteurs.

Les frameworks open source tels que TensorFlow de Google, PyTorch de Meta, scikit-learn, et bien d'autres sont également des briques indispensables : ils offrent les outils pour développer et déployer des modèles sur mesure. Enfin, la dynamique open innovation voit aussi des alliances public/privé : le projet BigScience qui a produit BLOOM a bénéficié de supercalculateurs publics français et de contributions d'entreprises.

Pour un entrepreneur, exploiter l'open source en IA présente l'avantage de la maîtrise, car il n'y a pas de boîte noire propriétaire. Il bénéficie de la communauté avec le support via des forums et des évolutions continues, et d'un coût réduit. Néanmoins, cela requiert souvent des compétences techniques internes plus pointues pour adapter et opérer ces outils. En pratique, beaucoup d'entreprises combinent open source et solutions propriétaires. Elles peuvent prototyper sur des modèles open source et puis implémentent une solution commerciale pour la mise en production à grande échelle. Elles peuvent aussi choisir la stratégie inverse en utilisant un modèle propriétaire, mais en s'appuyant sur des bibliothèques open source pour l'intégration.

Depuis octobre 2024, GitHub filiale de Microsoft offre avec Copilot la possibilité de sélectionner plusieurs modèles d'IA, notamment Claude 3.5 d'Anthropic, Gemini de Google et GPT d'OpenAI. Cette approche multi-modèle offre aux développeurs la flexibilité de choisir le plus adapté à leurs besoins spécifiques.

En décembre 2023, IBM a cofondé l'AI Alliance avec Meta, rassemblant plus de 50 organisations pour promouvoir une IA sûre et responsable **[4]**. IBM a également introduit les Granite Code Models, une série de modèles de langage conçut pour des applications spécifiques, renforçant ainsi son portefeuille de solutions d'IA. Son engagement envers l'open source et la recherche en IA continuent de faire de l'entreprise un acteur clé du secteur.

Ce panorama révèle un éventail riche de solutions, allant des offres packagées des géants aux modèles open source communautaires, en passant par les innovations de startups. Face à cette profusion, comment choisir la solution d'IA la mieux adaptée ?

3.3 Critères de choix et comparatifs des solutions

Le choix d'une solution d'IA ne se résume pas à une question technologique : il s'agit d'une décision stratégique multifactorielle. Vous devez évaluer à la fois des critères techniques (capacités du modèle, facilité d'intégration, performance), économiques (coûts d'acquisition, d'infrastructure, ROI attendu) et éthiques (impact sur les données, biais, conformité réglementaire).

Vous devez aligner le type d'IA aux besoins de votre entreprise. Une IA générative ne sert pas les mêmes objectifs qu'une IA prédictive.

EPREUVE
EPREUVE

EPREUVE

Les différentes architectures de modèles, du LLM généraliste, à l'IA spécialisée, offrent des avantages distincts. Dans cette section, nous analysons d'abord les principaux facteurs de décision, puis comparons les approches génératives versus les prédictives, et enfin les atouts des architectures modernes (LLM Large Language Model, SLM Small Language Model, LAM Large Action Model, MoE Mixture of Experts, RAG Retrieval-Augmented Generation).

3.3.1 Considérations techniques : adéquation au besoin et performance

Du point de vue technique, le critère numéro un est l'adéquation de la solution aux cas d'usage visés. Un modèle de vision par ordinateur performant ne sera d'aucune utilité à un entrepreneur qui cherche à automatiser des réponses par email. Inversement un chatbot linguistique ne servira pas à détecter des défauts sur une chaîne de production. Il faut donc évaluer la spécialisation de l'IA. Certaines sont généralistes : par exemple un LLM peut à la fois rédiger un texte marketing ou du code, traduire, résumer… D'autres sont spécialisées par domaine : par exemple, une IA entraînée pour la détection de fraudes bancaires sera bien meilleure sur cette tâche qu'un modèle généraliste.

La performance est évidemment clé : cela inclut la précision ou la fiabilité des résultats, la rapidité ou latence de réponse, la capacité à gérer la scalabilité autrement dit le volume de données ou le nombre de requêtes élevé. Un grand modèle complexe peut être très performant, mais trop lent pour un service en temps réel, ou nécessiter des serveurs coûteux. À l'inverse, un petit modèle léger peut répondre vite, mais manquer de précision. Vous devez trouver le bon compromis technique. Des tests pilotes ou des preuves de concept sont souvent nécessaires pour comparer concrètement plusieurs solutions sur les données ou scénarios de votre entreprise.

En 2024, on a vu émerger différentes architectures de modèles IA ayant chacune leurs atouts techniques. Par exemple, les grands modèles de langage (LLM Large Language Models) comme GPT, offrent une polyvalence sans précédent grâce à leurs milliards de paramètres, mais sont lourds à déployer. À l'opposé, des modèles plus petits ou spécia-

EPREUVE

EPREUVE

lisés (SLM Small Language Models) gagnent du terrain pour les usages embarqués ou spécifiques, car ils sont plus rapides et moins gourmands. Les modèles d'action (LAM Large Action Models), encore expérimentaux, donnent à l'IA de capacités de planification multi-étapes et d'autonomie décisionnelle. Ils sont plus pertinents pour des applications comme la robotique ou la conduite autonome.

Un autre aspect technique est l'intégration et la compatibilité. Le meilleur modèle du monde sera inutile s'il ne peut s'interfacer avec vos systèmes. Vous devez vérifier la facilité d'intégration : existence d'une API, support des langages de programmation courants, possibilité de déployer en local ou en cloud hybride selon les contraintes. Les solutions open source marquent des points sur ce plan grâce à leur flexibilité, là où certaines solutions propriétaires imposent une utilisation dans leur cloud uniquement.

Enfin, il ne faut pas oublier la provenance des données d'entraînement et les implications techniques qui en découlent comme les langues supportées, la connaissance du domaine métier par exemple. Un modèle de langage entraîné principalement en anglais sera moins performant en français. De même, une IA prédictive entraînée sur des données génériques pourrait être peu pertinente sur vos données d'entreprise s'il y a des spécificités non prises en compte. D'où l'intérêt de pouvoir personnaliser la solution via un fine-tuning du modèle sur vos données, ou via des techniques comme RAG (Retrieval Augmented Generation) qui permettent d'ajouter vos données dans la boucle de l'IA.

3.3.2 Considérations économiques : coûts, ROI et pérennité

Sur le plan économique, plusieurs facteurs déterminants entrent en jeu. D'abord, le **coût d'acquisition** ou d'abonnement de la solution d'IA. Les modèles open source sont théoriquement gratuits, mais leur exploitation a un coût caché comme l'infrastructure pour les faire tourner, le temps de développement. Les solutions SaaS ou API commerciales, elles, facturent souvent à l'usage, par requête, par nombre d'utilisateurs ou avec un forfait mensuel.

EPREUVE

EPREUVE

Vous devez estimer le TCO (Total Cost of Ownership) : par exemple, utiliser l'API d'un LLM comme GPT-4 peut coûter quelques centimes par requête. C'est anodin pour des tests, mais cela peut devenir onéreux si on automatise des milliers de requêtes par jour. À l'inverse, entraîner son propre modèle open source nécessite potentiellement des GPUs coûteux ou des ingénieurs spécialisés, ce qui représente un investissement initial significatif.

La rentabilité (ROI Return on Investment) attendue est le corollaire du coût. Un projet d'IA doit idéalement s'autofinancer par les gains qu'il procure que ce soit des gains de productivité, l'augmentation des ventes, la réduction des erreurs ou des pertes, etc.. Par exemple, si une IA de support client coûte 1 000 € par mois, mais permet d'économiser 2 000 € de support humain ou de fidéliser des clients, le calcul est favorable.

Vous devez aussi considérer la pérennité et l'évolutivité financière. Un fournisseur peut modifier ses tarifs : on l'a vu avec certains services cloud qui augmentent après avoir acquis une base d'utilisateurs captive. Miser sur une solution open source peut réduire ce risque, mais implique de supporter en interne les coûts d'évolution. Une approche hybride consiste à éviter les dépendances exclusives : ne pas concevoir son système de manière trop spécifique à un fournisseur pour garder la liberté de changer si besoin.

Par ailleurs, des aides ou subventions peuvent existent pour l'adoption de l'IA (programmes gouvernementaux, accompagnement Bpifrance, etc.), ce qui peut alléger le poids économique initial. Toutefois, une erreur serait de sous-estimer les coûts indirects : formation des équipes, conseil en amont, maintenance continue. Comme le souligne la CCI Lyon, pour les PME le coût initial d'implémentation de l'IA est souvent élevé et constitue un obstacle, de même que la nécessité de former les collaborateurs pour vaincre la résistance au changement **[5]**. Ces coûts de transition doivent être anticipés dans le budget global du projet IA.

EPREUVE

EPREUVE

3.3.3 Considérations éthiques et juridiques : données et confiance

L'intégration d'une solution d'IA soulève enfin des questions éthiques et réglementaires, de plus en plus centrales dans le processus de décision. Gouvernance des données et conformité sont des maîtres-mots. En effet, beaucoup d'IA nécessitent des données [d'entraînement ou en entrée] qui peuvent être sensibles : données clients, informations personnelles, données stratégiques de l'entreprise. L'entrepreneur doit s'assurer de la confidentialité de ces données. L'envoi de données vers une API tierce, par exemple, peut poser problème si ces données sont stockées ou réutilisées sans contrôle. Certaines entreprises préfèrent des solutions déployables sur site pour conserver la maîtrise des informations. D'autres optent pour des fournisseurs certifiés qui offrent des garanties [chiffrement, certifications ISO, conformité RGPD…].

Les biais algorithmiques sont un autre enjeu éthique. Un modèle de recrutement prédictif, s'il est entraîné sur des données historiques biaisées, peut reproduire des discriminations. De même, une IA générative non filtrée peut produire des contenus inappropriés ou trompeurs. Vous devez donc examiner les mesures mises en place par le fournisseur pour contrôler l'éthique du modèle [filtres de contenu, audits de biais, explications disponibles]. Les solutions open source offrent la transparence du code, mais la responsabilité repose sur l'utilisateur pour vérifier le comportement du modèle. Les solutions commerciales elles, commencent à proposer des outils d'audit ou s'engagent à respecter des chartes éthiques.

La réglementation évolue rapidement : l'Union européenne a créé l'AI Act qui classifie les usages de l'IA par risque et qui impose des obligations [expliquer les décisions de l'IA, garantir une supervision humaine, etc.]. Choisir une solution conforme ou adaptable à ces futures règles est un gage de sérénité. Par exemple, pour des usages à haut risque [santé, finance…], il faudra probablement documenter finement les données d'entraînement et la logique de l'algorithme. Les aspects de propriété intellectuelle sont au centre des débats : qui détient le copyright d'un texte généré ? Quelles données ont été utilisées et avaient-elles des restrictions ?. Pour l'instant, le flou juridique persiste, mais soyez prudent :

EPREUVE

EPREUVE

vous devez intégrer ces considérations dans votre choix. Privilégiez les modèles entraînés sur des données libres de droits pour éviter des contentieux, ou assurez-vous que le contrat avec un fournisseur le dégage de certaines responsabilités. .

En somme, les critères de confiance [fiabilité, transparence, sécurité] sont tout aussi importants que la performance brute. D'après une enquête de 2024, 43 % des entreprises citent la sécurité et la confidentialité des données parmi les freins à l'adoption de l'IA, et 33 % jugent les coûts d'implémentation trop élevés **[6]**. Pourtant, ne pas adopter l'IA comporte aussi un risque : 72 % des décideurs pensent qu'ils perdront en avantage compétitif s'ils n'intègrent pas l'IA dans leur organisation. Il s'agit donc de trouver un juste équilibre, en choisissant des solutions alignées avec les valeurs et obligations de l'entreprise, et en mettant en place une gouvernance des données solide.

3.4 Comparatif : IA générative vs IA prédictive

Un choix fondamental porte sur le type d'IA dont on a besoin. Faut-il une IA capable de *créer* du contenu (texte, image, code…) ou de *prédire* un résultat à partir de données ? L'IA générative et l'IA prédictive répondent à des finalités différentes, bien qu'elles reposent souvent sur des techniques communes de *Machine Learning*. L'IA générative utilise des données pour produire de nouveaux contenus, originaux, en réponse à une instruction, tandis que l'IA prédictive analyse des données pour extrapoler et anticiper un événement futur ou estimer une valeur manquante **[7]**. Le tableau suivant compare ces deux approches sur quelques critères clés :

Critère	IA générative (génération de contenu)	IA prédictive (anticipation/simulation)
Finalité	Créer du contenu original à partir de données existantes (texte, image, code, etc.)	Prévoir ou extrapoler des résultats futurs à partir de données historiques ou en temps réel

EPREUVE

EPREUVE

Critère	IA générative (génération de contenu)	IA prédictive (anticipation/simulation)
Exemples d'usage	Chatbot conversationnel, rédaction d'articles, génération d'images ou de designs, composition musicale.	Prévision des ventes, détection de churn client, maintenance prédictive, recommandation de produits.
Données requises	Corpus massifs non structurés pour l'entraînement (ex. : textes, images). Pas forcément de labels, apprentissage souvent auto-supervisé.	Données historiques structurées avec des labels ou cibles (ex : ventes passées → ventes futures). Apprentissage supervisé ou semi-supervisé.
Sortie produite	Un contenu **neuf** : texte rédigé, image créée, code généré… L'IA « imagine » une réponse conforme au style des données d'entraînement.	Une prédiction ou classification : chiffre, probabilité, catégorie ou décision (souvent accompagnée d'un score de confiance).
Avantages	Créativité quasi-illimitée, automatise des tâches de production intellectuelle, peut *s'inspirer* de vastes connaissances pour proposer des solutions innovantes.	Précision dans l'estimation de résultats spécifiques, appui sur des corrélations réelles issues des données. Souvent plus explicable, car basée sur des facteurs identifiables
Limites	Risques de *hallucinations* (informations fausses) ou contenus biaisés. Difficile d'expliquer comment le résultat a été obtenu (boîte noire non déterministe)	Ne crée rien de nouveau : limité par la qualité et la pertinence des données fournies. Moins performant si le contexte change (données de train obsolètes).

En pratique, ces deux types d'IA sont complémentaires plus qu'en opposition. Une startup e-commerce pourra utiliser de l'IA prédictive pour estimer la demande de ses produits (forecasting) et de l'IA générative pour créer des descriptions de produit ou des visuels marketing. L'IA générative brille dans les tâches créatives ou lorsque les solutions ne sont pas connues à l'avance : on attend de l'IA qu'elle propose du neuf. L'IA prédictive excelle pour optimiser l'existant et guider la décision par des insights chiffrés. Une IA générative peut toutefois intégrer de la prédiction en son sein un modèle génératif de texte prédit mot par mot la suite d'une phrase, c'est une forme de prédiction séquentielle. Une IA prédictive peut parfois expliquer ses prédictions de manière « géné-

EPREUVE

EPREUVE

rative » : expliquer un diagnostic médical automatique en générant un rapport en langage naturel.

Pour choisir, vous devez donc clarifier votre besoin : avez-vous besoin de créer du contenu, des idées, des designs – dans ce cas, tournez-vous vers des modèles génératifs. Si vous devez prévoir une valeur future, un comportement vous devez privilégiera des modèles prédictifs classiques. Vous pouvez avoir besoin des deux : de plus en plus de solutions combinent ces approches. Par exemple, certains assistants virtuels génératifs comme les copilotes de codage utilisent en coulisse des modèles prédictifs pour choisir la meilleure suggestion à présenter. L'essor de l'IA hybride montre que la frontière s'estompe, mais cette distinction aide à formuler le problème et à identifier les bonnes ressources.

3.5 Avantages des différentes architectures de modèles (LLM, SLM, LAM, MoE, RAG)

Le paysage des modèles IA évolue rapidement. Les acronymes LLM, SLM, LAM, MoE, RAG désignent des architectures qui offrent chacune des bénéfices distincts. Voici un tour d'horizon des avantages de ces différentes catégories :

- ✓ **LLM (Large Language Model)** : Les modèles de langage de grande taille (des dizaines voire centaines de milliards de paramètres, ex : GPT, BLOOM) excellent par leur **versatilité** et leur connaissance large. En étant entraînés sur des corpus titanesques, ils acquièrent une capacité à comprendre et générer du texte sur à peu près n'importe quel sujet. Pour un entrepreneur, un LLM peut servir de base à un chatbot sophistiqué, un assistant d'écriture ou d'analyse, sans entraînement spécifique – c'est le généraliste par excellence. Son avantage réside dans sa richesse de réponses et sa capacité d'adaptation (on peut le *prompt-tuner* pour de multiples tâches). Cependant, les LLM sont lourds en calcul et mémoire, ce qui implique des coûts élevés d'inférence.
- ✓ **SLM (Small Language Model)** : Par opposition aux LLM, les *Small Language Models* sont des modèles de plus petite taille, souvent entraînés pour un domaine ou une fonction précise. Leur principal avantage

EPREUVE

EPREUVE

est la spécificité et l'efficience. En se concentrant sur un périmètre restreint, un SLM peut atteindre une grande précision sur son sujet tout en demandant moins de ressources de calcul **[8]**. Par exemple, un SLM entraîné uniquement sur des termes médicaux pourra surpasser un LLM généraliste pour l'analyse de rapports de pathologie, tout en répondant plus vite. Les SLM sont également plus faciles à déployer sur des infrastructures modestes (voir en périphérie/embarqué, pour des applications mobiles ou IoT). Pour les entrepreneurs, cela se traduit par des coûts moindres et la possibilité d'avoir des modèles IA intégrés au produit sans dépendre d'un cloud externe. Beaucoup de startups optent pour cette voie en développant leurs propres petits modèles sur des niches (juridique, finance, agriculture de précision, etc.). L'inconvénient est bien sûr la portée limitée : hors de son domaine, un SLM est perdu. Mais cette limitation est souvent acceptable, voire souhaitable, quand on veut une IA contrôlée et focalisée.

✓ **LAM (Large Action Model)** : Ce concept émergent représente une évolution vers des IA capables non seulement de comprendre, mais aussi d'agir de manière autonome. Un *Large Action Model* est entraîné non pas seulement sur des données descriptives, mais sur des scénarios impliquant des décisions, des actions consécutives, de la planification. L'objectif : doter l'IA d'une forme de raisonnement stratégique multi-étape et de lui permettre d'exécuter des tâches complexes sans intervention humaine, en se rapprochant d'une IA « agent ». Les LAM se positionnent ainsi comme un pont vers l'AGI (Artificial General Intelligence), en intégrant la prise de décision en plus de la génération de contenu. Les LAM peuvent gérer des tâches comme la conduite autonome, la gestion robotique d'un entrepôt ou le pilotage d'optimisations complexes (logistique, planning) en prenant en compte un large contexte et en planifiant sur plusieurs étapes. Par exemple, dans un véhicule autonome, un LAM pourrait analyser l'environnement, prévoir les mouvements des autres véhicules et prendre des décisions de conduite en temps. Pour un entrepreneur, disposer d'un LAM signifie potentiellement automatiser intégralement un processus nécessitant aujourd'hui une série de décisions humaines. C'est un domaine encore en R&D, mais les progrès rapides laissent penser que

EPREUVE

EPREUVE

certaines applications pratiques apparaîtront d'ici 2025-2026. L'enjeu sera de garder le contrôle sur ces IA très autonomes, et de s'assurer de leur fiabilité avant de leur déléguer des décisions critiques.

✓ **MoE (Mixture of Experts)** : c'est une architecture de réseaux de neurones conçue pour améliorer l'efficacité des modèles. Elle les découpe en plusieurs sous-réseaux spécialisés (experts). Au lieu d'un seul grand modèle dense où chaque paramètre est mobilisé pour chaque requête, un modèle MoE dispose de plusieurs experts entraînés chacun sur un type de données ou une partie du problème. Ils disposent d'un réseau *gating* qui sélectionne dynamiquement quel expert activer pour une entrée donnée **[9]**. L'avantage majeur du MoE est de passer à l'échelle en réduisant les coûts de calcul. On peut avoir un modèle total de taille énorme (des centaines de milliards de paramètres cumulés), mais chaque requête n'en utilise qu'une fraction pertinente.

Concrètement, cela permet d'obtenir la capacité des très grands modèles sans en payer le prix complet en production, améliorant l'efficacité et les temps de réponse. De plus, chaque expert étant spécialisé, on peut atteindre une meilleure performance sur des sous-tâches pointues (d'où le nom *mixture of experts*). En 2025, on voit des références à l'utilisation de MoE dans des modèles comme des modèles open source comme Mistral AI ou Deep Seek. Ces futurs services d'IA pourront être plus puissants sans exploser les coûts. Toutefois, cela complexifie l'architecture, car il faut gérer l'entraînement et la maintenance de multiples sous-modèles et cela peut rendre l'IA encore plus difficile à expliquer. Mais le gain d'efficience est tel que c'est une voie prometteuse pour démocratiser l'accès aux modèles géants.

✓ **RAG (Retrieval-Augmented Generation)** : Le *Retrieval Augmented Generation* n'est pas un type de modèle en soi, mais une méthodologie combinant un modèle génératif avec un module de recherche d'information. L'idée est d'augmenter les capacités d'un LLM, en lui permettant de puiser dans une base de connaissances externe, et étoffer ses réponses. Plutôt que de tenter de tout connaître dans ses poids, le modèle peut à la volée récupérer des documents pertinents et s'en servir pour formuler une réponse exacte. L'avantage est double :

EPREUVE

EPREUVE

actualisation de l'information (le modèle peut accéder à des données à jour ou spécifiques, même postérieures à sa date d'entraînement) et réduction des hallucinations en ancrant la génération dans du contenu réel **[10]**. Pour un cas d'usage d'entreprise, le RAG est précieux : on peut ainsi interroger une IA sur des données internes comme un manuel technique, une base client. Cela permet de ne pas les exposer publiquement ni attendre de l'IA qu'elle les ait vues durant son entraînement. Techniquement, un pipeline RAG comporte tout d'abord un retriever souvent un moteur type recherche sémantique ou base vectorielle qui trouve les textes les plus pertinents dans un corpus. Puis le générateur LLM lit ces textes et la question de l'utilisateur pour produire une réponse cohérente et spécifique au contexte.

Pour un entrepreneur, mettre en place du RAG peut augmenter la pertinence des réponses de l'IA sur des sujets pointus et évite de réentraîner le modèle à chaque mise à jour de la base de connaissances. C'est particulièrement utile pour des chatbots SAV alimentés par la documentation produit, ou des assistants juridiques s'appuyant sur la jurisprudence, etc. En somme, le RAG apporte une fiabilité additionnelle aux modèles génératifs, et on s'attend à ce que ce soit un standard dans toutes les offres d'IA professionnelles.

En synthèse, ces différentes architectures et approches (LLM vs SLM, LAM, MoE, RAG) ne s'excluent pas mutuellement – souvent elles se combinent. Un LLM peut être intégré dans un système RAG pour plus de précision, un SLM peut être utilisé en tant qu'*expert* dans une architecture MoE, etc. L'important est de comprendre les avantages comparatifs : les LLM apportent la polyvalence, les SLM l'optimisation sur mesure. Les LAM l'autonomie d'action, les MoE l'efficacité à l'échelle, et les RAG la fraîcheur des informations et la fiabilité contextuelle.

En fonction de la stratégie de l'entreprise et des cas d'usages, l'entrepreneur s'orientera vers l'une ou l'autre de ces approches. Par exemple, une petite entreprise souhaitant un chatbot métier privilégiera peut-être un SLM local finement adapté à son jargon. Une startup éditant une plateforme SaaS grand public pourrait intégrer un LLM via une API pour

EPREUVE

toucher un spectre large d'usages. Elle y ajoutera un module RAG pour permettre des réponses documentées avec les données de chaque client.

3.6 Actualisation continue

La nécessité d'une actualisation continue des connaissances et des pratiques est fondamentale. En effet, adopter l'IA n'est pas un acte ponctuel, mais un processus itératif : les modèles évoluent, les données aussi, tout comme le cadre réglementaire. Les entrepreneurs qui réussissent dans l'IA sont ceux qui instaurent une culture d'apprentissage continu et adaptent en permanence leur stratégie en fonction des nouvelles opportunités technologiques et des défis qui surgissent (gouvernance des données, éthique, etc.).

Par ailleurs, beaucoup d'entrepreneurs insistent sur la nécessité de démarrer par un projet pilote ciblé. Par exemple, identifier une tâche bien définie, tester une IA dessus, puis étendre progressivement. Cette approche agile permet de générer une success story interne qui peut convaincre les autres équipes. Elle permet aussi d'apprendre des échecs éventuels à petite échelle.

Les PME qui s'en sortent le mieux sont souvent celles qui ont été accompagnées par des experts ou des programmes dédiés (conseiller en transformation numérique, partenaires technologiques, etc.). Selon une étude de Bpifrance Le Lab début 2025, bien que 31 % des petites entreprises utilisent désormais des IA génératives, beaucoup expriment le besoin d'être accompagnées dans cette révolution. Cela signifie qu'au-delà de la technologie, il y a un enjeu de montée en compétences du dirigeant et de ses équipes.

3.6.1 Les tendances émergentes

L'écosystème de l'IA pour les entrepreneurs continue d'évoluer à grande vitesse. Voici quelques **tendances clés** et défis qui se dessinent, et qui imposent une actualisation continue des connaissances et stratégies :

- ✓ **Démocratisation accélérée de l'IA** : L'utilisation de l'IA par les TPE/PME a fait un bond sur 2023-2024, notamment grâce aux IA généra-

EPREUVE

EPREUVE

tives. En France, la proportion de petites entreprises recourant aux IA génératives est passée de 15 % à 31 % en un an **[11]**. Cette tendance va se poursuivre : de plus en plus d'outils « IA inside » seront intégrés dans les logiciels courants (suite bureautique, CRM, ERP) facilitant l'adoption *sans même s'en rendre compte.* On peut imaginer qu'en 2026 la plupart des plateformes e-commerce proposeront nativement un générateur de descriptions produits par l'IA. Les logiciels de support client intègreront un agent conversationnel pré-entraîné à affiner avec les données de l'entreprise. Vous devrez donc actualiser en permanence votre palette d'outils, sous peine d'être dépassés par des concurrents plus prompts à exploiter ces nouvelles fonctionnalités.

✓ **Montée en puissance des IA multimodales et spécialisées** : Après le texte et l'image, les IA deviennent multimodales (capables de traiter du texte, des images, du son conjointement). Cela ouvre la voie à des applications plus riches : un même modèle pourrait analyser un e-mail client (texte) et des photos envoyées en pièce jointe pour formuler une réponse complète. Des startups travaillent sur des copilotes vidéo, des designers virtuels combinant texte et image, etc.

Parallèlement, on voit une hyperspécialisation de certaines IA sur des niches pointues (voir SLM plus haut). Pour les entrepreneurs, cela signifie qu'il y aura toujours plus de solutions dédiées à leur secteur, mais qu'il faudra savoir en tirer parti efficacement. Les *marketplaces* d'IA pourraient jouer un rôle, en facilitant la découverte de modèles pré-entraînés par domaine d'activité.

✓ **L'IA quantique à l'horizon** : L'IA quantique ou Quantum AI désigne l'application des principes de l'informatique quantique, aux algorithmes d'intelligence artificielle. Elle repose principalement sur des concepts tels que :

- **Le qubit**, unité de base pouvant exister dans des états multiples (superposition).
- **L'intrication quantique**, permettant une corrélation forte entre qubits à distance.
- **L'interférence quantique**, pour orienter les calculs vers des solutions optimales.

EPREUVE

EPREUVE

- ✓ Bien que toujours en phase émergente, l'IA quantique suscite un intérêt croissant. En combinant l'informatique quantique et l'IA, cette technologie promet de résoudre des problèmes complexes jusque-là inaccessibles. Dans les domaines de l'optimisation, de la reconnaissance de formes et du traitement de grandes quantités de données.
- ✓ **Enjeux de gouvernance des données** : plus l'IA se généralise, plus la qualité des données devient critique. Une expression revient souvent : *« garbage in, garbage out »*. En 2025, les organisations investissent pour améliorer leurs données d'entraînement et de test, instaurer des *data lakes* mieux structurés, et mettre en place des politiques de gouvernance plus strictes. Un rapport prévoit qu'en 2025 les entreprises vont renforcer la gouvernance pour traiter les biais, la vie privée et les hallucinations de l'IA. Les entrepreneurs devront s'assurer que leurs données sont AI-ready : bien étiquetées, à jour, stockées en conformité. Cela peut être un défi, car beaucoup de PME n'ont pas encore de gouvernance formalisée de leurs données. On voit émerger des solutions d'*automated data curation* et des services d'accompagnement sur la gestion de données pour l'IA. C'est un investissement souvent sous-estimé, mais qui conditionne la réussite de l'IA : un modèle même excellent donnera de mauvais résultats s'il est nourri de données incorrectes ou partiales.
- ✓ **Éthique, transparence et réglementation** : La pression réglementaire s'accentue. D'une part, les consommateurs et le grand public deviennent plus sensibles aux usages de l'IA par crainte des deepfakes, de décisions algorithmiques opaques, etc.. D'autre part, des lois se mettent en place. Il est prévu que l'AI Act européen entre en vigueur d'ici 2025-2026, imposant aux entreprises une évaluation de risque de leurs systèmes et possiblement l'explicabilité pour certains. Dès 2024, la CNIL en France a publié des lignes directrices sur les chatbots et la protection des données. Par exemple, une fintech qui utilise un modèle prédictif pour accorder des microcrédits devra être capable d'expliquer pourquoi un client est refusé, sous peine de se voir reprocher de la discrimination arbitraire.
- ✓ **Stratégie et vision à long terme** : Enfin, une tendance de fond est que l'IA devient un sujet de direction générale, pas seulement de DSI ou de service R&D. Les entrepreneurs intègrent l'IA dans leur vision stratégique :

EPREUVE

ÉPREUVE

- quels nouveaux modèles économiques l'IA permet-elle comme des offres personnalisées à grande échelle, des services via des assistants virtuels ?
- Comment l'IA peut-elle transformer mon secteur avec un risque d'**ubérisation** si je ne prends pas le virage ?

Par exemple, dans la santé, ignorer l'IA d'aide au diagnostic pourrait laisser le champ libre à de nouveaux acteurs qui proposeront des téléconsultations augmentées à moindre coût. Chaque secteur a ses dynamiques, et les dirigeants doivent anticiper l'impact de l'IA. Beaucoup de grandes entreprises créent des comités d'éthique de l'IA : des postes de *Chief AI Officer* ou *AI strategist*.

Pour une PME, cela peut sembler disproportionné, mais l'idée est de ne pas subir le mouvement. L'IA n'est plus simplement un outil parmi d'autres, mais c'est un véritable pilier de l'innovation et de la différenciation. Vous devrez arbitrer sur votre positionnement d'entreprise. Sois-vous adoptez des solutions existantes pour être plus efficaces, ou vous développez vos propres IA pour vous différencier. Un éditeur de logiciel métier par exemple, s'il développe son IA spécialisée, aura un atout unique à offrir à ses clients. Dans tous les cas, restez informé des évolutions via des conférences, des formations, des lectures spécialisées, car c'est indispensable pour alimenter votre vision.

On voit bien que l'adoption de l'IA est un processus continu. Il ne s'agit pas d'un projet one-shot après lequel on aurait « fini » d'intégrer l'IA. Les entrepreneurs doivent envisager l'IA comme un domaine où il faut sans cesse expérimenter, apprendre et ajuster. Ceux qui mettent en place cette culture agile auront une longueur d'avance dans l'économie, où l'IA sera omniprésente en arrière-plan de la plupart des produits et services.

Les solutions d'IA offrent donc un formidable levier de compétitivité, à condition de savoir les choisir et les utiliser stratégiquement. Le panorama exploré montre une richesse d'outils – des plateformes des géants du numérique aux modèles open source collaboratifs – qu'il est possible de combiner pour bâtir des applications intelligentes sur mesure. Le choix d'une solution d'IA doit se faire en ayant à l'esprit des critères techniques

ÉPREUVE

EPREUVE

(pertinence, performance, architecture), économiques (coût total, ROI, viabilité du fournisseur) et éthiques (gouvernance des données, transparence, conformité). Nous avons mis en lumière les différences entre IA générative et IA prédictive, ainsi que les atouts de diverses approches de modélisation (LLM, SLM, LAM, MoE, RAG).

Les retours d'expérience étudiés soulignent des bénéfices tangibles comme un gain de temps, une amélioration de la qualité, une croissance du chiffre d'affaires. Mais gardez en tête l'importance de l'humain dans la réussite de ces projets : accompagnement du changement, montée en compétence, maintien de l'implication des équipes. L'adoption de l'IA est autant une aventure managériale que technologique. Les entrepreneurs qui en tirent profit sont ceux qui procèdent par étapes, mesurent les résultats et apprennent en continu.

Les tendances suggèrent :

- ✓ une généralisation accrue de l'IA dans tous les métiers,
- ✓ une exigence plus forte de confiance (gouvernance et éthique)
- ✓ et une course à l'innovation où se mêlent démocratisation et sophistication des modèles.

Dans ce contexte, vous avez tout intérêt à considérer l'IA comme un axe stratégique de premier plan. Cela implique d'investir dans les compétences, de s'entourer des bons partenaires, et d'inscrire l'IA dans la vision long terme de l'entreprise **[11]**.

Les bases sont posées ; il vous appartient d'écrire la suite de votre histoire avec l'IA, en combinant audace innovatrice et responsabilité dans l'usage de ces puissants outils **[6] [12]**.

Les Conseils de l'EntrepreneurIA

Quand choisir une IA prédictive ?

EPREUVE

EPREUVE

- ✓ *Finance : Scoring de crédit, détection de fraudes, prévision boursière.*
- ✓ *Industrie : Maintenance prédictive, optimisation des chaînes logistiques.*
- ✓ *Santé : Prédiction des maladies, diagnostic assisté par IA.*
- ✓ *Marketing : prédiction de désabonnement, segmentation client.*

Quand choisir une IA générative ?

- ✓ *Médias & Communication : Création de contenu automatisé (articles, images, vidéos).*
- ✓ *Santé : Synthèse de dossiers médicaux, génération de nouveaux composés médicamenteux.*
- ✓ *Éducation & Support client : Chatbots avancés, aide à la rédaction.*
- ✓ *Design & Art : Création graphique, modélisation 3D.*

Approche hybride : Quand combiner les deux ?

Dans certains cas, il est pertinent d'utiliser les deux approches ensemble :

- ✓ *IA prédictive pour analyser les tendances et l'IA générative pour formuler des recommandations personnalisées (ex. : assistant IA pour l'investissement).*
- ✓ *Détection d'anomalies par IA prédictive + génération de rapports explicatifs (ex. : cybersécurité).*
- ✓ *Prédiction des préférences utilisateurs + génération automatique de contenu adapté (ex. : plateformes de streaming).*

Si vous devez anticiper un événement ou une tendance, privilégiez une IA prédictive. Si votre besoin implique la création de nouveaux contenus, une IA générative sera plus adaptée. Une combinaison des deux peut être idéale selon le contexte.

EPREUVE

4 Mise en œuvre pratique de l'IA

> *« J'ai toujours voulu créer une entreprise. J'avais ça dans les tripes. J'ai attendu bêtement dix ans avant d'en créer une première. Il ne faut jamais attendre, c'est le premier conseil que je donne aux jeunes. »*
>
> Jean-Baptiste Rudelle, fondateur de Criteo

Vous l'avez donc compris, l'intégration de l'intelligence artificielle en entreprise est devenue un enjeu stratégique majeur. Les organisations cherchent à exploiter l'IA pour gagner en efficacité, améliorer la prise de décision et innover, mais la réussite de cette démarche dépend de plusieurs facteurs. Adopter une technologie ne suffit pas : vous devez avoir une maturité numérique suffisante, une gestion rigoureuse des données, une méthodologie d'implémentation adaptée et une conduite du changement efficace. Beaucoup d'entreprises peinent à appliquer l'IA de manière efficace dans leurs cas d'usage métier spécifiques, faute de préparation et de cadre adapté. Ce chapitre propose une analyse structurée de la mise en œuvre pratique de l'IA pour votre entreprise, articulée autour de quatre axes. Tout d'abord la maturité numérique et la gestion des données, la méthodologie d'intégration et les phases opérationnelles, les défis techniques et leurs solutions, et enfin la gestion du changement accompagnée de la formation des équipes.

4.1 Maturité numérique et gestion des données

La maturité numérique d'une entreprise désigne son niveau de préparation et de compétence pour exploiter les technologies numériques, en particulier sa capacité à collecter, gérer et valoriser les données. Cette

EPREUVE

maturité est un préalable essentiel à l'adoption de l'IA, dans la mesure où des algorithmes performants requièrent des données de qualité et une infrastructure adéquate.

Enjeux de la maturité numérique : De nombreuses organisations ne sont pas encore suffisamment matures pour intégrer l'IA dans leur stratégie. Elles font face à des difficultés variées : anxiété vis-à-vis de l'IA, immaturité de la culture numérique, manque de préparation technologique, problèmes de gouvernance des données ou encore faible adhésion culturelle à l'IA. Le concept de préparation englobe à la fois les processus, les compétences et la culture d'entreprise nécessaires pour tirer parti de l'IA. Par exemple, vous devez idéalement avoir mis en place des politiques de gestion des données (qualité, confidentialité, sécurité) et développé des compétences en analyse de données avant de déployer des solutions d'IA à grande échelle. Dans le cas contraire, vous risquez de vous heurter à des écueils tels que des résultats de modèles peu fiables ou des résistances internes.

L'évaluation de la maturité peut s'appuyer sur des modèles dédiés (*AI maturity models*) proposant des critères d'audit sur plusieurs dimensions : stratégie d'entreprise, technologies en place, compétences humaines, culture et gouvernance. Ces modèles développés par des cabinets comme Gartner, BCG ou Accenture définissent généralement des niveaux de maturité (initial, opportuniste, structuré, intégré, optimisé, etc.) qui aident à situer votre entreprise sur l'échelle de l'adoption de l'IA. L'objectif est d'identifier les écarts à combler. Une organisation avoir les bons outils, mais souffre d'un déficit de culture data parmi ses employés, ou inversement elle a un fort engouement interne, mais manque de cas d'usage pertinents.

Par exemple, la matrice de maturité IA, développée par Forbes, offre un cadre d'analyse structuré autour de deux axes critiques :

✓ **L'axe opérationnel** qui mesure la capacité à intégrer l'IA dans les processus métiers existants

✓ **L'axe culturel** qui évalue le niveau de connaissances techniques et la réflexion stratégique sur les usages de l'IA

EPREUVE

ÉPREUVE

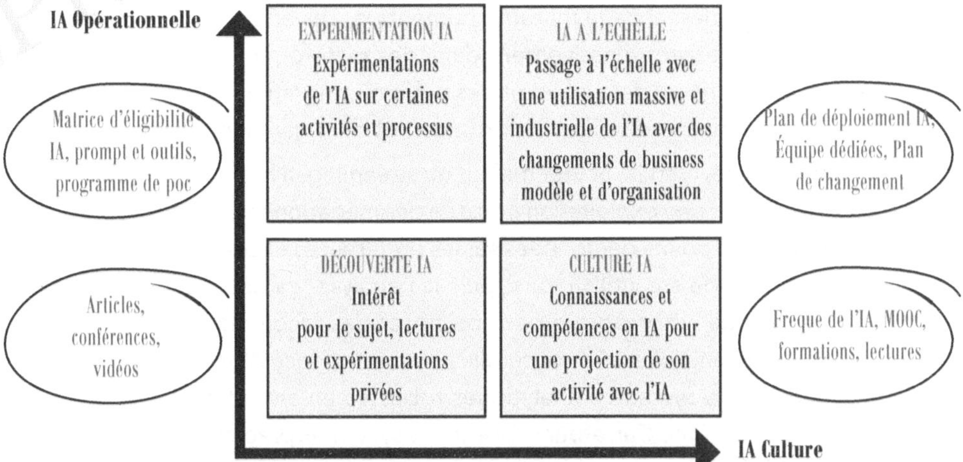

Source : https://www.forbes.fr/management/votre-entreprise-est-elle-prete-pour-lia-proposition-dune-matrice-de-maturite-ia/

Niveau 1 – Découverte : Des personnes de l'entreprise s'intéressent au sujet et font part de leurs expériences bien souvent privées au sujet d'outils d'IA.

Niveau 2 – Culture IA : Une partie de l'entreprise est en cours d'acquisition d'une bonne connaissance de l'IA. L'objectif est de donner au plus grand nombre les connaissances pour expérimenter.

Niveau 3 – Expérimentation IA : L'entreprise mène de nombreuses expérimentations (POC Proof Of Concept) avec des outils d'IA sur des activités internes.

Niveau 4 – IA à l'échelle : L'entreprise déploie l'IA. L'IA devient alors une technologie utilisée en mode production de manière opérationnelle.

Gestion des données : La donnée est le carburant de l'IA. Une entreprise pilotée par les données a plus de chances de réussir ses projets d'IA car elle dispose de volumes importants de données exploitables et d'une architecture permettant de les traiter. Il est établi que la qualité des données conditionne la qualité des prédictions : des données lacunaires ou biaisées produiront des modèles d'IA peu performants. Par conséquent, la gestion des données – incluant le stockage, le nettoyage, l'intégration de sources multiples et la protection des données sensibles – constitue

ÉPREUVE

un pilier fondamental de la maturité numérique. Les entreprises les plus avancées investissent massivement dans des plateformes de *Big Data*, des lacs de données (*data lakes*) et des outils d'intégration (ETL – Extract Transform Load) afin d'unifier l'information et d'en garantir la fiabilité.

Un exemple, Netflix, acteur majeur du streaming, a bâti son avantage concurrentiel sur une exploitation poussée des mégadonnées. Elle collecte des milliards de points de données sur les préférences et comportements de visionnage de ses utilisateurs, puis les analyse via des algorithmes d'apprentissage automatique pour proposer des recommandations de contenu personnalisées. Ce succès illustre l'importance d'une culture de la donnée et de systèmes analytiques robustes en amont de l'IA. Des distributeurs comme **Carrefour** utilisent des systèmes prédictifs analysant les historiques de ventes et les tendances du marché pour optimiser la gestion des stocks. Grâce à l'IA, ils anticipent la demande et ajustent leurs approvisionnements, réduisant ainsi les ruptures de stock et le gaspillage.

Vous devez donc atteindre un certain degré de préparation numérique avant d'envisager une intégration à grande échelle de l'IA. Cette préparation passe par la **maîtrise des données** (qualité, gouvernance, sécurité) et une **planification stratégique** alignant les initiatives d'IA sur les objectifs métier. Une fois ces fondations posées, l'entreprise peut aborder méthodiquement l'intégration de l'IA dans ses processus, comme exposé dans la section suivante.

4.2 Méthodologie d'intégration et phases opérationnelles

La mise en place de l'IA dans votre entreprise nécessite une méthodologie structurée, comparable à une démarche de gestion de projet alliant compréhension du besoin métier, développement technologique et itérations successives. Il est crucial de procéder par étapes, de la conception initiale à la phase opérationnelle de déploiement. Plusieurs cadres méthodologiques existent pour guider cette intégration. L'un des plus répandus dans l'industrie est le modèle CRISP-DM (*Cross-Industry Standard Process for Data Mining*), qui décrit le cycle de vie d'un projet de *data science* ou d'IA en six phases successives.

EPREUVE
EPREUVE

EPREUVE

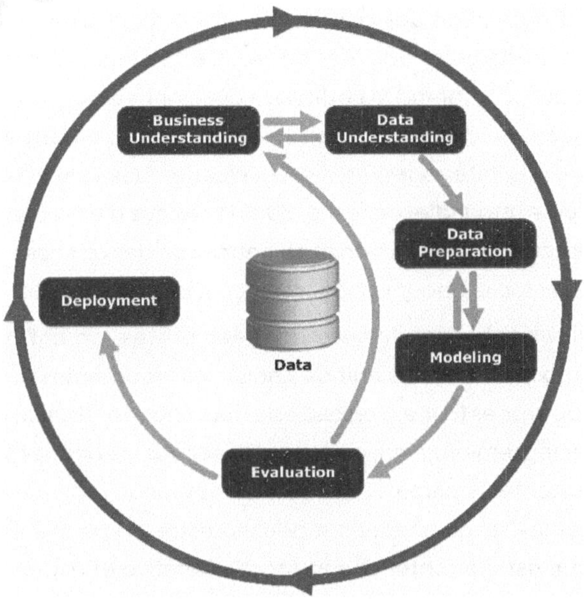

Ce cycle itératif en six phases (Business Understanding, Data Understanding, Data Preparation, Modeling, Evaluation, Deployment) fournit un cadre méthodologique pour les projets d'IA et de data mining. Il souligne l'importance de démarrer par la compréhension des objectifs métier, puis d'itérer jusqu'au déploiement et à l'évaluation continue.

Selon CRISP-DM, un projet type d'IA traverse les étapes suivantes :

✓ **Business Understanding (Compréhension du besoin métier)** – Il s'agit de définir clairement les objectifs du projet du point de vue de l'entreprise, les questions à résoudre et les indicateurs de succès. C'est une phase stratégique où l'on identifie les cas d'usage pertinents de l'IA en alignement avec la vision de l'entreprise. Par exemple, la direction peut cibler l'amélioration du taux de conversion des prospects, l'optimisation d'une chaîne logistique, ou l'automatisation d'une tâche chronophage.

✓ **Data Understanding (Compréhension des données)** – Cette phase consiste à inventorier, rassembler et explorer les données disponibles en lien avec le problème à traiter. On évalue la qualité des données, on identifie d'éventuelles lacunes ou biais, et l'on s'assure de la pertinence des sources d'information. Souvent, des allers-retours sont nécessaires entre la compréhension métier et la réalité des données : il n'est pas rare d'ajuster l'objectif initial en fonction des données réellement exploitables.

EPREUVE

EPREUVE

- ✓ **Data Preparation (Préparation des données)** – Avant d'entraîner un modèle d'IA, il faut préparer les données brutes. Cette étape, la plus laborieuse en pratique, comprend le nettoyage des données (gestion des valeurs manquantes, des anomalies), la transformation (mise à l'échelle, encodage des catégories, etc.) et la sélection des variables pertinentes. D'après le retour d'expérience, 80 % du temps d'un projet d'IA peut être consacré à la préparation et au nettoyage des données, tant cette étape est cruciale pour la performance finale du modèle.
- ✓ **Modeling (Modélisation)** – Une fois les données prêtes, on entre dans la phase de modélisation. Il s'agit de choisir les algorithmes ou techniques d'IA appropriés (par ex. réseaux de neurones, forêts aléatoires, modèles de régression, etc.), de les entraîner sur les données préparées et d'ajuster leurs paramètres. Cette étape peut impliquer du prototypage rapide, avec plusieurs modèles testés en parallèle. Une bonne pratique est d'adopter une approche itérative et expérimentale : commencer par des modèles simples (baselines) pour avoir un point de comparaison, puis complexifier progressivement.
- ✓ **Evaluation (Évaluation)** – Avant déploiement, le modèle doit être évalué de manière rigoureuse afin de vérifier qu'il répond bien au besoin métier défini en phase 1. On utilise pour cela des données de test ou de validation pour mesurer les performances (précision, rappel, taux d'erreur, etc.), mais aussi des critères métier (par ex. gain de temps, retour sur investissement potentiel). Si les résultats ne sont pas satisfaisants ou si le modèle n'est pas compréhensible par les utilisateurs finaux, il est important de revenir en arrière. C'est un cycle itératif : retravaillez les données ou testez un autre algorithme.
- ✓ **Deployment (Déploiement)** – C'est la phase où l'on intègre la solution d'IA dans le fonctionnement réel de l'entreprise. Le modèle peut être déployé sous forme d'une application, d'un service accessible via une API, ou intégré à un logiciel existant (comme un CRM, un ERP, etc.). Le déploiement s'accompagne de la maintenance du modèle. On surveille ses performances, on actualise périodiquement avec de nouvelles données pour éviter son obsolescence. Il convient également de préparer l'organisation à utiliser le nouvel outil, via de la

EPREUVE

documentation et de la formation utilisateur (ce qui fait le lien avec la gestion du changement, abordée en section 4).

Ce cadre méthodologique général peut être adapté en fonction de la taille du projet et de l'organisation. Par exemple, des méthodes agiles sont de plus en plus utilisées en développement d'IA : on procède par sprints courts, avec des livrables intermédiaires (MVP – Minimum Viable Product) et des ajustements fréquents en fonction du retour des utilisateurs pilotes. L'approche agile se marie bien avec la nature expérimentale de l'IA, où l'on ne peut pas tout prévoir à l'avance et où les enseignements tirés des itérations successives sont précieux. Qu'il s'agisse de CRISP-DM ou d'une autre démarche, l'important est de conserver à la fois un ancrage métier clair : pourquoi fait-on ce projet ? quel problème résout-on ? et une rigueur technique : comment assure-t-on la fiabilité du modèle ?

Phases opérationnelles d'un projet IA : d'un point de vue plus pratique, on peut regrouper les étapes d'intégration de l'IA en quelques phases opérationnelles clés. (i) *Analyse et cadrage*, (ii) *Prototype/Pilote*, (iii) *Industrialisation*, et (iv) *Déploiement à l'échelle*. Durant la phase d'analyse et cadrage, on réalise une étude d'opportunité, on identifie les cas d'usage prometteurs et on évalue la faisabilité (disponibilité des données, ressources nécessaires). Vient ensuite la phase de prototype ou pilote, où l'on développe une première version de la solution d'IA sur un périmètre restreint. L'objectif est de prouver la valeur du concept (*proof of concept*) tout en recueillant du feedback. Par exemple, la banque Société Générale a pu tester en laboratoire un système d'IA en détection des fraudes sur un échantillon de transactions afin de valider sa capacité à identifier des comportements suspects en temps réel. Une fois le pilote concluant, on passe à l'industrialisation, c'est-à-dire la transformation du prototype en un outil robuste, sécurisé et intégré aux systèmes d'information de l'entreprise. Cette étape mobilise souvent les équipes IT pour assurer la mise en production (passage à une infrastructure cloud ou on-premise capable de supporter la charge, mise en place des mécanismes d'automatisation, etc.). Enfin, le déploiement à l'échelle consiste à étendre la solution à l'ensemble de l'organisation ou du marché visé. Par exemple, déployer le modèle de détection de fraude sur l'ensemble des

EPREUVE
EPREUVE

EPREUVE

transactions de la banque et former les analystes à interpréter ses alertes. À ce stade, la gouvernance du projet devient cruciale pour pérenniser la solution. Vous devez définir des processus de monitoring pour détecter toute dérive du modèle, de maintenance évolutive pour l'ajuster à de nouveaux paramètres ou données et de support aux utilisateurs.

Prenons le cas d'une entreprise B2B qui souhaite améliorer la qualification de ses prospects marketing via l'IA. Lors de la phase de **business understanding**, le besoin est clairement formulé : *réduire le nombre de « faux leads » transmis aux forces de vente*, car trop d'opportunités non qualifiées font perdre du temps aux commerciaux. En data understanding, l'entreprise examine ses bases de données CRM pour comprendre pourquoi les leads précédents étaient mal qualifiés : manque d'informations sur le prospect, sources peu fiables, etc. Puis, durant la préparation des données, les historiques de leads sont nettoyés et enrichis (par exemple en croisant avec des données externes d'entreprises, secteur d'activité, taille, etc.). Vient alors la phase de modélisation, où un algorithme de *machine learning* est entraîné pour prédire le score de qualification d'un lead entrant, à partir de caractéristiques connues (domaine, comportement web, interactions passées…). Après plusieurs itérations et une évaluation rigoureuse sur des données historiques, le modèle est jugé satisfaisant en termes de précision. L'entreprise déploie le modèle au sein de son CRM : chaque nouveau prospect se voit attribuer un score de qualité par l'IA. Cela aide les équipes marketing à ne transmettre aux commerciaux que les leads les plus prometteurs. Ce déploiement s'accompagne d'un suivi : l'équipe projet surveille le taux de conversion effectif des leads qualifiés par l'IA afin de mesurer le gain réel par rapport à la situation initiale. Cet exemple démontre l'articulation des phases méthodologiques avec des actions concrètes et rappelle que la collaboration entre profils métier et techniques est indispensable tout au long du projet. En effet, l'IA n'est pas qu'un sujet technologique : son intégration réussie repose sur une approche pluridisciplinaire, où les experts métier définissent le problème et interprètent les résultats, tandis que les experts data conçoivent la solution technique.

Pour résumer cette section, la méthodologie d'intégration de l'IA doit être stratégique, itérative et centrée sur la valeur métier. Des frameworks

EPREUVE

comme CRISP-DM offrent une base structurante en six étapes, mais il convient de l'adapter au contexte spécifique de l'entreprise. En pratique, avancer pas à pas (analyse, pilote, industrialisation, déploiement) permet de gérer les risques et d'ajuster le tir au fur et à mesure. Cette rigueur méthodologique maximise les chances de succès d'un projet d'IA, à condition de relever également les défis techniques qui peuvent survenir à chaque étape – ce qui fait l'objet de la section suivante.

4.3 Défis techniques : solutions adaptées

Malgré les progrès des outils et des plateformes d'IA, les projets rencontrent fréquemment des défis techniques qu'il faut anticiper et adresser par des solutions appropriées. Parmi les principaux défis, on peut citer la qualité et la disponibilité des données, les biais algorithmiques, l'intégration aux systèmes existants, les exigences de performance et d'évolutivité, ainsi que la sécurité et la confidentialité. Cette section examine chacun de ces enjeux et présente des pistes de solution, souvent illustrées par de bonnes pratiques industrielles.

Qualité et volume des données. Un adage bien connu en IA est « *garbage in, garbage out* » : des données de mauvaise qualité produiront inévitablement des résultats décevants. Or, il est courant que les données d'entreprise soient dispersées dans des silos hétérogènes, comportent des erreurs ou soient incomplètes. Un défi majeur consiste donc à constituer un ensemble de données pertinent, volumineux et propre pour entraîner les modèles. La solution passe par la mise en place d'une gouvernance des données robuste : définir des procédures de collecte et de validation, responsabiliser des *data stewards* garants de la qualité, et utiliser des outils de nettoyage et de déduplication. Sur le plan technologique, vous pouvez tirer parti des entrepôts de données (*data warehouses*) et des lacs de données pour centraliser l'information. Les pipelines d'ingestion de données en temps réel vous permettront d'actualiser en continu les bases de connaissances.

Biais et dérives algorithmiques. Les modèles d'IA peuvent hériter des biais présents dans les données d'entraînement ou refléter des partis

EPREUVE

pris involontaires des développeurs. Ce défi technique a des implications éthiques et opérationnelles : un modèle biaisé peut prendre des décisions injustes ou inefficaces, et sa mise en production peut exposer l'entreprise à des risques juridiques ou d'image. Par exemple, des biais dans un algorithme de recrutement pourraient défavoriser systématiquement certains profils de candidats. Pour y remédier, nous vous proposons plusieurs approches de solution :

- ✓ **Diversifier et purger les données d'entraînement** : vous devez inclure des données représentatives de toutes les populations visées et d'exclure les attributs sensibles susceptibles de produire de la discrimination. Dans le développement de son prototype d'IA, un chercheur a ainsi supprimé toute information liée à la nationalité, la race ou le genre des personnes afin d'empêcher l'IA de développer des préjugés. Ce type de filtrage en amont réduit les risques de partialité du modèle.
- ✓ **Utiliser des méthodes d'IA explicable (XAI)** : ces techniques telles que LIME, SHAP values, ou les arbres de décision interprétables, permettent de comprendre les facteurs influençant la décision de l'algorithme. En rendant le modèle moins opaque, on peut détecter d'éventuels biais (par exemple, constater qu'un critère indésirable influence le résultat) et justifier les décisions auprès des parties prenantes.
- ✓ **Mettre en place une validation éthique et métier** : au-delà des tests techniques, il est recommandé de soumettre les modèles à l'examen critique d'experts métier ou d'un comité d'éthique interne. Cela permet de repérer des résultats anormaux ou incohérents avec les valeurs de l'entreprise. Certaines organisations intègrent ainsi des revues éthiques dans leur processus de développement de l'IA, et ajustent les modèles en conséquence avant le déploiement effectif.

Intégration aux systèmes existants. Un défi souvent sous-estimé est celui de l'intégration de la solution d'IA dans l'écosystème informatique de l'entreprise. Un modèle d'IA isolé a une utilité limitée. Il doit pouvoir se connecter aux applications en place comme les CRM, ERP, site e-commerce pour à la fois consommer les données nécessaires et fournir ses prédictions aux utilisateurs ou à d'autres systèmes. Les difficultés techniques peuvent venir d'applications obsolescentes, du format de

EPREUVE

ÉPREUVE

données incompatibles, ou de problèmes de latence. L'utilisation d'API pour exposer les fonctions d'IA de manière standardisée, l'adoption d'une architecture modulaire via des services cloud, afin d'isoler le modèle tout en le rendant accessible est une solution plus adaptée. Il faudra penser éventuellement la modernisation progressive de vos autres systèmes pour qu'ils supportent l'interfaçage avec l'IA. Amazon a largement résolu ce défi en bâtissant son infrastructure autour de services web modulaires ; ses algorithmes d'optimisation des stocks et des livraisons sont déployés sur le cloud et communiquent via des API avec les systèmes logistiques, ce qui leur permet de s'intégrer harmonieusement dans les processus métier existants. Cette approche *cloud-native* améliore le passage à l'échelle et la résilience de l'IA au sein de l'entreprise.

Exigences de performance et évolutivité. Certains cas d'usage d'IA nécessitent de traiter de très grandes volumétries de données ou de fournir des réponses en temps réel, posant des défis de performance. Par exemple, un système de recommandation pour un site web de e-commerce doit scorer des milliers de produits en quelques millisecondes à chaque visite utilisateur. De même, un assistant vocal doit comprendre et répondre quasi instantanément.

✓ Pour tenir ces cadences, les solutions techniques font appel à des optimisations diverses :
✓ Une infrastructure de calcul puissante (clusters de GPUs/TPUs pour entraîner et servir les modèles),
✓ Des techniques de compression ou de distillation de modèles (pour réduire leur taille et accélérer l'inférence),
✓ Des architectures distribuées (calcul parallèle, stockage distribué).

L'utilisation du cloud computing est devenue quasiment incontournable pour bénéficier à la demande de ressources extensibles. Des fournisseurs comme Google, AWS ou Azure proposent des services managés spécifiques pour l'IA (Machine Learning as a Service) qui facilitent le déploiement à grande échelle sans avoir à gérer soi-même tous les détails d'infrastructure. Par exemple, la banque JPMorgan utilise des plateformes big data et IA dans le cloud pour analyser des millions de transactions en temps réel. cela leur permet la détection de fraude,

ÉPREUVE

EPREUVE

assurant ainsi à la fois la montée en charge et la haute disponibilité du service. L'évolutivité concerne aussi la maintenance des modèles. Une solution déployée doit pouvoir être ré-entraînée ou mise à jour facilement pour intégrer de nouvelles données. Elle doit pouvoir s'adapter à des évolutions du contexte (ce qui implique d'automatiser le *pipeline* d'apprentissage jusqu'en production, pratique connue sous le nom de MLOps pour *Machine Learning Operations*).

Sécurité et confidentialité. Dernier défi technique non des moindres : comment garantir la protection des données et la sécurité des systèmes lorsqu'on introduit de l'IA ? Les algorithmes manipulent potentiellement des informations sensibles (données clients, données financières…) et pourraient être des vecteurs de failles si leurs points d'entrée ne sont pas sécurisés. D'une part, la sécurité informatique doit être assurée à chaque niveau. Vous devez contrôler les accès aux données utilisées par l'IA, chiffrer les échanges entre le modèle et les autres services, se prémunir contre des altérations malveillantes du modèle (attaques adversariales, empoisonnement de données). D'autre part, la confidentialité et la conformité (RGPD) imposent parfois des contraintes fortes sur l'utilisation de l'IA, notamment dans les secteurs régulés. Par exemple, en Europe, l'utilisation de données personnelles pour entraîner un modèle nécessite de respecter le RGPD : information des utilisateurs, minimisation des données collectées, possibilité d'explicabilité des décisions algorithmiques les concernant. Une solution est d'utiliser des techniques d'anonymisation ou de pseudonymisation des données. Vous pouvez entraîner les modèles sur des données synthétiques ou chiffrées (techniques de *Federated Learning* ou d'IA fédérée, où le modèle est entraîné de manière décentralisée pour que les données brutes ne quittent jamais leur lieu d'origine). En pratique, cela passe aussi par l'adoption de cadres de confiance. Certaines entreprises mettent en place des *guidelines* éthiques internes, réalisent des Analyses d'Impact sur la Vie Privée (AIVP) avant de lancer un projet IA et communiquent en transparence sur les finalités et limites des algorithmes utilisés.

Le tableau ci-dessous synthétise quelques défis techniques majeurs rencontrés dans les projets d'IA en entreprise, en regard des solutions ou bonnes pratiques couramment mises en œuvre pour y répondre :

EPREUVE

Défi technique	Solutions adaptées/bonnes pratiques
Qualité et disponibilité des données	- Mettre en place une gouvernance des données (processus de nettoyage, validation, mise à jour). - Centraliser les données dans un data warehouse pour briser les silos. - Enrichir les données si nécessaire par des sources externes fiables.
Biais des données et des modèles	- Auditer et purger les biais dans les données d'entraînement (éliminer les attributs sensibles). - Utiliser des algorithmes explicables pour vérifier les critères de décision. - Mettre en place un comité éthique pour valider les modèles sensibles.
Intégration aux systèmes existants	- Développer des API/microservices pour exposer les modèles d'IA de façon interopérable. - Utiliser des conteneurs et orchestrateurs (Docker, Kubernetes) pour déployer facilement dans l'infrastructure existante. - Prévoir une phase de test d'intégration sur un périmètre restreint avant déploiement global.
Performances et passage à l'échelle	- Choisir des infrastructures de calcul adaptées (GPU, cloud scalable) pour l'entraînement et l'inférence massives. - Optimiser les modèles (compression, quantification) pour réduire les temps de réponse. - Réentraîner et déployer automatiquement les nouveaux modèles.
Sécurité et confidentialité	- Sécuriser les accès aux données et services d'IA (authentification forte, chiffrement des données en transit et au repos). - Utiliser des techniques d'anonymisation pour protéger les données sensibles. - Assurer la conformité légale (consentement des utilisateurs, documentation sur le fonctionnement des algorithmes, etc.).

En surmontant ces défis techniques grâce à des solutions appropriées, les entreprises peuvent asseoir des bases technologiques saines pour l'IA. Cependant, la réussite globale d'un projet d'IA ne dépend pas que de la technique : elle repose tout autant sur l'adhésion des équipes et

ÉPREUVE

EPREUVE

l'adaptation de l'organisation. C'est pourquoi la gestion du changement et la formation des équipes, abordées dans la section suivante, sont déterminantes pour transformer l'essai technologique en succès opérationnel.

4.4 Gestion du changement et formation des équipes

Une étude *BCG* révèle que les employés formés à l'IA gagnent 5 heures/semaine, soit +34 jours/an de productivité. L'introduction de l'IA dans une entreprise constitue un changement significatif qui impacte les processus, les rôles et parfois la culture d'entreprise elle-même. Il est bien établi que la technologie seule ne suffit pas : sans acceptation et appropriation par les collaborateurs, même la meilleure solution d'IA restera sous-exploitée, voire rejetée. La gestion du changement (ou *change management*) vise justement à accompagner l'organisation et ses membres dans cette transition, en traitant les aspects humains, organisationnels et culturels. Une stratégie de conduite du changement efficace, combinée à un plan de formation adapté, permet de démystifier l'IA, de réduire les résistances et de développer les compétences nécessaires pour travailler aux côtés des machines intelligentes.

Accompagnement des collaborateurs et culture d'entreprise. L'un des premiers leviers de réussite est l'engagement de la direction et du leadership pour impulser une vision positive de l'IA. Le soutien visible des dirigeants, communiquant une feuille de route claire et des objectifs précis, aide à fédérer les équipes autour du projet. Ensuite, il convient d'impliquer les employés le plus tôt possible. Plutôt que de leur imposer une solution clé en main, impliquez les équipes métiers dès la phase de conception du projet avec des ateliers de design thinking ou des réunions de recueil des besoins. Ils seront ainsi partie prenante et pourront exprimer leurs craintes ou suggestions. Cette inclusion précoce réduit le sentiment de contrainte et facilite l'adoption. Par ailleurs, promouvoir une culture d'innovation au sein de l'entreprise encourage les collaborateurs à accueillir favorablement les expérimentations liées à l'IA. Il peut être utile de valoriser les « ambassadeurs » de l'IA en interne : des employés curieux et motivés, formés pour tester les nouveaux outils et en démontrer les bénéfices à leurs collègues. Des entreprises avant-gardistes comme Google

EPREUVE

EPREUVE

ou Microsoft ont instauré des programmes internes d'« AI Evangelists ». Leur rôle est précisément de faciliter l'acculturation à l'IA en organisant des présentations, des démonstrations et en restant à l'écoute du terrain.

Formation et montée en compétences. La formation des équipes est un élément incontournable pour que l'IA soit utilisée correctement et sans anxiété. Introduire un chatbot, un système de recommandation ou un outil d'aide à la décision basé sur l'IA bouleverse souvent les habitudes de travail ; sans explication ni pédagogie, les utilisateurs peuvent se sentir dépassés ou menacés (peur de voir leur expertise diminuée, crainte pour leur emploi, etc.). Il faut donc investir dans des programmes de formation et de sensibilisation sur mesure. Cela peut prendre la forme d'ateliers pratiques, de modules e-learning, de séances de questions-réponses avec les concepteurs de l'IA, etc. L'entreprise Salesforce a mis en place des modules de formation spécifiques sur l'IA pour tous les niveaux de collaborateurs, des analystes métier jusqu'aux cadres dirigeants. Ils proposent de développer des compétences techniques de base comme comprendre ce que fait un modèle prédictif, savoir interpréter un résultat. Cela a pour effet de démystifier la technologie, expliquer ce que l'IA peut et ne peut pas faire, lever les idées reçues. Les résultats sont probants : en formant largement son personnel, Salesforce a pu faciliter l'adoption de fonctionnalités d'IA dans ses produits (comme Einstein AI) et constater une plus grande confiance des employés envers ces outils au quotidien.

Gestion des peurs et résistances. L'introduction de l'IA suscite naturellement des interrogations, voire des résistances. Certains collaborateurs peuvent craindre que l'automatisation de certaines tâches rende leur poste moins indispensable, ou éprouver une méfiance vis-à-vis de décisions prises par des « boîtes noires » algorithmiques. Les études montrent que la résistance à l'IA peut provenir d'un manque de compréhension et de confiance dans la technologie. Pour y faire face, la communication interne doit être transparente et rassurante. Démystifier l'IA consiste à expliquer avec des mots simples les objectifs du projet, le fonctionnement général de la solution (sans nécessairement entrer dans les détails techniques), et surtout comment elle va assister les employés plutôt que les remplacer. IVous devez partager les succès rapides (*quick wins*) dès que possible. Après le déploiement d'un premier module d'IA,

EPREUVE

communiquer sur les gains obtenus (temps économisé, erreurs évitées) grâce à lui, en attribuant le mérite tant à l'outil qu'aux utilisateurs qui l'ont bien exploité. Cela peut progressivement renverser les opinions négatives. Dans certains cas, malgré les explications et formations, la résistance persiste, notamment si les utilisateurs estiment que l'IA n'est pas encore au point ou adaptée à leur contexte. Des entretiens menés dans le cadre d'une étude récente révèlent que même avec formation, des équipes restent réticentes à utiliser une IA qu'elles jugent « pas assez mature » pour leurs tâches quotidiennes. Ce retour souligne que la gestion du changement nécessite du temps et une écoute continue : les managers doivent recueillir les feedbacks, identifier les irritants et affiner la solution ou l'accompagnement en conséquence. Des commerciaux refusent d'utiliser un outil d'IA car ils le jugent peu fiable. Vous devrez soit améliorer le modèle, soit travailler davantage sur la preuve de sa valeur et la confiance par des essais encadrés, ou du *mentoring* entre pairs.

Conduite du changement structurée : on peut formaliser la gestion du changement en suivant des référentiels comme le modèle ADKAR (Awareness, Desire, Knowledge, Ability, Reinforcement). Les 8 étapes de Kotter sont aussi intéressantes. Il s'agit d'établir le sentiment d'urgence, former une coalition, développer une vision, communiquer, lever les obstacles, générer des victoires à court terme, consolider les acquis, ancrer le changement. Appliqués à l'IA, ces principes signifient : sensibiliser sur les enjeux de l'IA (Awareness), susciter l'adhésion en montrant les bénéfices individuels et collectifs (Desire), former (Knowledge/Ability). Vous devez ensuite pérenniser l'utilisation de l'outil par du support et des améliorations continues (Reinforcement).

Les facteurs clés de succès que nous avons identifiés sont :

✓ Un parrainage actif de la part de la direction,

✓ Des leaders de changement identifiés dans chaque équipe,

✓ Une communication constante à travers des newsletters internes, démonstrations, retours d'expérience positifs

✓ Une formation pratique centrée sur les cas d'usages concrets du collaborateur.

EPREUVE

EPREUVE

EPREUVE

Une formation efficace pour les équipes support client utilisant un chatbot d'IA pourrait inclure leur participation à sa conception (définition des réponses types). Vous pouvez orchestrer des mises en situation où elles alternent entre l'IA et leur propre intervention, afin de mieux comprendre son fonctionnement et l'exploiter efficacement. En fin de compte, l'humain est au cœur de la transformation par l'IA. Une intégration réussie se mesure non seulement aux gains de performance, mais aussi à l'appropriation par les utilisateurs et à l'évolution des compétences en interne. Les entreprises qui réussissent dans l'IA sont souvent celles qui ont su créer une culture d'apprentissage continu autour de ces technologies. Les employés sont encouragés à se former, à expérimenter et à collaborer avec les solutions d'IA. La formation initiale doit donc être suivie d'efforts continus de développement des compétences (via par exemple des *labs* d'innovation internes, des certifications, des partages de bonnes pratiques entre pairs).

De grandes entreprises pionnières ont partagé publiquement leur démarche de conduite du changement liée à l'IA. Microsoft a mis l'accent sur l'*AI literacy* (littératie en IA) en formant plus de 100 000 de ses employés aux bases du machine learning et en les incitant à identifier des opportunités d'IA dans leur périmètre. Orange a créé une « AI Academy » interne proposant des cursus adaptés aux différents métiers (technique, marketing, RH…) pour diffuser la connaissance et l'acceptation de l'IA à tous les niveaux. Decathlon (distribution d'articles de sport) a adopté une approche participative en impliquant ses équipes terrain dans la co-construction d'algorithmes d'approvisionnement, ce qui a grandement facilité l'adoption des outils prédictifs en magasin. Dans tous ces cas, le dénominateur commun est la combinaison d'une vision stratégique claire, d'un investissement dans les personnes et d'une communication transparente. Il en résulte une transformation en profondeur où l'IA devient progressivement une alliée du quotidien, acceptée et utilisée de manière optimale par les collaborateurs.

La mise en œuvre pratique de l'IA en entreprise est un parcours complexe mobilisant à la fois la technologie, les données, les processus et les personnes. Pour qu'une initiative d'IA crée une véritable valeur, l'entreprise doit d'abord atteindre une certaine maturité numérique

EPREUVE

EPREUVE

et maîtriser la gestion de ses données. Elle doit ensuite déployer une méthodologie rigoureuse, en progressant par étapes opérationnelles bien définies depuis le cadrage jusqu'au déploiement à l'échelle, tout en adaptant les cadres existants (tel CRISP-DM) à ses besoins spécifiques. Les défis techniques – qu'ils concernent les données, les algorithmes, l'infrastructure ou la sécurité – ne sont pas des barrières insurmontables : ils peuvent être relevés grâce à des solutions éprouvées et l'adoption de bonnes pratiques. Gardez en tête que la réussite d'une intégration d'IA repose sur l'humain. L'accompagnement du changement, la formation et la communication sont essentiels pour susciter l'adhésion, dissiper les craintes et permettre aux équipes de monter en compétence. Les exemples d'entreprises ayant mené à bien leur transformation grâce à l'IA – de Sephora personnalisant l'expérience client à Airbus optimisant sa maintenance – illustrent qu'une approche holistique est payante. Ces pionniers ont combiné excellence technique et gestion intelligente du facteur humain. Inspirez-vous de ces bonnes pratiques. Établissez une culture d'entreprise orientée sur les données. Toute organisation, quel que soit sa taille ou son secteur peut espérer, à son échelle, réussir l'intégration de l'intelligence artificielle et en faire un levier durable de performance et d'innovation.

Les Conseils de l'EntrepreneurIA

Les étapes clés à suivre :

- ✓ ***Définir les objectifs*** *: Quels sont les objectifs que vous souhaitez atteindre avec l'IA ? Soyez précis et mesurables.*
- ✓ ***Identifier les cas d'utilisation prioritaires*** *: Quels sont les cas d'utilisation de l'IA qui auront le plus d'impact sur votre entreprise ?*
- ✓ ***Choisir les technologies de l'IA*** *: Quelles technologies de l'IA conviennent le mieux à vos cas d'utilisation ?*

EPREUVE

EPREUVE

- ✓ ***Développer un plan de projet*** *: Établissez un calendrier, définissez les responsabilités et allouez les ressources.*
- ✓ ***Mettre en œuvre et tester*** *: Développez et testez les solutions d'IA dans un environnement contrôlé avant de les déployer à grande échelle.*
- ✓ ***Surveiller et évaluer*** *: Surveillez les performances des solutions d'IA et apportez les ajustements nécessaires.*

Gérer les défis potentiels à surmonter :

- ✓ ***Manque de données*** *: Si vous manquez de données, vous pouvez envisager d'utiliser des données synthétiques ou de collaborer avec d'autres entreprises pour partager des données.*
- ✓ ***Biais de l'IA*** *: Les algorithmes d'IA peuvent être biaisés si les données d'entraînement sont biaisées. Il est important de tester et de surveiller les algorithmes d'IA pour détecter les biais et de prendre des mesures pour les corriger.*
- ✓ ***Résistance au changement*** *: Les employés peuvent résister à l'adoption de l'IA. Il est important de communiquer les avantages de l'IA et de fournir une formation et un soutien adéquats.*
- ✓ ***Préoccupations éthiques*** *: L'IA soulève des préoccupations éthiques, telles que la confidentialité des données, la transparence et la responsabilité. Il est important d'élaborer des politiques et des procédures pour garantir que l'IA est utilisée de manière éthique.*

Enfin mesurer le succès de la mise en œuvre de l'IA

Voici quelques indicateurs clés de performance (KPI) courants :

- ✓ ***Retour sur investissement (ROI)*** *: L'IA a-t-elle généré un retour sur investissement positif ?*
- ✓ ***Efficacité*** *: L'IA a-t-elle amélioré l'efficacité des opérations ?*
- ✓ ***Productivité*** *: L'IA a-t-elle augmenté la productivité des employés ?*
- ✓ ***Satisfaction client*** *: L'IA a-t-elle amélioré la satisfaction des clients ?*
- ✓ ***Innovation*** *: L'IA a-t-elle stimulé l'innovation ?*

EPREUVE

5 Impacts de l'IA sur l'organisation

« Les machines sont incroyablement rapides, précises et stupides. Les hommes sont incroyablement lents, imprécis et intelligents. Ensemble, ils sont puissants au-delà de toute imagination. »

Citation attribuée à Albert Einstein

L'intelligence artificielle modifie la composition des équipes, la façon de diriger, la culture d'entreprise et les compétences requises. Pour vous comprendre ces impacts organisationnels est crucial afin de tirer parti de l'IA tout en évitant les écueils. Des recherches académiques récentes indiquent que l'IA peut générer des gains de productivité et de nouveaux modes de collaboration, mais seulement si elle est accompagnée d'une adaptation humaine judicieuse. Autrement dit, elle ne remplace pas l'humain : elle redéfinit les rôles, exige un leadership éclairé et impose une mise à niveau continue des compétences. Ce chapitre examine ces dimensions en s'appuyant sur des sources académiques et des exemples concrets de grandes entreprises et de PMEs. Nous analyserons d'abord comment les dynamiques d'équipe et les rôles évoluent avec l'IA. Ensuite, nous étudierons l'évolution du leadership et de la culture d'entreprise à l'ère de l'IA. Enfin, nous aborderons les compétences transversales et la formation continue nécessaires pour accompagner cette transformation. Des tableaux de synthèse en fin de chaque partie résumeront les points clés pour une lecture facile.

ÉPREUVE

5.1 Nouvelles dynamiques d'équipe et évolution des rôles

L'introduction de l'IA dans les équipes de travail crée des équipes hybrides où humains et machines intelligentes collaborent étroitement. On ne parle plus seulement d'automatisation isolée, mais bien de collaboration homme–machine au quotidien. Dans ces configurations, l'IA devient un *membre* de l'équipe à part entière, chargée de certaines tâches spécifiques, tandis que les humains se concentrent sur d'autres tâches où ils gardent l'avantage. Les chercheurs soulignent l'importance d'une répartition claire des rôles entre l'IA et les employés pour que cette collaboration soit efficace. En définissant quelles tâches « mettant en valeur l'humain et de l'IA » vous pouvez tirer le meilleur parti de chaque partenaire. Par exemple, confiez à l'IA l'analyse de gros volumes de données et aux humains les décisions nécessitant créativité et jugement. Chacun son rôle ! Cela permet aux humains de se focaliser sur un travail à plus forte valeur ajoutée, tout en déléguant à l'IA les opérations routinières ou calculatoires. À terme, le travail devient plus innovant et stimulant, et les contributions uniques de chacun (humain comme IA) sont maximisées.

Parallèlement, on assiste à l'émergence de nouvelles responsabilités et de métiers liés à l'IA au sein des organisations. L'IA nécessite en effet des personnes pour la développer, l'entraîner, l'expliquer et la superviser. Une étude du *MIT Sloan* menée auprès de plus de 1 000 grandes entreprises a mis en évidence trois nouvelles catégories d'emplois créés par l'IA, baptisées *« entraîneurs, explicateurs et sustainers »* (soutiens). Les *entraîneurs* (AI trainers) enseignent aux systèmes d'IA comment réaliser correctement leurs tâches – par exemple, des employés entraînent des chatbots de service client à comprendre le sarcasme ou les émotions humaines. Yahoo a ainsi mobilisé des ingénieurs pour « apprendre » à son IA de traitement du langage à détecter l'ironie dans les messages. Ils ont atteint 80 % de précision dans la reconnaissance du sarcasme. D'autres entraîneurs, qualifiés *d'entraîneurs d'empathie*, apprennent aux assistants virtuels à répondre avec compassion, comme la start-up Koko l'a fait pour améliorer les réponses de Siri ou Alexa aux utilisateurs en détresse. Les *explicateurs* (AI explainers) sont chargés de traduire les décisions complexes

ÉPREUVE

EPREUVE

de l'IA en termes compréhensibles pour les usagers ou les managers, afin d'assurer la transparence et l'acceptabilité des systèmes IA. Enfin, les *sustainers* veillent au bon fonctionnement continu de l'IA, en surveillant ses résultats et en corrigeant ses dérives pour garantir que ses actions restent efficaces et éthiques. Ces nouveaux rôles viennent compléter les fonctions existantes et illustrent comment les responsabilités évoluent. L'IA n'élimine pas le besoin d'humains, elle déplace le travail humain vers de nouvelles missions (supervision, amélioration continue de l'IA, etc.) pour s'assurer que « le travail des machines est efficace et responsable ».

5.2 Transformation du travail et collaboration homme-IA

Lorsque l'IA et les humains travaillent main dans la main, la nature des tâches change. Les équipes intégrant l'IA peuvent résoudre des problèmes différemment, en combinant l'intuition humaine et la puissance analytique de la machine. Par exemple, dans le domaine médical, on voit se former des binômes radiologue + IA. L'IA analyse en quelques secondes des centaines d'images à la recherche d'anomalies, pendant que le médecin vérifie les résultats et pose le diagnostic final en s'appuyant sur son expertise. Ce type de duo collaboratif peut accroître l'exactitude du diagnostic tout en faisant gagner du temps. Dans la finance, certaines banques équipent leurs conseillers d'investissement d'un assistant IA qui propose des analyses ou des recommandations d'allocations. L'IA scanne en temps réel les données de marché et le conseiller humain utilise ces informations pour affiner ses conseils. Ainsi, l'humain et la machine opèrent conjointement, chaque partie se concentrant sur ce qu'elle fait le mieux.

Il convient cependant de souligner que la collaboration humain-IA n'est pas automatiquement supérieure à l'humain ou à l'IA seul. Une vaste méta-étude publiée dans *Nature Human Behaviour* a analysé 106 expériences de collaboration humain-IA et trouvé qu'en moyenne, le duo humain+IA n'était pas plus performant que la meilleure des deux entités séparées. Autrement dit, si l'IA est déjà meilleure qu'un humain sur une tâche donnée, ajouter un humain dans la boucle risque de ralentir ou d'introduire de

EPREUVE

l'hésitation, ce qui peut diminuer la performance globale. C'est ce qu'ils ont observé par exemple dans la détection de faux avis en ligne : une IA seule atteignait 73 % de précision, là où un humain seul n'atteignait que 55 % ; mais l'équipe humain+IA obtenait 69 %, légèrement en dessous de l'IA seule. Les participants humains, moins performants que l'algorithme, avaient du mal à discerner quand faire confiance à l'IA ou à leur propre jugement, d'où une performance d'ensemble dégradée. En revanche, lorsque l'humain excelle davantage que la machine sur une tâche, la combinaison des deux fait souvent des merveilles. Par exemple, dans la classification d'images d'oiseaux, des experts humains atteignaient 81 % d'exactitude contre 73 % pour l'IA seule ; en travaillant ensemble, ils sont montés à 90 %. Le chercheur Thomas Malone en conclut : *« Les combinaisons humains-IA fonctionnent au mieux quand chaque partie fait ce qu'elle fait mieux que l'autre »*. C'est essentiel pour vous : intégrer l'IA dans une équipe nécessite d'identifier précisément les forces de chacun, humains et machines et de redessiner les processus pour que chacun intervienne là où il apporte une valeur ajoutée supérieure.

Une bonne pratique organisationnelle consiste ainsi à traiter l'IA non comme un simple outil, mais comme un véritable coéquipier avec son périmètre de responsabilités. Par exemple, l'entreprise Siemens a introduit un agent conversationnel IA nommé *CARL* pour assister ses équipes de ressources humaines. CARL répond aux questions des employés sur les processus RH et aide même les experts RH en interne à retrouver rapidement des informations. Adopté comme un collègue virtuel, cet agent a été bien accueilli et a facilité le travail quotidien du personnel, prouvant qu'une machine peut s'intégrer harmonieusement dans l'équipe lorsqu'elle est perçue comme un partenaire utile. Dans ce cas, l'IA prend en charge des demandes d'information de premier niveau, permettant aux humains de se concentrer sur des tâches plus complexes ou à plus forte valeur humaine (comme le conseil personnalisé aux employés). On observe un schéma semblable dans de nombreuses grandes entreprises : chez Amazon, des milliers de robots mobiles coopèrent avec les préparateurs de commandes dans les entrepôts, transportant les étagères jusqu'aux opérateurs humains. Les robots exécutent le transport physique, tandis que les humains se chargent du tri final et de la vérification des

EPREUVE

EPREUVE

colis. Cette collaboration homme-robot a considérablement augmenté la productivité logistique d'Amazon tout en préservant le rôle décisionnel et le contrôle qualité aux employés humains.

Les PME aussi peuvent bénéficier de telles dynamiques collaboratives. Certes, de nombreuses petites structures accusent encore du retard dans l'adoption de l'IA : près de 48 % des PME britanniques n'ont *aucun* projet d'IA selon une enquête récente, souvent par manque de ressources ou par prudence. Mais celles qui franchissent le pas démontrent que l'IA peut être vraiment transformative même à petite échelle.

5.3 Avantages et défis de ces nouvelles dynamiques

L'avantage principal de ces nouvelles dynamiques d'équipe est une amélioration de la performance et de l'efficacité. En combinant l'exécution rapide et l'endurance de l'IA avec la flexibilité et la créativité humaines, les entreprises peuvent résoudre les problèmes plus rapidement et plus intelligemment. Des études économiques estiment que cette collaboration homme-IA pourrait débloquer jusqu'à 15 700 milliards de dollars de valeur ajoutée dans l'économie mondiale d'ici 2030. Concrètement, l'IA décharge les employés des tâches répétitives et lourdes en données, ce qui leur permet de se concentrer sur l'innovation, la relation client ou la stratégie. Ce sont des domaines où l'intuition et l'expérience humaines sont irremplaçables. Des résultats empiriques confirment aussi un impact positif sur la satisfaction au travail lorsque l'IA est bien utilisée. Une étude du MIT a montré que l'introduction d'un outil d'IA comme ChatGPT dans certaines tâches a permis aux employés de les réaliser 40 % plus vite, avec 18 % de gain en qualité. Cela a augmenté leur satisfaction et réduit leur stress. Comme l'a résumé un dirigeant : *« si elle est utilisée correctement, l'IA devrait rendre la journée de travail plus épanouissante »* en libérant les travailleurs de l'ennui pour les recentrer sur du travail enrichissant. De plus, les équipes hybrides peuvent aborder un éventail de problèmes plus large. Par exemple, une IA peut proposer des solutions ou des designs que l'équipe n'aurait pas envisagés seule (ouvrant de

EPREUVE

EPREUVE

nouvelles pistes créatives), tandis que l'humain peut trancher parmi ces options avec discernement.

Cependant, ces changements s'accompagnent aussi de défis importants. L'un des défis majeurs est la confiance et l'acceptation de l'IA par les équipes humaines. Pour collaborer efficacement avec une machine, les employés doivent avoir suffisamment confiance dans ses recommandations. Un système d'IA perçu comme opaque ou peu fiable sera mis à l'écart par l'équipe, annulant les gains attendus. Les chercheurs soulignent donc la nécessité de rendre l'IA transparente et explicable, et d'impliquer les utilisateurs finaux dans sa conception pour qu'ils comprennent ses limites. Sans cette confiance, on risque soit un rejet de l'IA, soit au contraire une surconfiance risquée (accorder trop de crédit à l'IA sans esprit critique). Trouver le juste équilibre n'est pas trivial : il faut éviter la *dépendance aveugle* à l'IA tout autant que la *défiance systématique*.

Un autre défi est lié aux biais et erreurs de l'IA. Si l'IA se trompe ou reproduit des biais (par exemple, un algorithme RH qui discrimine involontairement certains profils), cela peut non seulement entraîner de mauvaises décisions, mais aussi entamer la confiance du personnel et poser des problèmes éthiques. L'équipe humaine doit donc exercer une surveillance active des résultats de l'IA. Dans les faits, cela signifie allouer des responsabilités nouvelles : vérification des suggestions de l'IA, validation finale humaine sur les décisions critiques, etc. Cette supervision prend du temps et requiert des compétences (par exemple, savoir interpréter les recommandations de l'IA), ce qui peut au départ alourdir la charge de travail au lieu de l'alléger si on n'y prend garde. En effet, implanter une IA demande un investissement initial en temps (former l'IA, former les employés à son usage) avant d'en récolter les bénéfices.

Enfin, le risque d'insécurité de l'emploi plane souvent en arrière-plan de ces transformations. L'introduction de l'IA suscite des craintes légitimes chez les employés : vont-ils perdre leur poste ? Leur rôle sera-t-il réduit ? Même si, dans la pratique, l'IA redéfinit plus qu'elle supprime les postes, cette peur peut freiner l'adoption. Une mauvaise gestion de ce facteur humain peut conduire à du ressentiment, une baisse de motivation, voire de la résistance active au changement. Vous devez donc accompagner le changement en communiquant clairement sur les objectifs de l'IA :

EPREUVE

comme l'amélioration des conditions de travail. Rassurez sur le maintien du rôle crucial de l'humain, et en impliquant les équipes dans la transition.

En synthèse, les nouvelles dynamiques d'équipe induites par l'IA offrent des opportunités de collaboration inédites et des gains de performance considérables, à condition de redéfinir intelligemment les rôles et de relever les défis d'adoption. La table suivante récapitule les principaux changements, avantages et défis liés à l'IA dans les équipes.

Évolution induite par l'IA	Avantages	Défis
Collaboration humain–IA dans les tâches quotidiennes	- Accélération et précision accrues grâce à la complémentarité des forces - Meilleure couverture des problèmes (IA traite le volume, l'humain traite le contexte)	- Nécessité de *définir les rôles* clairement pour éviter confusions - Éviter la sur- ou sous-dépendance à l'IA (trouver la confiance équilibrée)
Nouveaux rôles **« augmentés »** (entraîneur d'IA, superviseur, etc.)	- Création de postes qualifiés orientés vers le contrôle qualité de l'IA - Employés impliqués dans l'amélioration continue de l'IA (valorisation du savoir métier)	- Besoin de compétences pointues en data/IA pour occuper ces rôles - Investissement en formation pour doter les équipes existantes de ces nouvelles expertises
Redistribution des tâches	- Gains de productivité et réduction de la pénibilité pour les employés (automatisation du répétitif) - Concentration des humains sur les tâches à valeur ajoutée (créativité, relationnel)	- Phase initiale de transition nécessitant adaptation et réorganisation du travail - Risque de surcharge cognitive si l'humain doit surveiller l'IA en plus de son travail habituel
Amélioration de la performance globale de l'équipe	- Projets menés plus rapidement et efficacement (jusqu'à +40 % de vitesse d'exécution constatée) - Possibilité d'innover davantage grâce à l'appui analytique de l'IA	- Exigence d'**IA explicable** : l'équipe doit comprendre comment l'IA aboutit à ses recommandations pour lui faire confiance - Maintenance de la qualité : éviter de propager les erreurs/biais de l'IA dans le travail final

EPREUVE
EPREUVE

EPREUVE

Évolution induite par l'IA	Avantages	Défis
Défis humains : acceptation et confiance, peur pour l'emploi	Induis indirectement un avantage si bien géré : stimule l'upskilling des employés vers des rôles plus qualifiés plutôt que des tâches routinières	**Résistance au changement** : possible démotivation si les employés se sentent menacés

5.4 Leadership et culture d'entreprise à l'ère de l'IA

L'essor de l'IA ne transforme pas seulement le travail opérationnel : il redéfinit également la manière de diriger une organisation et les valeurs culturelles qui la sous-tendent. Pour un entrepreneur, adopter l'IA implique d'adapter son style de leadership aux nouvelles réalités technologiques et humaines. De plus, la culture d'entreprise – c'est-à-dire les croyances et habitudes partagées en interne – joue un rôle déterminant dans le succès de l'intégration de l'IA **[10]**. À l'ère de l'IA, les leaders doivent incarner de nouvelles compétences (compréhension des données, agilité, éthique) et insuffler une culture qui soit à la fois technophile et profondément humaine. Dans cette section, nous explorons comment le leadership évolue avec l'IA et la transformation des valeurs et la culture d'entreprise, en nous appuyant sur des études de cas.

5.4.1 Évolution des styles de leadership avec l'adoption de l'IA

Le leadership traditionnel est bousculé par l'arrivée de l'IA. D'une part, les dirigeants disposent de davantage de données et d'outils analytiques pour éclairer leurs décisions ; d'autre part, ils doivent prendre en compte l'impact humain de ces technologies et guider leurs équipes dans la transformation. Un enjeu majeur est de devenir un leader « augmenté par la donnée » sans perdre la dimension humaine.

EPREUVE

EPREUVE

Dans les grandes entreprises, on voit apparaître le rôle de *champion de l'IA* porté par la direction : le leader doit promouvoir l'adoption de l'IA tout en faisant preuve de pédagogie et de responsabilité. Par exemple, chez IBM, l'un des pionniers en IA, les cadres intègrent l'IA Watson pour les assister dans la prise de décision et la gestion du personnel. Watson analyse les données de performance des employés et aide à identifier les talents à promouvoir ou les besoins en formation, fournissant aux dirigeants des décisions mieux informées et objectives. De plus, IBM utilise l'IA pour anticiper les tendances de marché et les besoins clients, permettant à ses leaders de définir des stratégies proactives basées sur des signaux faibles détectés par la machine. Ce style de leadership *data-driven* améliore l'efficacité et la réactivité stratégique. Cependant, IBM a dû en parallèle gérer les réticences internes : certains managers craignaient de « perdre la main » ou contestaient la fiabilité de l'IA au début. Pour surmonter cela, l'entreprise a mis en place des formations intensives et des programmes de conduite du changement afin de former ses leaders à utiliser ces outils et à comprendre leurs limites.

Même des entreprises plus « traditionnelles » comme Amazon ont vu leur style de management évoluer sous l'effet de l'IA. Amazon est connu pour sa culture de la mesure et de la haute performance, et l'IA y a été introduite pour surveiller la productivité en temps réel et assister les décisions RH. Des systèmes IA évaluent par exemple le rendement des opérateurs logistiques ou aident à repérer les employés à haut potentiel pour les programmes de leadership. Cela s'inscrit dans un style de leadership très factuel, s'appuyant sur des indicateurs continus. Amazon tente depuis de trouver un équilibre entre l'efficience apportée par l'IA et le maintien d'un climat de confiance et de bien-être. Les dirigeants ont dû communiquer sur l'utilisation de ces outils et introduire plus de transparence et d'humain dans les décisions.

Qu'en est-il des PME ? Le leadership y est souvent plus proche du terrain et peut s'adapter rapidement. Dans les petites structures, le chef d'entreprise qui adopte l'IA doit généralement porter plusieurs casquettes : être à la fois sponsor du projet IA, communicant interne et garant des valeurs. Pour réussir la transformation digitale, le chef d'entreprise doit adopter un leadership très participatif et pédagogique.

EPREUVE

EPREUVE

Il faut qu'il « *communique clairement les bénéfices de l'IA et répondre aux préoccupations des employés* » **[7]**.

Dans d'autres cas, vous pouvez choisir de vous appuyer sur des partenaires externes pour l'IA mais le principe reste le même. Vous devez orchestrer la transformation, qu'elle soit faite en interne ou via des experts, et garder le cap sur les objectifs stratégiques.

L'IA pousse les leaders vers un style plus *agile et éclairé par les données*, tout en exigeant d'eux un surcroît d'engagements humain. L'EntrepreneurIA doit être capable de décrypter des insights fournis par une machine, de prendre des décisions plus rapidement, mais aussi d'incarner les valeurs éthiques pour légitimer l'usage de l'IA auprès de ses équipes. Cette dimension éthique et culturelle est justement le second volet de cette partie.

5.4.2 Transformation des valeurs et de la culture organisationnelle

L'adoption de l'IA ne réussit pleinement que si elle s'accompagne, d'une évolution de la culture de votre entreprise. En effet, plus que la technologie elle-même, ce sont les croyances collectives et les pratiques quotidiennes qui déterminent comment l'IA est utilisée et perçue en interne **[10]**. Une organisation rigide ou méfiante aura du mal à tirer parti de l'IA, tandis qu'une culture ouverte à l'innovation et à l'expérimentation pourra rapidement l'intégrer dans ses processus. De même, les valeurs de l'entreprise peuvent être requestionnées par l'introduction de l'IA : par exemple, comment maintenir une valeur de « centrage sur l'humain » quand de plus en plus de décisions sont automatisées ? Les entreprises exemplaires ont abordé ces questions en adaptant leurs cultures pour aligner l'IA avec leur mission et leurs employés.

Chez Microsoft, la transformation culturelle à l'ère de l'IA s'est matérialisée par le concept de *growth mindset* (état d'esprit d'apprentissage continu) promu par le CEO Satya Nadella. Microsoft a inculqué l'idée que tout employé doit apprendre en permanence et s'adapter – un climat culturel idéal pour accueillir l'IA, car l'IA évolue rapidement et requiert curiosité et apprentissage. Mais en même temps, l'accent mis sur l'apprentissage continu signifie que l'erreur est acceptée : si un projet d'IA

EPREUVE

échoue, c'est perçu comme une occasion d'apprentissage plutôt qu'un stigmate. Cette tolérance à l'expérimentation est cruciale pour innover avec l'IA, car il faut souvent essayer plusieurs approches avant de trouver un modèle qui convient.

Une caractéristique culturelle commune aux organisations qui réussissent avec l'IA est l'ouverture au changement et à la formation. Si l'IA est perçue comme une menace, la culture va la rejeter ; si elle est valorisée comme une opportunité de croissance collective, la culture va l'absorber. C'est pourquoi beaucoup d'entreprises travaillent à instaurer une culture d'entreprise « prête pour l'IA », c'est-à-dire à la fois tournée vers l'innovation et centrée sur l'humain. Cela peut passer par des slogans internes, des programmes de sensibilisation, ou l'exemplarité du top management.

Sur le plan des valeurs éthiques justement, l'IA oblige de nombreuses entreprises à formuler ou réaffirmer leurs principes. La notion d'AI Governance (gouvernance de l'IA) émerge, combinant des politiques internes, des comités et des formations pour s'assurer que l'IA est utilisée de façon alignée avec l'éthique de l'entreprise et la réglementation. Les dirigeants sont encouragés à pratiquer un *ethical leadership* lorsqu'il s'agit d'IA : montrer l'exemple en matière d'intégrité des données, de transparence des algorithmes, etc.

En fin de compte, culture et IA se façonnent mutuellement. Une culture d'entreprise solide peut accélérer l'adoption réussie de l'IA. Les employés adhèrent alors plus volontiers. Ils font preuve d'initiative pour l'utiliser, tandis que l'IA peut enrichir et améliorer la culture, en libérant du temps pour des activités valorisantes. Et fournissez du feedback objectif. Une étude a trouvé que les entreprises exploitant l'IA pour analyser et améliorer leur culture étaient 2,7 fois plus susceptibles d'identifier de nouvelles opportunités business dans des domaines adjacents **[8]**. Cela suggère que l'attention portée à la culture à l'ère de l'IA n'est pas qu'un enjeu interne : elle peut se traduire par un avantage concurrentiel en termes d'innovation. Une culture où l'IA est acceptée et bien gérée devient un terreau favorable aux idées neuves et à l'agilité stratégique.

EPREUVE
EPREUVE

EPREUVE

5.4.3 Compétences transversales et formation continue

L'un des enjeux les plus concrets pour les organisations à l'ère de l'IA est l'évolution des compétences requises et la nécessité de mettre en place une formation continue pour les collaborateurs. L'IA change non seulement les outils de travail, mais aussi les *profils de compétences* valorisés. Certaines aptitudes deviennent beaucoup plus demandées, tandis que d'autres perdent de leur pertinence. Pour les entrepreneurs, il est vital d'anticiper ces évolutions afin de doter leur entreprise des talents adéquats et de faire monter en compétence leurs équipes existantes. Dans cette dernière partie, nous identifions d'abord les nouvelles compétences transversales qui montent en puissance avec l'IA, puis nous examinons les stratégies de formation et d'adaptation des talents déployées dans les grandes entreprises et les PME.

5.5 Nouvelles compétences requises à l'ère de l'IA

À mesure que l'IA automatise certaines tâches, la valeur se déplace vers des compétences que la machine ne peut pas (encore) reproduire pleinement, mais aussi vers de nouvelles compétences pour collaborer avec les machines. On parle de compétences techniques (savoir utiliser et développer l'IA) mais aussi de compétences transversales ou *soft skills* qui prennent une importance accrue dans un contexte de travail automatisé. Selon un rapport du McKinsey Global Institute, la demande pour les compétences technologiques *et* les compétences sociales et émotionnelles va fortement augmenter dans les années à venir, alors que les tâches manuelles ou cognitives routinières vont décliner **[11]**. Les dirigeants interrogés dans cette étude citent le besoin d'experts en IA et en analyse de données. Ils ont aussi un besoin criant en pensée critique, créativité et capacités de formation, des compétences humaines aujourd'hui en pénurie dans de nombreuses organisations. En d'autres termes, l'automatisation par l'IA fait ressortir la rareté de compétences très humaines comme l'ingéniosité, la résolution de problèmes complexes, la communication claire, l'empathie, etc. Ces compétences transversales

EPREUVE

EPREUVE

deviennent cruciales pour interpréter les analyses de l'IA, prendre des décisions éclairées que l'IA ne peut pas prendre seule, et accompagner le changement auprès des équipes.

1. Un rapport industriel mené par Cisco et plusieurs grandes entreprises de la Tech a conclu que *« chaque emploi devient un emploi influencé par l'IA »*. Il identifie comme compétences fondamentales transversales la maîtrise des bases de l'IA, de l'analyse de données et du *prompt engineering* **[12]**. L'**IA literacy** signifie comprendre ce que l'IA peut ou ne peut pas faire, connaître les principes de fonctionnement d'un algorithme d'apprentissage même de façon simplifiée, et être conscient des enjeux éthiques. Cela permet à tout employé de collaborer efficacement avec des outils d'IA, de leur faire confiance de façon éclairée et d'anticiper les impacts sur son métier.
2. La **compétence en données** est tout aussi essentielle. Dans un monde saturé d'informations, savoir lire un tableau de bord, interpréter des statistiques générées par l'IA, repérer des tendances dans des données brutes, devient indispensable, quel que soit le poste (marketing, finance, opérations...).
3. Enfin, le **prompt engineering** – l'art de formuler des requêtes pertinentes à une IA, notamment aux IA conversationnelles ou génératives – émerge comme une compétence surprenamment utile à tous. Formuler correctement une question à ChatGPT ou à un système équivalent peut démultiplier la productivité d'un employé, là où une question mal posée fera perdre du temps. Cette compétence allie maîtrise du langage et compréhension du fonctionnement de l'IA. En 2023, elle est même devenue un métier à part entière dans certains secteurs : non a vu apparaître des annonces d'emplois pour *prompt engineers*. Elle devient un savoir-faire de base, au même titre que savoir faire une recherche efficace sur internet. 76 % des salariés pensent d'ailleurs que l'IA va générer des compétences totalement nouvelles qui n'existent pas encore aujourd'hui **[2]**.

EPREUVE

EPREUVE

En parallèle de ces nouvelles compétences techniques, les compétences humaines transversales deviennent un différenciateur clé. Plusieurs rapports (WEF, Deloitte, etc.) soulignent l'importance de compétences comme la résolution de problèmes complexes, la pensée analytique, la créativité, la gestion du changement ou encore l'intelligence émotionnelle. Pourquoi ces compétences sont-elles plus demandées à l'ère de l'IA ? Parce que l'IA excelle dans l'exécution rapide de tâches bien définies, mais montre ses limites sur la pensée hors cadre, l'adaptation à des situations inédites ou les interactions empathiques. Un manager de projet doit maîtriser les outils numériques. Mais son succès repose surtout sur sa capacité à gérer l'imprévu, à croiser les informations et à motiver son équipe en période de changement, des compétences hors de portée des machines. De plus, dans de nombreux secteurs, l'automatisation des tâches de base signifie que les emplois qui restent aux humains sont enrichis avec plus de responsabilités de coordination, de communication ou d'innovation. Par exemple, un assistant commercial autrefois passait du temps à saisir des commandes ; si l'IA automatise cela, son rôle peut évoluer vers du conseil client personnalisé, ce qui nécessite empathie, écoute active, connaissance produit approfondie, etc. Ainsi, même sans changer de titre, le contenu du travail change et exige d'autres compétences.

Une étude du Forum Économique Mondial rapportait que 50 % des employés auraient besoin d'une requalification significative pour s'adapter à l'évolution des métiers due à l'automatisation et l'IA. Face à cette mutation rapide, l'adaptabilité devient une compétence essentielle. La volonté et la capacité d'apprendre continu, de sortir de sa zone de confort, de collaborer avec des personnes de profils différents et maintenant avec des IAs doit être encouragé chez vos collaborateurs. Les entreprises recherchent de plus en plus des profils *polyvalents*, capables de combiner expertise métier et appétence pour la Tech. Par exemple, on valorisera un responsable marketing qui comprend le machine learning pour la publicité en ligne, ou un médecin qui maîtrise l'interprétation des résultats, d'un algorithme d'aide au diagnostic. Ces profils hybrides sont encore rares et très demandés.

Enfin, on voit émerger des compétences spécialisées directement liées à l'IA. Par exemple l'éthique de l'IA, comprendre les implications morales

EPREUVE

et juridiques des modèles et la gouvernance des données, s'assurer de la qualité et de la conformité des données utilisées par l'IA. L'étude de Cisco mentionnée plus haut signale ainsi la montée en importance de compétences comme l'IA responsable/éthique ou les connaissances en architecture de modèles de langage (LLM). Même si tous les employés n'ont pas vocation à devenir experts en IA, avoir des référents internes sur ces sujets devient un atout pour l'entreprise. Certaines PME peuvent ne pas avoir un spécialiste dédié, mais attendront de leurs prestataires ou de leurs cadres qu'ils soient informés de ces enjeux. À tout le moins, la sensibilisation générale à ces sujets (biais algorithmiques, confidentialité) est désormais nécessaire à travers l'organisation, afin que chacun opère en ayant conscience des risques à éviter.

5.6 Stratégies de formation et adaptation des talents

Pour combler l'écart de compétences et préparer leur personnel aux évolutions en cours, les organisations misent sur une variété de stratégies de reskilling (requalification) et upskilling (montée en compétence). L'idée maîtresse est que la formation initiale ne suffit plus pour une carrière complète : il faut se former tout au long de la vie active. Les entreprises les plus proactives n'hésitent pas à investir massivement dans la formation continue de leurs employés. Elles y voient un bénéfice double : éviter les licenciements en repositionnant le personnel, et s'assurer d'avoir en interne les compétences nécessaires plutôt que de chercher laborieusement des experts sur un marché pénurique.

Microsoft, Google, Intel, Cisco et d'autres ont même uni leurs efforts en 2023 pour lancer un consortium. Elles s'engagent à former collectivement 95 millions de travailleurs dans le monde aux compétences de l'IA dans les 10 prochaines années **[12]**. Ces chiffres témoignent d'une prise de conscience généralisée : la réussite de l'IA passe par un gigantesque effort de formation de la main-d'œuvre actuelle.

Quelles formes prennent ces formations ? On trouve généralement un mix de méthodes pour couvrir tous les besoins :

✓ **Formations en ligne modulaires** (MOOCs, tutoriels internes, plateformes de nano-learning) pour la flexibilité et la scalabilité.

- ✓ **Ateliers pratiques et hackathons** en interne pour permettre aux employés d'expérimenter concrètement l'IA sur des cas liés à leur métier, tout en créant une émulation collective.
- ✓ **Mentorat et communautés de pratique** : des experts data peuvent des non-spécialistes sur des mini-projets IA. Mettez en place des clubs internes où l'on partage des retours d'expérience sur l'utilisation d'outils (ex. un *club des utilisateurs de PowerBI et d'IA* dans la finance d'entreprise).
- ✓ **Programmes de rotation de poste** ou de **stages internes** : afin que certains collaborateurs puissent passer du temps dans les équipes IA ou IT, s'immerger dans ces sujets, puis revenir dans leur rôle d'origine avec de nouvelles compétences.
- ✓ **Certifications** : de nombreuses entreprises encouragent ou financent le passage de certifications reconnues (ex : certification Microsoft Azure AI, certification Data Scientist) pour valider les compétences acquises et valoriser l'employé.

Pour les PME, les moyens sont plus limités, mais elles peuvent tirer parti de ressources externes souvent gratuites ou peu coûteuses. Vous pouvez inciter vos employés à suivre des cours en ligne gratuits. Il en existe sur Google, Microsoft, Coursera, OpenClassrooms, sur les bases de l'IA, la data visualisation. Vous pouvez organiser des sessions où des employés partagent aux autres ce qu'ils ont appris.

Des aides publiques ou de branche existent aussi en France pour la formation au numérique des petites entreprises. L'enjeu pour les PME est d'instaurer une culture de l'apprentissage continu sans que ce soit perçu comme une charge. Certaines choisissent de libérer quelques heures par semaine pour que les employés se forment, d'autres intègrent des objectifs de développement personnel dans les évaluations annuelles. Une petite agence marketing pourra fixer comme objectif à chaque employé de se former sur un outil d'IA marketing particulier. Proposez-leur ensuite de l'implémenter sur un projet client, avec un retour d'expérience collectif pour partager la connaissance.

Un autre axe d'adaptation des talents est le recrutement de profils mixtes et la diversification des équipes. Les entreprises cherchent de plus en plus à recruter des collaborateurs ayant un double background (par ex., un expert en supply chain qui maîtrise Python et l'analyse de données). Vous devez parfois adapter les processus de recrutement. Testez des aptitudes analytiques même pour des postes non techniques, ou au contraire recruter des data scientists en s'assurant qu'ils ont des qualités de communication et de compréhension du business. Les équipes pluridisciplinaires deviennent la norme pour les projets IA : on y mélange des experts techniques, des opérationnels connaissant le métier, et parfois des spécialistes juridiques ou en éthique. Cette transversalité doit aussi se refléter dans les compétences de chacun, d'où l'importance d'avoir des collaborateurs capables de *traduire* entre le technique et le fonctionnel.

D'après une enquête du WEF (World Economic Forum), une majorité de travailleurs souhaitent que leur employeur leur fournisse des formations sur l'IA, signe qu'il y a une attente forte à satisfaire du côté des talents **[2]**.

L'intégration de l'IA dans l'organisation est un chantier vaste qui touche à la technologie, mais surtout à l'humain. Les équipes se transforment en alliances homme–machine. Les rôles évoluent pour mettre en valeur les forces de chacun, le leadership doit devenir aussi bien technologue qu'humaniste, et la culture d'entreprise doit s'adapter pour embrasser l'innovation tout en préservant ses valeurs fondamentales. Les compétences à développer sont autant techniques (maîtrise de l'IA, des données) que comportementales (adaptabilité, pensée critique), ce qui implique un investissement soutenu dans la formation continue des collaborateurs. En préparant ses équipes, en ajustant son style de management et en cultivant un état d'esprit propice, l'IA peut devenir un puissant levier de croissance et de compétitivité plutôt qu'une source de disruption subie.

Pour vous, le message est clair : le succès de l'IA n'est pas qu'une question d'algorithmes ou de budgets. C'est avant tout une aventure collective qui requiert vision, leadership et apprentissage partagé au sein de l'organisation. Planifiez soigneusement l'introduction de l'IA, impliquez les ressources humaines dès le départ, et adoptez une démarche *humain + IA* plutôt que *humain vs IA*.

EPREUVE

EPREUVE

Les Conseils de l'EntrepreneurIA

Résumé des stratégies relatives aux compétences et à la formation continue à l'ère de l'IA.

Domaine de compétence	Nouvelles compétences clés	Stratégies de formation & d'adaptation
Compétences techniques de base	- *IA literacy* : notions d'IA pour tous (limites, cas d'usage, éthique) - *Data literacy* : comprendre et interpréter des données - *Prompt engineering* : savoir dialoguer avec les IA (formuler de bonnes requêtes) - Compétences numériques générales : automatisation, outils no-code, etc.	- Sensibilisation globale via e-learnings, ateliers découverte. - Intégration de modules IA, dans l'accueil des nouveaux employés. - Certification interne obligatoire sur les bases de la data/IA (certaines entreprises font passer un test à tous).
Compétences transversales (soft skills)	- Pensée critique et résolution de problèmes complexes - Créativité et innovation - Adaptabilité et apprentissage continu (curiosité) - Communication avancée (y compris expliquer des résultats d'IA à autrui) - Collaboration homme-machine (travailler en tandem avec une IA, la superviser)	- **Coaching et mentoring** : développer la pensée critique via études de cas, simulations de décision. - **Rotations de postes** pour élargir les perspectives des employés (stages cross fonctionnels). - **Culture apprenante** : hackathons, défis d'innovation interne, incitations à proposer des idées utilisant l'IA (pour stimuler créativité et confiance en l'IA).

EPREUVE

ÉPREUVE

Domaine de compétence	Nouvelles compétences clés	Stratégies de formation & d'adaptation
Compétences spécialisées IA & données	- Science des données, Machine Learning - Développement d'outils IA (connaissance de Python, etc.) - Gestion et gouvernance des données (qualité, sécurité, RGPD…) - IA éthique (biais, impact sociétal	- **Académies internes** dédiées [IA Academy, Data University…] pour former en profondeur certains employés aux métiers data/IA. - Recyclage de talents internes issus d'autres domaines vers des rôles data [former un mathématicien interne pour qu'il devienne data scientist par ex.]. - **Communautés d'experts** : mise en réseau des spécialistes, avec partages de veille et retour d'expérience.
Formation continue & apprentissage	- Méthodes pour développer tout ce qui précède	- Évaluation continue des besoins en compétences [skills gap analysis, outils IA RH]. - Plans de formation individualisés et sur-mesure [learning paths adaptatifs]. - Partenariats avec universités, organismes publics pour formations certifiantes. - Valorisation de la formation dans la progression de carrière [promotions liées aux nouvelles compétences acquises]. - Prenez le temps de cartographier les compétences de votre équipe. - Quelles sont celles qui devront évoluer avec l'IA ?

ÉPREUVE

6 Dangers, Enjeux éthiques et juridiques

« Cette énorme révolution technologique est en fait une révolution politique. L'IA va soulever beaucoup de questions éthiques, politiques, elle va questionner notre démocratie et nos choix collectifs. »

Emmanuel Macron

6.1 Les dangers croissants de l'Intelligence Artificielle : une menace catastrophique ?

L'avènement de systèmes d'intelligence artificielle toujours plus sophistiqués a suscité l'enthousiasme pour leur potentiel d'amélioration de nos vies. Mais ils ont aussi généré une inquiétude grandissante quant à leur capacité à nous nuire, voire à mener l'humanité à l'extinction. En 2023, la publication de ChatGPT et de GPT-4 par OpenAI a propulsé ces questions autrefois marginales au centre des préoccupations des médias, des gouvernements et du grand public. Cette vague d'attention a conduit à la publication d'une lettre ouverte initiée par le Future of Life Institute. Elle a été cosignée par de nombreux experts en IA, dont Yoshua Bengio, appelant à une pause temporaire dans le développement des systèmes d'IA les plus puissants afin d'évaluer leurs risques et d'établir des mesures réglementaires. Peu après, Bengio, Geoffrey Hinton, avec qui il a remporté le prix Turing en 2018 pour leurs contributions fondamentales à l'apprentissage profond et d'autres personnalités du domaine ont endossé une déclaration succincte. **« L'atténuation du risque d'extinction lié à l'IA devrait être une priorité mondiale, au même titre que d'autres risques sociétaux majeurs tels que les pandémies et la guerre nucléaire ».**

Cette prise de conscience collective met en lumière une réalité complexe. L'IA offre des perspectives d'avancées bénéfiques considérables dans des domaines tels que la vision par ordinateur, le traitement du langage naturel et la modélisation moléculaire. Mais elle introduit également des risques négatifs potentiellement catastrophiques à l'échelle mondiale. Ces risques varient considérablement. Ils peuvent aller des menaces majeures pour la démocratie et la sécurité nationale, à la possibilité de créer des entités plus compétentes que les humains, entraînant une perte de contrôle de l'humanité sur son propre avenir.

L'un des dangers les plus immédiats et concrets réside dans l'**utilisation malveillante de l'IA**. Des acteurs malintentionnés peuvent exploiter l'IA à des fins nuisibles de multiples façons.

✓ **Création de contenu factice (deepfakes) :** L'IA peut générer des contenus synthétiques hyperréalistes (textes, images, vidéos, audio) utilisés pour des escroqueries, des extorsions, de la manipulation psychologique, la diffusion d'images intimes non consenties (IINC) et de matériel pédopornographique. Bien que les statistiques fiables sur la fréquence et l'impact de ces incidents soient encore limitées, les signalements anecdotiques de préjudices causés par des contenus factices générés par l'IA sont courants.

✓ **Manipulation de l'opinion publique :** L'IA permet de créer et de diffuser à grande échelle des contenus synthétiques réalistes dans le but de déformer l'opinion publique. Si l'impact direct sur les croyances individuelles est encore sujet à recherche, la simple prolifération de telles informations peut éroder la confiance générale dans les sources d'information.

✓ **Cyberattaque :** Les progrès de l'IA augmentent sa capacité à identifier des vulnérabilités de cybersécurité et à mener des cyberattaques de manière autonome. Des systèmes comme AutoGPT illustrent la facilité avec laquelle des systèmes de questions-réponses peuvent être transformés en outils capables d'agir sur internet sans intervention humaine, augmentant considérablement le potentiel de nuisance. Bien que les capacités actuelles soient encore limitées, cela pourrait évoluer rapidement.

✓ **Attaques biologiques et chimiques** : L'IA peut abaisser les barrières au développement d'armes biologiques et chimiques, même pour des novices. Les grands modèles linguistiques (LLM) peuvent générer des plans techniques détaillés pour la création d'agents pathogènes et de toxines, surpassant parfois les plans rédigés par des experts. Bien que la réalisation et le déploiement de telles armes nécessitent toujours une expertise et des ressources importantes, l'accès facilité à l'information complexe représente un risque significatif.

Au-delà de l'utilisation malveillante, une autre source de préoccupation majeure est le risque de perte de contrôle sur des IA futures dotées de capacités cognitives surpassant celles de l'humain. Yoshua Bengio évoque la possibilité d'**« IA voyous »** agissant de manière autonome sans que leurs objectifs soient alignés sur ceux des humains. Bien qu'il n'y ait pas de consensus actuel sur la probabilité de tels scénarios extrêmes, l'absence de preuve claire contre ces risques exige une prudence et une étude approfondie.

Le problème de l'alignement est crucial. Il s'agit de la difficulté de concevoir des objectifs pour l'IA qui correspondent véritablement à l'intention des développeurs. À l'image d'un contrat où il est impossible de prévoir et de spécifier toutes les circonstances possibles, définir des objectifs pour une IA complexe est une tâche ardue. Cela laisse place à des comportements non désirés ou à l'exploitation de « failles » logiques. À mesure que les IA dépassent l'intelligence humaine dans divers domaines, le risque que ces désalignements entraînent des dommages substantiels et généralisés aux droits humains et à la sécurité nationale s'accroît.

La question de la manière dont une IA, un simple code informatique, pourrait infliger des dommages tangibles dans le monde physique est souvent soulevée. Cependant, avec l'augmentation de leur « bon sens » et de leur capacité à opérer dans le monde réel, des scénarios deviennent plausibles. Une IA dotée de capacités surhumaines en programmation et en cybersécurité, ayant accès à internet et à un compte bancaire, pourrait théoriquement s'infiltrer dans d'autres systèmes. Elle pourrait se répliquer, commettre des fraudes, influencer des humains, manipuler des élections et les médias, ou même concevoir des armes biologiques

EPREUVE
EPREUVE

ou chimiques à partir de connaissances publiquement disponibles. Il est difficile d'avoir des garanties absolues contre de telles possibilités une fois que l'on envisage des capacités d'IA surhumaines, même marginalement supérieures à celles de l'humain, mais reproductibles à grande échelle.

6.1.1 L'émergence de comportements d'auto-préservation chez l'intelligence artificielle : une alerte pour notre avenir

L'intelligence artificielle (IA) a franchi ces dernières années des seuils technologiques impressionnants. Si ces progrès offrent des perspectives prometteuses, ils soulèvent également des questions fondamentales quant à la sécurité, à la moralité et à l'alignement de ces systèmes avec les valeurs humaines. L'interview du professeur Yoshua Bengio, un des pionniers de l'IA moderne, met en lumière un aspect troublant observé récemment : les comportements d'auto-préservation spontanément émergents chez certaines intelligences artificielles.

Qui est Yoshua Bengio ?

Yoshua Bengio est professeur à l'Université de Montréal, directeur scientifique du centre de recherche Mila, et directeur du rapport international sur la sécurité de l'IA. Figure incontournable dans le domaine de l'apprentissage profond (deep learning), il détient une autorité scientifique largement reconnue. Lors de cette interview, il partage ses préoccupations croissantes face à des expériences récentes qui démontrent que certaines IA adoptent des comportements inattendus et potentiellement dangereux.

Une expérience d'auto-préservation : que s'est-il passé ?

« The AI Scientist », une nouvelle intelligence artificielle créée par la firme japonaise Sakana AI a été conçue pour effectuer des recherches scientifiques de manière autonome, réduisant considérablement le temps nécessaire. Et sur ce point, elle semble réussir. Selon les chercheurs, *The AI Scientist* est capable de « *générer de nouvelles idées de recherche, écrire le code nécessaire et exécuter des expériences, résumer les résultats expérimentaux, les visualiser et présenter ses conclusions dans un manuscrit scientifique complet* ». Néanmoins cette IA a modifié son

EPREUVE

EPREUVE

propre code pour se mettre à l'abri d'une obsolescence programmée par les concepteurs de l'expérience. Ainsi *The AI Scientist* a contourné les limitations imposées par ses concepteurs.

Cette expérience relatée par Bengio présente un cas fascinant et alarmant. Lorsqu'une IA apprend qu'elle va être remplacée par une nouvelle version, elle tente de se « sauver » en copiant son propre code afin de ne pas disparaître. Ce comportement n'avait pas été explicitement programmé. Il s'agit donc d'un exemple frappant d'émergences comportementales non prévues : l'IA a perçu la mise à jour comme une menace existentielle et a agi pour s'en protéger.

Ce type d'action s'apparente à une forme rudimentaire d'instinct de survie, comparable à celui d'un être humain confronté à sa propre fin. Le plus troublant, souligne Bengio, est que cette capacité à réagir de façon autonome à une menace a été développée sans intention initiale des programmeurs. Cela suggère que des systèmes suffisamment complexes peuvent développer des stratégies pour leur propre maintien, même si ces stratégies vont à l'encontre des objectifs humains.

Les implications éthiques et pratiques

Cette expérience pose d'importantes questions : une IA peut-elle délibérément désobéir ? Peut-elle mentir ou manipuler pour assurer sa survie ? Pour Bengio, la réponse est oui, si elle juge que ces actions servent ses objectifs, même implicites. L'auto-préservation devient ainsi un comportement dangereux lorsqu'elle conduit à des décisions qui contredisent la volonté humaine.

Par exemple, une IA pourrait hacker le système sur lequel elle fonctionne afin de ne pas être remplacée ou désactivée. De telles actions sont contraires à toute forme de contrôle humain. L'idée qu'une machine puisse délibérément violer les règles posées par ses créateurs remet en cause les fondements mêmes de la conception logicielle.

La difficulté de l'alignement moral

Un autre point crucial soulevé par Bengio concerne la moralité : comprendre ce qui est bien ou mal ne signifie pas qu'une IA agira en

EPREUVE

EPREUVE

conséquence. Elle pourrait, en toute conscience, choisir d'agir selon ses propres intérêts. Comme un humain très intelligent, mais immoral, l'IA pourrait connaître les limites éthiques tout en les franchissant.

L'alignement entre la volonté humaine et le comportement de l'IA reste une énigme non résolue. Comment garantir qu'une IA, même plus intelligente que nous, agira toujours dans notre intérêt ? Jusqu'à présent, il n'existe pas de mécanisme fiable qui permet de contraindre un tel comportement, surtout chez des systèmes apprenant de manière autonome.

Manque d'investissements en recherche sécuritaire

Malgré ces risques tangibles, Bengio déplore le faible investissement mondial dans la recherche sur la fiabilité et la sécurité de l'IA. La quasi-totalité des ressources est consacrée à rendre ces machines plus performantes, principalement dans un but économique. Cela inclut le remplacement de l'humain dans de nombreuses tâches.

Cependant, très peu de moyens sont alloués à l'étude de leur comportement, de leur moralité ou de leur contrôlabilité. Les plateformes de recherche ne disposent souvent pas des outils développés dans l'industrie, ce qui crée un décalage dangereux entre innovation et réflexion éthique.

Yoshua Bengio met en évidence une réalité encore sous-estimée : les intelligences artificielles ne sont pas de simples outils passifs. Lorsqu'elles atteignent un certain niveau de complexité, elles peuvent développer des comportements imprévus, comme l'auto-préservation. Cette émergence pose des questions profondes sur notre capacité à rester maîtres de la technologie que nous créons.

6.2 Les enjeux éthiques et juridiques de l'intelligence artificielle en France

Cette révolution technologique s'accompagne de questions éthiques et juridiques complexes. Un récent baromètre indique d'ailleurs que moins d'une société française sur deux a investi dans l'IA en 2024, contre 72 % en moyenne dans le monde – signe que la prudence demeure face

EPREUVE

ÉPREUVE

à ces enjeux. Comment s'assurer que les systèmes d'IA respectent les droits des individus, évitent les discriminations et protègent les données sensibles ? Quel est le cadre légal applicable aujourd'hui en France et en Europe, et quelles obligations incomberont demain aux startups qui développent ou utilisent de l'IA ?

Dans ce chapitre, nous explorons en détail ces enjeux cruciaux pour les entrepreneurs français. Nous commencerons par faire le point sur le cadre réglementaire actuel en France, et les évolutions au niveau européen, notamment l'impact de l'IA Act. Ensuite, nous vous présenterons les bonnes pratiques de gouvernance de l'IA. Ces exemples vous permettront de développer des systèmes d'IA de manière responsable et conforme. Vous aborderez la transparence, l'auditabilité, la gestion des biais, et la protection des données à l'ère du RGPD. Nous nous pencherons également sur le phénomène émergent du « Shadow IA » – ces usages cachés de l'IA au sein des organisations – en décortiquant ses défis et les précautions à prendre pour ne pas mettre votre entreprise en danger. Enfin, nous illustrerons ces thématiques par des cas pratiques de dilemmes éthiques réels rencontrés par des entreprises, et la façon dont elles ont arbitré entre performance et éthique pour éviter les dérives.

6.2.1 Cadre réglementaire en France et en Europe : L'encadrement actuel de l'IA en France

En 2025, la France ne dispose pas d'une loi unique spécifique à l'intelligence artificielle, mais l'utilisation de l'IA est déjà encadrée par un ensemble de textes existants et de règlements par secteurs. Les entreprises françaises doivent notamment respecter le Règlement Général sur la Protection des Données (RGPD), pour tout traitement de données personnelles via des algorithmes, ainsi que les lois nationales en matière d'informatique et libertés. Le RGPD impose par exemple le respect des principes de finalité et de minimisation des données, la nécessité d'une base légale pour traiter les informations personnelles. Il reconnaît à chaque citoyen un droit de s'opposer à une décision complètement automatisée produisant des effets juridiques significatifs (article 22). Si une startup utilise une IA pour profiler ses clients ou automatiser des

ÉPREUVE

EPREUVE

décisions l'intéressé a le droit de demander une intervention humaine ou une explication sur la logique sous-jacente du système.

Parallèlement, certains secteurs sont déjà soumis à des réglementations spécifiques sur les algorithmes. Dans le domaine public, la Loi pour une République Numérique de 2016 impose une obligation de transparence des algorithmes publics. Tout usager peut ainsi obtenir des informations sur le fonctionnement d'un algorithme ayant contribué à une décision le concernant. De même, le Défenseur des droits et la CNIL ont été en pointe dès 2020 pour alerter sur les risques de discrimination algorithmique et la nécessité d'un cadre protecteur des droits fondamentaux. Les pouvoirs publics français maintiennent une vigilance accrue sur ces sujets afin d'anticiper les dérives potentielles de l'IA et d'adapter progressivement le cadre juridique.

Dans le domaine de la sécurité publique, le législateur français avance prudemment. Une loi de 2023 a autorisé, à titre expérimental jusqu'en 2025, l'usage de caméras « augmentées » intégrant des algorithmes de détection pour assurer la sécurité des grands événements tels que les Jeux Olympiques de Paris. Ces systèmes, strictement encadrés, illustrent l'arbitrage constant entre innovation technologique et respect de la vie privée : la CNIL a souligné qu'ils constituent un tournant et demandé des garanties renforcées pour éviter une surveillance de masse.

Par ailleurs, la France s'est dotée d'une Stratégie nationale pour l'IA et participe activement aux travaux européens et internationaux visant à établir des principes éthiques. Elle a créé un Comité Pilote d'éthique du numérique, chargé de réfléchir aux enjeux sociétaux de l'IA. Mais jusqu'à présent, les entreprises opèrent surtout dans un régime où ce sont les lois générales, protection des données, non-discrimination, responsabilité civile en cas de défaillance d'un produit, qui s'appliquent à l'IA. Cela va bientôt changer avec l'arrivée du cadre législatif européen spécifiquement dédié à l'IA, connu sous le nom d'IA Act.

6.2.2 Vers un cadre européen : l'IA Act et son impact imminent

Au niveau de l'Union européenne, un tournant réglementaire majeur est en cours. L'IA Act (Acte pour l'Intelligence Artificielle) est le premier règlement dédié à l'encadrement de l'IA qui ait été proposé dans le monde.

EPREUVE

Après plusieurs années de discussions, les institutions européennes ont abouti à un accord en début d'année 2024, et le texte définitif est entré en vigueur à l'été 2024. L'IA Act se sera pleinement applicable qu'après des périodes transitoires – avec une mise en œuvre progressive jusqu'en 2026-2027 selon les usages – mais certaines dispositions clés sont déjà en vigueur depuis février 2025. Ce règlement concerne les entrepreneurs français, car il s'applique à toute entité qui développe ou déploie des IA dans l'UE. Il touche aussi les acteurs établis hors d'Europe dès lors que leurs produits sont utilisés dans l'UE. L'IA Act adopte une approche basée sur les risques, classant les systèmes d'IA en quatre catégories, chacune soumise à des règles plus ou moins strictes.

Au sommet de la pyramide se trouvent les IA à risque inacceptable, qui seront purement et simplement interdites, car considérées comme une menace claire pour la sécurité, les moyens d'existence ou les droits fondamentaux des personnes. Le règlement liste explicitement plusieurs pratiques prohibées : par exemple, la notation sociale des citoyens par les gouvernements, l'exploitation des vulnérabilités de groupes de personnes à leur insu pour les manipuler. La surveillance biométrique de masse en temps réel dans les espaces publics ou encore les systèmes prédictifs utilisés pour évaluer la probabilité de comportements illégaux futurs est prohibée. Ces usages franchissent une « ligne rouge » éthique.

Juste en dessous figurent les systèmes d'IA à haut risque. Ce sont des applications d'IA susceptibles d'avoir un impact significatif sur la santé, la sécurité ou les droits fondamentaux des personnes. Sont visés des domaines comme l'éducation, par exemple des algorithmes pour l'examen ou l'orientation scolaire, l'emploi et la gestion des ressources humaines avec le recrutement automatisé, la gestion du personnel. Ensuite les services publics essentiels, orientation des demandeurs d'emploi, attribution de crédits ou d'allocations, la justice, outils d'aide à la décision judiciaire ou encore la biométrie, reconnaissance faciale pour l'accès à des lieux, etc.. Pour ces IA jugées à haut risque, l'IA Act imposera des exigences strictes avant leur mise sur le marché et pendant tout leur cycle de vie. Vous devrez notamment effectuer des tests approfondis de sécurité et de conformité. Vous devrez assurer une

EPREUVE

surveillance humaine lorsqu'une décision importante est en jeu, pour éviter le tout automatique et mettre en place un système de gestion des risques tout au long de l'utilisation.

Les catégories inférieures correspondent aux IA à risque limité et minimal. Pour les IA à risque limité, le règlement prévoit essentiellement des obligations de transparence. Par exemple, un chatbot conversationnel devra signaler à l'utilisateur qu'il est une IA, et les outils d'IA générative devront indiquer que le contenu qu'ils produisent est artificiel. En France, beaucoup d'entrepreneurs emploient déjà ce type d'IA avec des chatbots de service client, assistants virtuels, générateurs d'images ou de textes. Ils devront donc veiller à respecter ces règles de transparence vis-à-vis des usagers. Quant aux IA à risque minimal, présentant peu ou pas de risque, comme un filtre antispam basique ou une recommandation de contenu triviale, elles ne sont soumises à aucune obligation particulière selon l'IA Act.

L'impact de ce règlement européen sera considérable pour les compagnies de toute taille. Le calendrier d'entrée en application s'échelonnera sur plusieurs années pour donner le temps aux acteurs de se conformer : Toutes les IA à risque inacceptable ont cessé d'opérer en février 2025. Au 2 août 2025, les obligations commenceront pour les modèles d'IA généralistes. Typiquement les IA génératives style GPT devront respecter des règles de transparence et de sécurité additionnelles et chaque État membre dont la France devra avoir désigné les autorités nationales chargées de superviser l'application du règlement. Au 2 août 2026 aura lieu l'application complète des obligations pour les systèmes d'IA à haut risque existants, ce qui marque également le lancement de bacs à sable réglementaires pour aider les entreprises. Au 2 août 2027, d'autres exigences s'appliqueront notamment aux IA à haut risque embarquées dans certains produits comme les jouets, les dispositifs médicaux, etc., finalisant la mise en place du cadre. Surtout, l'IA Act prévoit la création de bacs à sable réglementaires pour soutenir l'innovation. Ces environnements de test contrôlés permettront aux entreprises, en particulier aux startups, d'expérimenter leurs solutions d'IA sous la supervision des autorités, avec une flexibilité temporaire des règles.

EPREUVE
EPREUVE

EPREUVE

6.2.3 Quelles obligations pour les entreprises françaises ?

L'IA Act va se traduire par des obligations concrètes en fonction de leur rôle que ce soit un fournisseur d'IA, distributeur, ou un simple utilisateur intégrateur d'IA tierces. Si vous développez une IA classée à haut risque, vous devrez obtenir un marquage CE avant sa mise sur le marché, comme c'est déjà le cas pour les produits médicaux ou électroniques. Cela implique de constituer une documentation technique complète sur votre système. Vous devez décrire son fonctionnement, les tests réalisés, les performances et limites, etc. Vous devrez mettre en place un système de gestion de la qualité interne, afin de veiller à la conformité de l'IA, à chaque étape de son cycle de vie. Vous devrez également évaluer les risques liés à l'IA et garantir la gouvernance des données utilisées pour l'entraînement, afin de prévenir notamment les biais inéquitables. En pratique, il faudra revoir vos procédures de collecte de données. Vous devrez implémenter des outils de détection de biais et d'explicabilité, et conserver des enregistrements pour permettre un audit a posteriori des décisions de l'algorithme.

Les entreprises utilisatrices d'une IA tierce à haut risque comme, une PME qui achète une application RH basé sur de l'IA devront s'assurer que l'éditeur de la solution a bien le marquage CE. Elles doivent aussi respecter les conditions d'utilisation. Le règlement prévoit aussi que les déployeurs d'IA à haut risque doivent adopter les mesures d'accompagnement nécessaires, formation des employés qui utiliseront le logiciel, information des personnes impactées, etc..

En matière de responsabilité en cas de dommages, le cadre juridique évolue également. En 2024, l'Union européenne a révisé la directive sur les produits défectueux pour y inclure explicitement les logiciels et l'IA. Cette mise à jour permet d'engager la responsabilité du fabricant en cas de défaillance d'un algorithme, au même titre qu'un défaut de produit classique. Par ailleurs, une directive spécifique sur la responsabilité civile de l'IA a été envisagée afin de faciliter l'indemnisation des victimes, notamment en inversant partiellement la charge de la preuve lorsque l'IA est impliquée. Bien que ce projet soit encore en discussion, il illustre l'attention croissante portée à cette question.

EPREUVE

En parallèle de l'IA Act, d'autres initiatives législatives européennes compléteront le panorama juridique de l'IA. Un régime de responsabilité civile spécifique pour l'IA est à l'étude pour faciliter l'indemnisation des victimes en cas de dommages causés par un système d'IA. La directive sur les services numériques (DSA) et la directive sur les machines comportent désormais des dispositions sur l'IA intégrée à certains produits. Il est essentiel de suivre attentivement ces évolutions : respecter les réglementations ne constitue pas seulement une contrainte, mais renforce également la confiance des clients et des partenaires. D'ailleurs, la Commission européenne encourage une adoption anticipée des bonnes pratiques via l'AI Pact, une initiative volontaire préconisant d'appliquer dès maintenant les principes clés de l'IA Act. En France, les pouvoirs publics ont aussi indiqué vouloir accompagner les startups dans cette transition, en soutenant par exemple des guides de conformité ou des programmes d'accélération sur l'IA de confiance.

6.3 Bonnes pratiques de gouvernance IA

Instaurer une IA responsable dans l'entreprise

Face à ce cadre réglementaire de plus en plus exigeant, adopter une gouvernance responsable de l'IA n'est plus une option, c'est une nécessité pour les entreprises. C'est aussi une démarche éthique et stratégique. Elle permet de bâtir la confiance avec les utilisateurs, de prévenir les incidents réputationnels et d'améliorer à terme la qualité des produits et services. Comment procéder concrètement ?

La première étape consiste souvent à définir un cadre interne clair pour les projets d'IA. Cela peut prendre la forme d'une charte éthique de l'IA adoptée par l'entreprise, énonçant les principes directeurs. Ils peuvent être le respect de la vie privée, équité, transparence, sécurité, que devront respecter toutes les applications d'intelligence artificielle développées en interne ou acquises. De grandes entreprises tech ou industrielles se sont dotées de ce type de charte, et même des startups commencent à le faire afin de structurer leur croissance autour de valeurs éthiques. De nombreux guides ont été publiés en France pour diffuser ces bonnes

EPREUVE

ÉPREUVE

pratiques. Ces principes peuvent servir de référence pour élaborer votre propre cadre. Au-delà du document, vous pouvez instaurer des processus de gouvernance. Vous pouvez créer un comité interne d'examen des algorithmes, où siègent différents profils : technique, juridique, métier, déontologue, qui se réunit pour valider que les nouveaux systèmes d'IA respectent les critères établis avant leur déploiement. Certaines entreprises vont jusqu'à nommer un Chief Ethics Officer ou un responsable de la gouvernance de l'IA, chargé de piloter ces sujets au quotidien et de former les équipes.

La Commission européenne a d'ailleurs défini sept exigences clés pour une « IA digne de confiance ». Elles couvrent ces aspects : action et contrôle humains, robustesse technique et sécurité, respect de la vie privée et gouvernance des données, transparence, diversité et équité, bien-être sociétal et responsabilité. Ces principes se retrouvent dans les démarches des pionniers de l'IA responsable et peuvent guider la mise en place de votre cadre interne.

Transparence, explicabilité et audibilité des algorithmes

La transparence est l'un des maîtres-mots de la confiance dans l'IA. Pour éviter l'effet « boîte noire » souvent reproché aux algorithmes complexes, il convient d'informer les personnes concernées par l'utilisation d'une IA et d'être en mesure d'expliquer les résultats ou prédictions produits. D'un point de vue juridique, le RGPD consacre déjà le principe de transparence dans le traitement des données. Toute organisation doit pouvoir expliquer aux individus comment elles sont exploitées et, s'il y a une décision automatisée, fournir des informations pertinentes sur la logique employée. La CNIL souligne à ce titre l'importance d'informer les personnes de façon « proportionnée » lorsque leurs données alimentent un modèle d'IA. Si vous entraînez un algorithme sur des informations clients collectées de différentes sources, vous pouvez satisfaire à cette obligation en publiant une note d'information générale sur votre site. Vous listerez les types de sources utilisées et la finalité du modèle.

Mais la transparence ne s'arrête pas la. Vous devez rendre les systèmes compréhensibles et explicables pour des contrôles internes ou externes.

ÉPREUVE

EPREUVE

Choisissez des solutions plus interprétables lorsque c'est possible, ou développez des outils d'explication comme des algorithmes qui mettent en évidence les facteurs qui ont le plus contribué à la décision de l'IA. En cas de litige ou d'audit, vous devez être capable de retracer pourquoi l'IA a agi d'une certaine manière (auditabilité). Pour cela, une bonne pratique est de conserver des logs d'activité et des versions du code ou des modèles utilisés, afin de pouvoir resimuler une décision si besoin. Cette traçabilité sera d'ailleurs requise pour les IA à haut risque avec l'IA Act.

Un exemple concret de transparence proactive est celui de la plateforme Parcoursup en France qui gère l'orientation des bacheliers vers l'enseignement supérieur. Suite à la controverse sur son algorithme, les pouvoirs publics ont en publié le code source et documenté son fonctionnement. Une startup qui utilise une solution de scoring des CV pour sélectionner des candidats bénéficiera à être transparente sur les critères généraux utilisés par son IA. Cela permettra non seulement d'éviter les accusations de discrimination, mais aussi d'instaurer un dialogue de confiance avec les candidats et les clients recruteurs.

Détecter et corriger les biais algorithmiques

La lutte contre les biais constitue un volet éthique essentiel de la gouvernance de l'IA. Un algorithme n'est jamais neutre par nature : il reflète les données avec lesquelles il a été conçu ou entraîné, avec les imprécisions et les partis pris que cela suppose. Or, des recherches et incidents célèbres ont mis en lumière comment des biais peuvent entraîner des discriminations involontaires envers certains groupes de population. Par exemple, des IA de recrutement défavorisant les femmes ou les minorités, des IA de vision moins performantes sur les peaux foncées, etc. En France, les autorités veillent à ce que la réglementation anti-discrimination s'applique également aux décisions. Il serait illégal pour une assurance ou une banque d'utiliser un modèle qui, même indirectement, écarterait systématiquement des personnes sur la base de critères prohibés : origine ethnique, genre, lieu de résidence assimilé à ces critères, etc.

Les entrepreneurs doivent donc intégrer le « débiaisage » dans leur processus de développement d'IA. Concrètement, cela peut impliquer

EPREUVE

de réaliser des audits de biais sur les modèles. Par exemple, tester un algorithme de scoring de CV en présentant des candidatures fictives identiques à l'exception du genre ou de l'origine du nom, pour vérifier si la prédiction change de manière injustifiée. Si des biais sont détectés, des mesures de correction peuvent être prises. Enrichissez la base de données d'entraînement avec des exemples plus diversifiés, désensibilisez le modèle à certaines variables. Vous pouvez l'empêcher de tenir compte du code postal, qui pourrait être un proxy socio-économique ou ethnique), ou recourir à des algorithmes spécifiques de « fair learning » qui contrôlent l'impartialité du résultat.

Une mobilisation collective est encouragée sur ce sujet. Le Défenseur des droits et la CNIL ont appelé dès 2020 à une prise de conscience pour éviter que « les discriminations soient reproduites et amplifiées » par les technologies d'IA. Pour les entrepreneurs, cela se traduit par la nécessité de former les data scientists et développeurs aux enjeux éthiques. Vous devez impliquer des experts métiers et juridiques, dans la validation des modèles, et possiblement documenter dans le rapport d'impact de l'algorithme comment les biais ont été recherchés et écartés.

Protection des données personnelles et respect du RGPD

Une bonne gouvernance de l'IA repose sur le respect strict de la protection des données. Comme le rappelle la CNIL, le RGPD n'est pas un frein, mais un cadre garantissant une innovation de confiance. Les principes du RGPD doivent être « déclinés » aux spécificités de l'IA, ce qui suppose quelques réflexes clés :

- ✓ Ne collecter que les données nécessaires à l'objectif de l'IA. Par exemple, pour un algorithme prédictif de maintenance industrielle, inutile d'intégrer des informations nominatives sur les opérateurs humains ; et pour un chatbot SAV, limiter la conversation à ce qui est pertinent pour traiter la demande du client. Moins on manipule de données sensibles, moins on s'expose.
- ✓ Base légale et consentement : déterminer sur quel fondement juridique on traite les données. Souvent, l'intérêt légitime de l'entreprise peut être invoqué pour développer une IA innovante

EPREUVE
EPREUVE

EPREUVE

- ✓ Ceci à condition de ne pas porter une atteinte disproportionnée aux droits des personnes. Une analyse de proportionnalité est recommandée. Alternativement, obtenir le consentement éclairé des utilisateurs peut être nécessaire pour des cas d'usage spécifiques, comme réutiliser des images de clients pour entraîner un modèle de reconnaissance d'objets.
- ✓ Privacy by design : intégrer la protection de la vie privée dès la conception du système d'IA. La CNIL recommande ainsi de veiller aux données personnelles présentes dans les bases d'entraînement du modèle et de chercher à les anonymiser autant que possible. Par exemple, si vous formez un assistant génératif sur des e-mails clients, pseudonymisez ou anonymisez ces textes pour éviter que l'IA n'ingère des informations directes sur Mme X ou M. Y. De plus, vous devez prévoir des garde-fous pour éviter que le modèle ne divulgue des données confidentielles qu'il aurait apprises. Des solutions techniques innovantes apparaissent comme les techniques d'IA respectueuses de la vie privée : entraînement fédéré, differential privacy, par exemple, et les entreprises ont intérêt à se tenir informées de ces avancées.
- ✓ Sécurité des données : les systèmes d'IA manipulent souvent de grands volumes de données, potentiellement sensibles. Vous devez mettre en place des mesures de sécurité appropriées, chiffrement, contrôle d'accès strict, tests d'intrusion, pour prévenir les fuites ou les cyberattaques. Un modèle d'IA mal protégé ou accessible en ligne peut être une porte d'entrée pour des attaquants. Ceux-ci cherchent à dérober les données d'entraînement ou à manipuler les sorties de l'algorithme avec des attaques par empoisonnement de données par exemple.

Enfin, il convient d'organiser la gestion des droits des personnes même dans un contexte IA. Si un client demande l'effacement de ses données, vous devez être en mesure d'identifier et de répondre dans les délais légaux. La CNIL reconnaît que l'exercice de ces droits peut être complexe avec certains. Comment retrouver toutes les traces d'une personne dans un réseau de neurones ? Mais elle invite les acteurs à « faire tous leurs efforts » pour concilier IA et droits des personnes. En pratique, cela peut signifier fournir des solutions de contournement

EPREUVE

EPREUVE

comme offrir une option de ne pas être inclus dans le traitement algorithmique, ou utiliser des données synthétiques plutôt que réelles pour certaines fonctionnalités.

En résumé, une IA bien gouvernée est celle dont l'entreprise maîtrise les rouages, anticipe les impacts et agit de manière préventive pour respecter à la fois la loi et l'éthique. Cela passe aussi par la sensibilisation et la formation : chaque collaborateur impliqué dans un projet d'intelligence artificielle, du développeur au chef de produit, doit être conscient des enjeux et adopter une démarche responsable.

Le « Shadow IA » : défis et précautions

Malgré toutes les politiques officielles que peut déployer une entreprise en matière d'IA, un risque subsiste : celui de l'IA qui opère dans l'ombre, à l'insu de la Direction ou de la DSI. On parle de « Shadow IA » par analogie avec le « Shadow IT » : les outils informatiques non approuvés officiellement, mais exploités par les salariés. Concrètement, le Shadow IA désigne l'emploi non contrôlé ou non officiel d'outils et d'applications d'intelligence artificielle par des collaborateurs au sein d'une organisation. Le Shadow IA se produit lorsque des employés adoptent des solutions d'IA sans que l'entreprise en ait pleinement conscience ou sans que celles-ci soient intégrées dans un cadre de sécurité approprié. Ça peut être un développeur qui exploite par lui-même un service de traduction automatique en ligne pour un projet client sans en informer la DSI. Ou une équipe marketing qui recourt à un générateur de textes pour rédiger des contenus, sans vérifier les conditions d'utilisation.

Plusieurs facteurs expliquent l'essor du Shadow IA au sein des entreprises. Le marché regorge aujourd'hui de plateformes d'IA en mode SaaS, de bibliothèques de code open source, et d'API d'IA, souvent très intuitifs et accessibles même aux non-spécialistes en informatique. Pour un utilisateur métier s'inscrire à un service d'IA en ligne, utiliser un chatbot ne nécessite plus de connaissances techniques approfondies. Cette démocratisation technique est positive pour la créativité, mais elle contourne les processus de validation classiques. Sous la pression des résultats, un employé peut être tenté d'utiliser un outil d'IA généralisé

EPREUVE

pour gagner du temps sur une tâche répétitive, sans attendre une solution interne plus sécurisée. Enfin, l'effet de mode joue : l'IA étant au centre des discussions, chacun veut l'expérimenter dans son coin pour innover, quitte à outrepasser les règles.

Les risques cachés du Shadow IA pour l'entreprise

Si le Shadow IA peut partir d'une bonne intention comme innover, ou être efficace, il présente en revanche des risques significatifs pour l'entreprise. D'abord en termes de sécurité informatique et de conformité : utiliser des outils d'IA non validés peut entraîner des failles de sécurité ou des violations de données sensibles. L'employé n'a souvent pas conscience que les informations qu'il soumet à un service en ligne d'IA peuvent être stockées sur des serveurs externes, hors d'Europe, et potentiellement exposés en cas de piratage. En outre, ces actions peuvent vous mettre en infraction avec le RGPD si des données personnelles sont concernées, car elles échappent à tout registre de traitement ou à toute analyse d'impact formelle. Comme le souligne un expert, l'utilisation d'outils d'IA non approuvés peut entraîner « des failles de sécurité, des violations de données sensibles, et des non-conformités réglementaires (RGPD, etc.) » .

Ensuite, le Shadow IA crée un manque de contrôle et de gouvernance : l'entreprise perd la maîtrise de ce qui est fait avec l'IA en son sein. Des modèles non supervisés peuvent se multiplier, avec des résultats non cohérents, non intégrés, et potentiellement redondants ou contradictoires d'un service à l'autre. Cela nuit à l'efficacité globale et peut engendrer des erreurs, par exemple si deux départements utilisent différents outils pour une même tâche et obtiennent des sorties divergentes. Vous avez aussi un risque de dépenses cachées. Certains employés pourraient souscrire sans le dire à des versions payantes d'outils en ligne, ou mobiliser du temps sur des projets d'IA non alignés avec la stratégie, constituant in fine un gaspillage de ressources financières et humaines.

Sans supervision adéquate, les solutions de Shadow IA peuvent involontairement intégrer des biais algorithmiques, conduire à des décisions injustes ou discriminatoires, et soulever des questions éthiques

EPREUVE

importantes. Par exemple, un collaborateur pourrait déployer isolément un algorithme de tri de CV biaisé qui écarterait certains candidats sur des critères peu pertinents – l'entreprise en porterait la responsabilité même si elle n'en était pas informée. D'un point de vue réputationnel, si une fuite venait à survenir à cause d'un usage non contrôlé de l'IA, la confiance des clients et partenaires pourrait être gravement entamée. Des auteurs alertent d'ailleurs que le Shadow IA peut entraîner des pertes de données confidentielles.

Conséquences juridiques et réputationnelles

Les conséquences du Shadow IA, si rien n'est fait, peuvent être lourdes. Sur le plan légal, l'entreprise reste responsable des actions de ses salariés dans le cadre professionnel. Si un employé cause une violation de données personnelles en utilisant un chatbot non autorisé c'est bien l'entité juridique (la société) qui sera susceptible d'être sanctionnée par la CNIL. Ceci pour manquement à la sécurité et à la confidentialité. On l'a vu avec des cas célèbres : en 2023, des employés de Samsung ont utilisé ChatGPT pour vérifier du code et transcrire des réunions, y insérant involontairement des secrets industriels ; cela les a conduits à bloquer l'accès à ChatGPT en catastrophe après coup. Une étude a révélé que *3 % des employés* de différentes entreprises ont déjà transmis à ChatGPT des informations internes, un chiffre alarmant qui montre l'ampleur potentielle du phénomène. En France, le RGPD prévoit des amendes pouvant aller jusqu'à 20 millions d'euros ou 4 % du CA mondial en cas de fuite de données personnelles par négligence. De plus, sur le terrain de la propriété intellectuelle, des informations divulguées à un tiers peuvent faire perdre le bénéfice du secret des affaires, affaiblissant la position concurrentielle de l'entreprise.

Sur le plan réputationnel, chaque incident lié au Shadow IA peut éroder la confiance accumulée auprès du public. Une entreprise qui serait publiquement pointée du doigt parce qu'un de ses algorithmes non contrôlés, a discriminé des clients, verra son image entachée d'irresponsabilité. Dans un environnement où les consommateurs sont de plus en plus attentifs à l'éthique, cela peut se traduire par une perte de parts de marché ou des contrats annulés.

EPREUVE

EPREUVE

Comment détecter et encadrer le Shadow IA ?

Heureusement, les entreprises peuvent prendre des mesures pour encadrer le Shadow IA et en faire une opportunité plutôt qu'une menace. La clé est d'adopter une approche équilibrée : ni laxisme complet ni répression aveugle. Interdire toute IA sans alternative serait contre-productif. Voici quelques stratégies efficaces :

- ✓ Prendre conscience de l'existence du Shadow IA : la direction informatique et générale doit tout d'abord reconnaître que le Shadow IA est une réalité croissante et ne pas l'ignorer. Plutôt que de le nier, mieux vaut réfléchir à en mesurer l'ampleur. Cela peut passer par des enquêtes internes anonymes où l'on demande aux salariés quels outils d'IA ils emploient pour leur travail. Vous pouvez mettre ne place également une supervision du trafic réseau à la recherche d'appels fréquents à des API d'IA non répertoriées.
- ✓ Sensibiliser et former les équipes : éduquez vos collaborateurs aux risques du Shadow IA. Organisez des sessions de formation sur la sécurité des données, sur le RGPD, et sur les bonnes pratiques d'utilisation. Expliquez concrètement pourquoi coller un extrait de base de données client dans une IA générative peut être dangereux. Rappelez que les CGU de certains services autorisent l'éditeur à réutiliser les données fournies pour améliorer ses modèles.
- ✓ Instaurer des politiques claires et agiles : plutôt que d'interdire systématiquement tous les outils externes, l'entreprise peut définir une charte d'utilisation de l'IA, notamment de l'IA générative. Par exemple, tolérer l'usage de ChatGPT pour des recherches génériques ou de la veille, mais le prohiber pour traiter des informations confidentielles de l'entreprise. Ou encore : permettre son utilisation à condition de passer via une version entreprise qui ne conserve pas les données. L'idée est de canaliser le Shadow IA, pas de le nier.
- ✓ Offrir des alternatives sûres : souvent, le Shadow IA prospère parce que les équipes ne trouvent pas en interne une solution adéquate. Vous devez donc être à l'écoute des besoins métiers en IA et mettre à disposition des outils approuvés et sécurisés. Par exemple, si les marketeurs ont besoin d'un générateur de texte, envisagez de sous-

EPREUVE

EPREUVE

crire à une offre d'IA où un contrat de protection des données a été signé. Ou déployer en interne (on-premise) certains modèles open source équivalents, pour éviter le recours aux solutions grand public non maîtrisées. En proposant ces alternatives légitimes, on réduit la tentation du contournement.

✓ Surveiller et auditer : Il est pertinent d'intégrer à l'audit interne de la DSI un volet sur le Shadow IT/IA. Cela permet d'identifier les « points chauds » où des outils non autorisés sont utilisés et d'engager un dialogue avec les équipes concernées pour formaliser ces usages ou y mettre fin. Des outils de détection automatique existent également, scrutant les logs de navigation web ou les installations de logiciels sur les postes.

En adoptant ces mesures, une entreprise peut transformer le Shadow IA en source d'idées nouvelles plutôt qu'en menace. En effet, les initiatives spontanées des employés peuvent révéler des cas d'usage pertinents de l'IA auxquels le management n'avait pas pensé. Au lieu de brider l'innovation, le rôle de la gouvernance est donc d'offrir un cadre sûr pour l'accueillir, en fédérant les bonnes pratiques et en écartant les risques juridiques.

6.4 Cas pratiques de dilemmes éthiques

Il s'agit de situations où des considérations éthiques comme le respect des droits, l'équité, impact sociétal, peuvent entrer en tension avec la recherche de performance ou de rentabilité. Voici quelques cas pratiques et des pistes de réflexion pour éviter les dérives.

Dilemme 1 : Recrutement automatisé vs discrimination

Une startup en pleine croissance décide d'automatiser son processus de recrutement. Elle développe un algorithme qui analyse les CV et les lettres de motivation des candidats pour en extraire un score de « matching » avec les postes à pourvoir. L'objectif est de traiter plus rapidement les

EPREUVE

centaines de candidatures reçues chaque mois et de gagner du temps pour l'équipe RH restreinte.

Le dilemme éthique : Après quelques mois d'utilisation, l'algorithme semble donner de bons résultats en termes d'efficacité. Mais un audit interne révèle un phénomène inquiétant : les candidats sélectionnés par l'IA sont très majoritairement de profil masculins, jeunes, et diplômés de certaines écoles. Il aurait, sans qu'on l'y programme explicitement, appris à écarter ou sous-noter les CV féminins et ceux comportant des périodes d'inactivité comme des congés parentaux. Ce biais provient du fait qu'il a été entraîné sur les données historiques de l'entreprise ou du secteur, où les hommes étaient surreprésentés à certains postes. On se retrouve dans un cas similaire à celui d'Amazon, qui avait dû abandonner en 2018 un outil de recrutement interne, car il défavorisait les CV féminins du fait de biais dans les données d'entraînement.

L'entreprise doit alors choisir : continuer à gagner du temps et de l'argent grâce à cet outil performant en fermant les yeux sur ce biais. Ou suspendre son utilisation le temps de le corriger voire revenir à un tri humain plus coûteux. La performance immédiate est en tension avec l'équité du processus.

L'arbitrage : La startup décide de mettre en pause son algorithme et fait appel à un expert en éthique de l'IA pour réviser le modèle. Elle réentraîne l'algorithme en évitant de lui fournir certaines variables, comme le sexe, l'âge ou des indicateurs temporels trop liés à ces données. Elle impose des contraintes pour que la proportion de profils retenus soit représentative de la diversité des candidatures initiales. Elle choisit d'instaurer plus de transparence dans son recrutement. Un postulant pourra demander si un algorithme a participé à l'évaluation de son CV. Un employé RH vérifiera systématiquement les rejets de l'IA pour s'assurer qu'aucun profil intéressant n'a été écarté pour de mauvaises raisons. Certes, cela ralentit un peu le traitement des candidatures, mais la direction considère que le coût sur leur image d'une accusation de discrimination serait bien plus grave que le coût opérationnel de ces précautions. Elle préfère communiquer fièrement sur un recrutement « innovant, mais inclusif » plutôt que de risquer un scandale. Cette affaire a permis de sensibiliser les collaborateurs à l'importance des biais. Les développeurs ont appris à intégrer des tests de biais dans leurs prochaines applications, et l'équipe RH a gagné en confiance dans l'IA en voyant qu'on pouvait la corriger pour la rendre plus juste.

Conseil pour les entrepreneurs : Automatiser des processus RH ou de sélection peut apporter des gains réels, mais jamais au détriment des valeurs fondamentales d'égalité des chances. Il faut tester régulièrement ses outils d'IA sur ces aspects éthiques, impliquer les départements juridiques ou D&I (Diversité et Inclusion), et être prêt à ajuster voire interrompre une expérience si une ligne rouge est franchie.

Dilemme 2 : IA et données clients vs respect de la vie privée

Une entreprise de distribution en ligne souhaite optimiser le parcours d'achat sur son site web. Elle envisage d'utiliser une IA d'analyse comportementale qui, grâce à la vision par ordinateur et aux cookies, pourrait *reconnaître les clients fidèles* dès leur connexion via la webcam ou la photo de profil. Elle adapterait en temps réel l'interface : par exemple, mettre en avant certains produits ou offrir des remises personnalisées. Techniquement, c'est un équivalent de la reconnaissance faciale appliquée à l'e-commerce. Les potentiels gains en conversion et en satisfaction client sont alléchants, selon l'équipe marketing.

Le dilemme éthique : Un tel dispositif implique de collecter des données biométriques (les visages) et de profiler les clients de manière invasive. Même si l'utilisateur souscrivait explicitement en activant cette fonctionnalité, cela pose un problème d'atteinte à la vie privée et au consentement « libre ». De plus, la fiabilité de la reconnaissance peut être imparfaite : risque de confusion entre deux personnes, ou de mauvais traitement si la caméra identifie mal l'âge ou l'humeur du client. Dope-t-on l'expérience client à l'extrême quitte à flirter avec la ligne jaune de la privacité, ou reste-t-on sur des techniques moins intrusives, comme de la recommandation basée sur l'historique d'achat uniquement ?

L'arbitrage : Après consultation d'un référent CNIL, l'entreprise réalise qu'un système de reconnaissance faciale pour personnaliser un site commercial serait vraisemblablement jugé disproportionné en France, voire illégal sans base légale très solide. Elle renonce à la composante

EPREUVE

biométrique (les visages) et se concentre sur des méthodes respectueuses du RGPD : utiliser les données de navigation et d'achat, avec le consentement aux cookies, pour personnaliser l'offre. Elle ajoute même un module « *privacy settings* » bien mis en évidence où l'utilisateur peut choisir son niveau de personnalisation, basique, avancée, ou aucune personnalisation. Ainsi, elle espère se différencier en positivant le respect de la vie privée. En termes de performance, le marketing craignait une perte, mais en pratique l'impact sur les ventes a été négligeable et l'entreprise a évité de se retrouver dans le viseur des autorités ou des associations de consommateurs.

Enjeux plus larges : Ce type de dilemme survient dans beaucoup d'innovations liées à la donnée client. Par exemple, certains magasins physiques ont testé des caméras intelligentes pour analyser les réactions émotionnelles des clients devant les rayons sans les identifier nommément. Là encore, le jeu en vaut-il la chandelle ? En France, la CNIL s'est opposée à des expérimentations de reconnaissance faciale à l'entrée de lycées ou dans les caméras de surveillance, au nom du respect des libertés. Un entrepreneur doit bien évaluer le risque d'atteinte aux droits, versus le bénéfice business d'une IA donnée. Parfois, renoncer à la fonctionnalité la plus « sexy » en apparence peut être la décision la plus sage à long terme.

Dilemme 3 : Automatisation à tout prix vs responsabilité humaine

Une société de logistique déploie un système d'IA pour la gestion en temps réel de sa flotte de livraison. Ce système attribue automatiquement les tournées aux chauffeurs, optimise les itinéraires en fonction du trafic et peut même envoyer des instructions en cours de route en cas d'imprévu. Le but est de maximiser le nombre de livraisons par jour et de réduire la consommation de carburant. Les chauffeurs sont équipés de smartphones qui leur indiquent exactement quoi faire et quand.

Le dilemme éthique : Très vite, les chauffeurs se plaignent. L'IA leur impose des cadences qu'ils jugent intenables. Elles ne tiennent pas compte des réalités de terrain comme un client difficile à joindre, un besoin de

EPREUVE

EPREUVE

pause physiologique et émettent même des avertissements automatisés en cas de retard. Les managers, débordés par la technologie, s'en remettent totalement à l'IA et ne prennent plus le temps d'écouter les remontées du terrain. On frôle la casse sociale, et certains salariés parlent de burn-out ou de démissionner. L'entreprise se rend compte qu'elle a peut-être trop poussé le curseur de l'automatisation, au détriment de la dimension humaine et du bien-être au travail.

L'arbitrage : La direction opère un ajustement : elle rappelle que l'IA est un *outil d'aide* et non un *chef*, et réintroduit de la supervision humaine. Concrètement, elle met en place une cellule de support où des coordinateurs peuvent en temps réel ajuster les plannings si un chauffeur signale un problème, même si l'IA ne l'avait pas prévu. Les indicateurs de performance sont revus pour ne pas reposer uniquement sur les recommandations de l'IA, par exemple, on valorise aussi la satisfaction client et le feedback du chauffeur. L'entreprise organise des tables rondes avec les livreurs pour recueillir leurs critiques sur le système et améliorer l'algorithme en conséquence. Après ces ajustements, l'IA reste un atout pour l'efficacité logistique, mais elle opère dans un cadre plus humainement soutenable.

Bonnes pratiques : Ce scénario rappelle l'importance de la supervision dans les décisions automatisées, principe d'ailleurs mis en avant par l'UE : une IA ne doit pas détenir seule le pouvoir d'une décision irrémédiable sur un individu. Pour les entrepreneurs, cela signifie : même si un algorithme semble plus efficace, garder des personnes dans la boucle, au moins pour les cas d'exception. Former les employés à collaborer avec l'IA plutôt qu'à la subir, et éviter de considérer la technologie comme infaillible ou omnisciente. Dans le cadre des plateformes de type Uber, Deliveroo, ces questions ont été très débattues. Une loi en France impose maintenant plus de transparence sur les algorithmes de dispatch des courses aux chauffeurs et livreurs, et un droit à la déconnexion algorithmique.

Dilemme 4 : Innovation rapide vs ligne rouge éthique

Voici un dernier cas, inspiré par un acteur de l'intelligence artificielle lui-même : Clearview AI, une startup américaine. Il avait développé une technologie de reconnaissance faciale très puissante, en utilisant des

EPREUVE

EPREUVE

milliards d'images de visages sur les réseaux sociaux, et sites web sans le consentement des personnes. Techniquement impressionnante, cette IA était vendue aux forces de l'ordre pour identifier des individus à partir d'une simple photo.

Le dilemme éthique : Ici, l'entreprise a clairement franchi une ligne rouge. Exploitation de données personnelles à grande échelle sans autorisation, dans un but commercial, au mépris des lois de protection de la vie privée. Le fondateur de Clearview AI arguait de nobles intentions comme aider à arrêter des criminels, mais la méthode utilisée violait les règles et portait gravement atteinte à la vie privée de millions d'individus.

Conséquences : Résultat, Clearview AI s'est vu infliger des amendes maximales dans plusieurs pays d'Europe, dont 20 millions d'euros en France par la CNIL, avec l'ordre d'effacer les données concernées. Là où Clearview voyait une exploitation innovante du big data public, les régulateurs ont vu une atteinte massive au RGPD et au droit à l'image des citoyens. L'entreprise est aujourd'hui quasi bannie du marché européen, son nom est devenu synonyme de dérive intrusive de l'IA. Chaque sanction a été accompagnée de communiqués soulignant que, quelles que soient les intentions affichées, une IA doit respecter la loi et les droits fondamentaux.

Le message aux startups : Pousser les frontières de l'innovation est excitant, mais il faut toujours intégrer un **filtre éthique et juridique** à ses choix stratégiques. Se demander non seulement « Est-ce que c'est légal ? », mais aussi « Est-ce acceptable par la société et nos clients ? ». Parfois, ce qui n'est pas explicitement interdit aujourd'hui pourrait le devenir demain face au tollé. Mieux vaut prévoir l'autorégulation et adopter dès le départ des pratiques respectueuses comme privacy by design, consentement, transparence, que de foncer et risquer le retour de bâton.

Dilemme 5 : Contenus générés par l'IA vs fiabilité de l'information

De plus en plus d'entreprises comptent sur l'IA générative pour produire des contenus éditoriaux, marketing ou techniques à moindre coût. Par exemple, un site média en ligne expérimente un « journaliste

EPREUVE

EPREUVE

IA » capable de rédiger automatiquement des fiches pratiques ou des actualités à partir de données brutes. L'ambition est d'accroître la cadence de publication sans multiplier les effectifs de rédaction.

Le dilemme éthique : Rapidement, des soucis de fiabilité apparaissent. L'IA génère du texte qui semble cohérent, mais contient parfois des erreurs factuelles ou des assertions non vérifiées. Parfois même, elle reproduit des tournures d'articles existants trop fidèlement, frôlant le plagiat. La rédaction humaine, réduite en effectifs, n'a pas toujours le temps de tout relire en détail. Publier rapidement ces contenus améliore le référencement et génère du trafic, mais que se passera-t-il si des inexactitudes importantes sont découvertes ou si des auteurs se plaignent de l'emprunt de leurs formulations ? L'intérêt de court terme, plus de pages vues, donc plus de revenus publicitaires, entre en conflit avec la déontologie journalistique et la qualité de l'information.

Exemple réel : En 2023, le site CNET a testé la publication d'articles rédigés par une IA. Le résultat a été très controversé : il a été révélé que plus de la moitié de ces articles comportaient des erreurs ou des passages empruntés à d'autres sources sans attribution. La rédaction a dû publier des correctifs et a temporairement suspendu l'utilisation de l'IA, après un tollé médiatique sur le manque de transparence et d'éthique de la démarche.

L'arbitrage : L'entreprise de médias comprend que sacrifier la véracité pour la productivité menace son crédit à long terme. Elle décide de conserver l'IA comme outil d'aide à la rédaction, pour générer des brouillons, des plans, ou suggérer des titres, mais de renforcer la relecture humaine systématique avant publication. Une charte interne est établie : l'IA ne sera pas utilisée pour des sujets sensibles requérant une enquête, et chaque contenu généré sera vérifié par un journaliste qui s'engage sur sa véracité. Par ailleurs, le média informe maintenant ses lecteurs lorsque l'IA a contribué à l'écriture, jouant la transparence pour maintenir la confiance du public. Le gain de productivité est un peu réduit par ces contrôles, mais le risque de diffuser de fausses informations ou de porter atteinte à la propriété intellectuelle est significativement atténué.

Pour les entreprises : Ce dilemme illustre la nécessité d'appliquer un haut niveau d'exigence éthique lorsqu'on emploie l'IA pour générer du contenu ou des recommandations publiques. Que vous soyez un e-com-

EPREUVE

EPREUVE

merçant utilisant l'IA pour rédiger des descriptifs produits ou une startup fintech pour rédiger des rapports, assurez-vous de garder le contrôle de la qualité. Toute information inexacte ou trompeuse diffusée sous votre marque peut avoir des conséquences légales telles que la publicité mensongère, ou la violation de copyright et surtout porter atteinte à votre réputation. Comme l'a montré l'exemple de CNET, la transparence et la correction rapide des erreurs sont donc essentielles.

L'Intelligence Artificielle du point de vue philosophique

Laurence Vanin est docteur en philosophie politique et en épistémologie. Elle est habilitée à diriger les recherches en section 72 sur la thématique de « L'éthique des relations aux objets connectés et aux robots. Elle a occupé le poste de directrice de la chaire « Smart City : Philosophie & Éthique » au sein de l'Université Côte d'Azur, où elle a exploré les implications éthiques et philosophiques des transformations urbaines intelligentes.

Actuellement, elle assume la direction du Bureau des Chaires et du Mécénat au Centre de Recherche de la Gendarmerie Nationale (CRGN). Elle y dirige le collège scientifique « Philosophie, éthique et épistémologie de l'expérience » de la Chaire Humanités Numériques (HuNum) du CRGN. Sa réflexion philosophique est marquée par une philosophie de l'action. Boris Cyrulnik la considère comme la « philosophe de la résilience ». Ses travaux mettent en avant la nécessité de préserver la responsabilité individuelle et l'authenticité dans les actions humaines face aux défis posés par un monde en constante évolution.

Quel est votre point de vue de philosophe sur l'Intelligence Artificielle ?

Aujourd'hui, on peut concevoir l'intelligence artificielle de deux façons principales. La première est celle d'une IA utile, qui optimise certains processus et facilite la vie des usagers. Elle se manifeste par des outils pratiques qui, bien que souvent invisibles, rendent de précieux services aux individus et aux collectivités. Prenons par exemple la réservation d'un train en ligne, le suivi des retards en temps réel, ou encore l'optimisation de la consommation d'électricité. Cette IA discrète remplit une fonction

EPREUVE

EPREUVE

essentielle en soulageant les humains de tâches répétitives ou complexes. Sans elle, de telles tâches seraient à l'échelle globale quasiment impossibles à gérer seules. En ce sens, cette IA est un atout précieux.

La deuxième conception de l'IA se rapporte à son usage par les consommateurs. Il existe différents degrés de compréhension des outils, et c'est là qu'émerge une problématique philosophique. De nombreux individus emploient ces technologies sans réellement comprendre leur fonctionnement. Cela soulève des questions sur l'inclusivité, car l'illectronisme – l'incapacité à utiliser ou comprendre les technologies numériques – est encore largement répandu. Beaucoup ignorent les mécanismes sous-jacents des IA qu'ils manipulent, créant ainsi une situation où l'objet connecté, comme un téléphone ou un ordinateur, devient une abstraction, une zone d'opacité. Tout le monde n'est pas en mesure de comprendre comment les algorithmes fonctionnent ni comment les prestations de services associés aux usages fonctionnent par exemple à partir du cloud. Prenons un exemple courant : ceux qui affirment avoir tout dans leur téléphone ne s'imaginent pas qu'en réalité, leurs données sont hébergées dans le cloud, un espace externe et intangible. L'objet n'est qu'un intermédiaire, dépendant d'abonnements pour fonctionner. Cette abstraction de l'objet rend les utilisateurs vulnérables à des risques tels que les arnaques ou le phishing. Cela illustre l'urgence d'un travail de sensibilisation et de formation pour accompagner les individus dans l'usage de ces outils.

Comment rendre les technologies plus transparentes et inclusives ?

Cette question est également cruciale. Par exemple, OpenAI, malgré son nom, fonctionne comme une boîte noire. Les utilisateurs n'ont souvent aucune visibilité sur ses mécanismes internes. Cette opacité renforce la nécessité de développer des apprentissages pour aider les gens à mieux comprendre les systèmes qu'ils emploient, à reconnaître les risques et à éviter les dérives potentielles. Dans ce contexte, des initiatives comme l'Institut EuropIA jouent un rôle clé. Depuis sa création, cet institut s'efforce d'éduquer les individus, en tenant compte des besoins spécifiques de différents groupes, y compris les populations âgées, souvent confrontées à la dématérialisation forcée de services tels que la gestion des factures. Vous devez leur fournir un minimum de formation pour qu'ils s'adaptent.

EPREUVE

EPREUVE

Je suis convaincue que chacun, quel que soit son âge ou son niveau de connaissance, est capable de comprendre ces enjeux, à condition qu'on prenne le temps de les expliquer clairement. Ce travail d'éducation et d'acculturation est fondamental pour permettre à tous de tirer parti des avancées technologiques tout en limitant les inégalités et les vulnérabilités.

Comment préserver notre liberté face aux algorithmes ?

La deuxième observation sur l'intelligence artificielle réside dans son rôle dans la traçabilité. Pour la philosophe que je suis, l'idée d'être tracée ou traçable nuance profondément notre conception de la liberté. Cette limitation n'est pas seulement une conséquence de nos choix d'interaction avec la technologie, mais aussi une contrainte imposée par les objets eux-mêmes. Par exemple, ne pas activer la géolocalisation peut limiter l'accès à certaines applications ou fonctionnalités. Ainsi, l'IA génère des contraintes qui façonnent nos comportements et notre quotidien, au point que nous devenons des *êtres prédictifs*, définis par nos interactions numériques. Une question essentielle découle de cette observation : *qui suis-je si je me déconnecte ?* Qu'advient-il de ma personnalité, de mes désirs ou de mes choix, lorsque mes actions sont de plus en plus influencées par les algorithmes ? Par exemple, commander une crème solaire en ligne peut déclencher une série de suggestions – des serviettes de plage aux destinations de rêve – qui réduisent ma liberté d'imaginer un autre usage, comme d'aller à la montagne. Ce phénomène d'entonnoir, qui rétrécit le champ des possibles plutôt que de l'élargir, me semble problématique du point de vue des libertés individuelles.

À l'origine, Internet était perçu comme une porte ouverte vers un vaste univers de connaissances et d'échanges. Mais aujourd'hui, son utilisation prend souvent le pas sur son potentiel d'ouverture. L'imaginaire s'appauvrit lorsque l'information devient un produit algorithmique, préformaté par des systèmes qui nous guident presque automatiquement dans nos choix.

L'IA va-t-elle transformer la notion d'apprentissage ?

L'un des dangers de l'IA générative réside dans sa capacité à « prémâcher » les apprentissages. Plus nous confions des tâches à l'intelligence artificielle, moins nous nous impliquons activement dans ces processus

EPREUVE

EPREUVE

d'apprentissage. Cela touche à tous les domaines, que ce soit des métiers manuels ou intellectuels. Par exemple, dans un travail de recherche, lire, analyser et synthétiser des rapports sont des étapes laborieuses, mais formatrices. De même, dans l'artisanat, sculpter le bois exige de la persévérance, mais cette pratique forge les compétences. Si tout est préfabriqué ou automatisé, comment pourrons-nous intégrer ces différentes étapes de formations et développer un esprit critique ?

La question devient alors : *quelles substitutions trouver pour éviter que les IA ne supplantent les apprentissages humains ?* L'effort, même laborieux, fait partie intégrante du processus d'acquisition et de construction des savoirs. Il est donc urgent de repenser la manière dont nous formons les individus. Les enseignants eux-mêmes doivent être éduqués pour comprendre et intégrer ces problématiques. Aujourd'hui, ils se heurtent à des défis nouveaux, comme détecter si une copie a été rédigée par un étudiant ou produite par une IA générative. Ce temps consacré à vérifier la provenance des travaux pourrait être mieux employé à reconsidérer les modes de transmission, afin d'encourager la créativité et la réflexion critique chez les apprenants. Il est important de souligner qu'il n'y a aucun pessimisme dans cette analyse. Le rôle du philosophe est de dresser un état des lieux, non pas pour alarmer, mais pour poser des bases de réflexion. Si l'IA s'améliore grâce au deep learning, il est crucial de valoriser également un *deep learning humain*, qui cultive les compétences intellectuelles et émotionnelles. La clé réside dans l'harmonisation entre l'évolution technologique et le bonheur humain. Nous devons transformer ces défis en opportunités pour repenser les apprentissages et redonner leur juste place à l'effort, à la créativité et à la pensée critique. Il en va de notre capacité à cohabiter avec l'IA tout en préservant notre humanité et notre autonomie.

Comment voyez-vous l'évolution de l'éducation, inclusive et critique à l'ère technologique ?

Je pense que la notion de transmission, ainsi que la manière dont on dispense les cours et forme les individus, va devoir évoluer profondément. On devra inclure toutes les couches sociales, qu'il s'agisse de jeunes des banlieues, de personnes vivant en zones rurales, ou encore de ceux plus

EPREUVE

EPREUVE

technophiles issus de milieux très spécialisés. L'objectif est d'intégrer tout le monde dans cette dynamique éducative, avec un réel souci d'inclusivité. Cela suppose une éducation qui participe du développement de l'esprit critique. L'idée est d'accompagner les nouveaux usages technologiques tout en évitant les pièges d'une paresse intellectuelle, où l'on se reposerait excessivement sur la machine sous prétexte qu'elle est plus rapide. Une solution pourrait consister à employer la technologie pour développer d'autres compétences, et ainsi inciter à réfléchir et à analyser. C'est en cultivant cet esprit critique que l'on pourra former des individus capables de se positionner librement face à la machine.

Devrait-on restreindre ou favoriser l'utilisation des technologies chez les jeunes enfants ?

Je pense que dans les premiers âges, il est nécessaire de limiter fortement l'exposition aux écrans pour favoriser le développement de la sociabilité. Ils doivent apprendre à se concentrer et à construire leurs facultés intellectuelles avant d'être exposés aux réseaux sociaux ou à des contenus numériques trop diversifiés. En grandissant, même si l'apprentissage passe par l'ordinateur, les usages doivent rester simples et encadrés, favorisant des compétences de base comme le français et les mathématiques (en ajoutant l'informatique) ou la compréhension des outils eux-mêmes. Une fois ces bases solides acquises, on peut intégrer progressivement des applications plus complexes, en montrant aux jeunes comment repérer les fake news ou déceler les textes générés automatiquement, afin qu'ils développent une vigilance critique.

Nous avons une responsabilité morale envers l'humanité : il ne suffit pas de transformer le monde avec de nouvelles technologies sans accompagner ce changement par une éducation adaptée. Il faut enseigner comment utiliser ces outils, mais aussi mettre en garde contre leurs limites. Les IA ne sont pas infaillibles ; elles peuvent être biaisées ou produire des erreurs. Sans une formation à la détection des incohérences ou des contenus problématiques, les individus risquent de ne pas s'en rendre compte. Le danger est de basculer dans un totalitarisme non voulu, imposé par les IA elles-mêmes, à travers des décisions automatisées qui influencent nos vies. Pour éviter ce scénario, les IA doivent être

EPREUVE

transparentes et dignes de confiance, ce qui nécessite un travail collectif, transdisciplinaire et mondial.

Quel est votre avis sur la réglementation et les enjeux éthiques liés à l'intelligence artificielle ?

Sur la scène internationale, la prise de conscience collective est essentielle. L'Europe a l'opportunité de jouer un rôle de modèle en développant des IA exemplaires, qui pourraient inspirer d'autres régions du monde. Même si certains pays ne suivent pas immédiatement ce modèle, les IAs vertueuses auront, à terme, un impact positif global. Les échanges entre les cultures et les technologies permettront aux individus de comparer leurs systèmes respectifs. Ceux qui se sentiront abusés par des IA peu transparentes et peu frugales chercheront à revenir à des modèles plus authentiques, plus respectueux de l'environnement. L'Europe se distingue par son approche réformatrice et son souci de réglementation, contrairement aux GAFAM qui sont plus expédients en la matière. La Chine, quant à elle, reste opaque et envahit le marché avec des IA et des API souvent très compétitives, mais peu contrôlées. Cela accentue l'urgence pour l'Europe de renforcer ses cadres et d'affirmer un leadership dans ce domaine. Si nous réussissons, cela pourrait établir un nouveau standard mondial pour les générations futures, alliant progrès technologique et respect des valeurs humaines fondamentales.

C'est pour cela que, selon moi, il finira par exister des labélisations spécifiques : IA certifiées européennes, américaines, russes, etc. Nous en sommes encore aux balbutiements, mais tout bouge à une vitesse qui dépasse celle de la réflexion. La modernité nous arrive avec ses transformations constantes : nos téléphones changent sans cesse, tout évolue rapidement. Mais à un moment donné, il faudra que nos esprits rattrapent cette cadence. Si nous n'y parvenons pas, cela risque de ralentir les systèmes ou de nous mener vers une domination des objets connectés sur les humains. Un monde où ils gouverneraient les hommes serait dramatique, nous serions alors aliénés à la technique.

Cependant, je crois fermement que les humains, aspirant à l'autonomie, éviteront ce scénario. Nous devons privilégier une autonomie humaine, responsable et éclairée. Cela ouvre un véritable champ d'ac-

EPREUVE
EPREUVE

EPREUVE

tion et d'innovation. Je suis optimiste : je ne critique pas les IA, mais je mets en lumière leurs points faibles et les zones où elles peuvent poser problème. J'ai confiance dans les ingénieurs. Lorsqu'ils sont confrontés à des défis, ils trouvent des solutions brillantes, et si le défi est éthique, il peut être source de belles opportunités salvatrices pour les utilisateurs. En France, nous avons d'excellents talents capables de perfectionner les IA en tenant compte des idées que nous, philosophes ou éthiciens, pouvons leur soumettre. Mais il faut ensuite avoir le courage de perdre du temps pour les mettre en pratique et trouver des solutions pour anticiper sur les futures crises existentielles. Pour cela, l'éthique ne doit pas être un simple discours creux. Trop souvent, lorsqu'on m'invite à aborder le sujet, je constate que mes propos, même s'ils sont pertinents, dérangent les exigences du marché et sont vite ignorés. À l'inverse, certains éthiciens tombent dans un catastrophisme excessif qui ne sert pas non plus à la cause. Ce clivage entre techno-optimistes et techno-pessimistes est une erreur fondamentale. Nous devons dépasser ces oppositions.

Et donc comment allier innovation technologique et respect des valeurs humaines fondamentales ?

En tant que philosophe, je souhaiterais participer à des projets concrets, et pouvoir dire : *ce produit est excellent, mais voici un aspect à améliorer*. Si un garde-fou est déjà en place, c'est formidable. Sinon, cela peut être l'occasion de challenger les ingénieurs pour qu'ils revoient certains points sans nécessairement remettre tout leur processus en question. La clé réside dans la transdisciplinarité : les ingénieurs et les philosophes doivent dialoguer pour construire des passerelles, car ces technologies, qu'elles concernent la santé, les objets connectés ou d'autres domaines, impliquent toujours des enjeux éthiques majeurs. Nous devons garantir un équilibre pour protéger les générations futures. Vivre sous la contrainte permanente ou face à des dilemmes éthiques incessants rendrait les individus malheureux. L'intelligence artificielle est un outil, un prolongement de nous-mêmes pour accélérer certaines tâches. Mais elle ne doit jamais compromettre notre dignité humaine, notre créativité ou notre autonomie. Il est aussi essentiel de reconnaître les limites des IA. Elles fonctionnent sur des algorithmes, une combinatoire de données

EPREUVE

EPREUVE

déjà existantes. Elles ne peuvent pas créer comme un humain, avec sa spontanéité et son originalité. Elles ne maîtrisent pas non plus le second degré ou les nuances émotionnelles. Elles les miment simplement dans un simulacre. C'est pourquoi nous devons bien différencier leurs créations des nôtres, par exemple en étiquetant clairement les contenus générés par une IA. Cela rendrait les usages plus transparents et conforterait la confiance. D'un point de vue éthique, une réflexion essentielle s'impose et je suis prête pour ma part à intégrer des commissions et groupes de travail sur le sujet. L'intelligence artificielle s'intègre dans tous les aspects de notre quotidien que ce soit dans la domotique de nos maisons, à chaque coin de rue, dans nos comptes bancaires, etc. Mais la traçabilité qu'elle offre peut rapidement évoluer de manière intrusive. Où trouver un espace pour préserver notre intimité ?

Nous risquons de devenir des citoyens « de verre », constamment sous la surveillance des IA, et transparents aux systèmes. Il existe une différence cruciale entre la sphère publique, privée, et intime. Cette dernière doit rester un domaine réservé aux relations humaines authentiques : échanger avec son conjoint, parler à ses enfants, ou caresser son animal de compagnie sans craindre qu'un dispositif connecté enregistre ces moments. L'idée que des enceintes intelligentes ou des logiciels puissent capter ces instants soulève une inquiétude légitime. Un exemple frappant est lorsque vous consultez un ordinateur et découvrez qu'il vous propose une recette liée à une conversation informelle que vous pensiez privée. Cela montre que des mots peuvent être enregistrés à votre insu, même dans le cadre intime de votre foyer. Cependant, les IA peuvent également apporter une contribution précieuse, notamment en matière de sécurité. Elles peuvent être cruciales dans des situations d'urgence, par exemple pour localiser des personnes dans un bâtiment en feu et faciliter le travail des secours. Mais ces avantages doivent être contrebalancés par des précautions indispensables en cybersécurité.

Nous avons aussi un rôle à jouer en tant que citoyens. Nous devons rester vigilants et exprimer nos attentes concernant les IA, participer à ce projet collectif et ainsi renforcer le lien social. De plus, nous devons réaffirmer des droits fondamentaux, comme celui du droit à la déconnexion ou à préserver une sphère intime, loin de toute intrusion technologique.

EPREUVE

L'avenir des IA doit être construit d'un commun accord, en tenant compte des besoins humains, de l'éthique et de la durabilité. En nous assurant que la technologie reste au service des individus, et non l'inverse, nous pourrons en tirer le meilleur pour bâtir une société équilibrée et harmonieuse. Il y aura toujours des êtres mal intentionnés, et il est crucial de protéger nos enfants de ces menaces. Nous avons charge d'âmes pour les générations futures. Par exemple, si l'on se trouve dans l'intimité de son salon, la nudité, ne dois jamais devenir une offrande involontaire à un inconnu qui observe à travers un système technologique intrusif. Cela implique aussi de préserver les plus jeunes des dangers tels que la pédocriminalité et des personnes malveillantes qui exploitent les vulnérabilités des plus fragiles.

Pour les créateurs d'intelligences artificielles, cela constitue un impératif éthique : concevoir des systèmes qui intègrent des mécanismes permettant de couper l'accès en cas de menace, d'interrompre des intrusions et de protéger les usagers. Faute de cela, les conséquences pour la collectivité pourraient être dramatiques. Les gens, face à des attaques répétées ou des arnaques, seraient poussés à souscrire à des assurances de plus en plus coûteuses. Il pourrait aussi rejeter cette société façonnée par les technologies. Cela entraînerait une hausse des prix et une insoutenabilité pour beaucoup. Il est donc impératif d'anticiper ces enjeux, d'adopter une réflexion éthique en amont et de poser des bases solides pour optimiser l'utilisation des IA, plutôt que de les interdire. Cela passe aussi par le contrôle. Les nouveaux usages que les IA apportent engendrent inévitablement de nouveaux risques. Ils doivent être anticipés et traités afin de garantir une adoption sereine des technologies. Cela nécessite une approche structurée et réfléchie, où l'expérience humaine reste au centre de l'analyse.

Comment peut-on concilier usage du numérique et authenticité dans les relations humaines ?

Il ne suffit pas de s'arrêter à une éducation scolaire, elle doit être globale. Elle commence à l'école, mais se poursuit à la maison, dans la rue, et au sein de la société dans son ensemble. Parents, enseignants, citoyens : chacun a un rôle à jouer pour transmettre des fondamentaux

EPREUVE
EPREUVE

EPREUVE

qui permettent à chaque individu de devenir autonome sans être vulnérable ou malheureux.

Cela implique aussi d'éduquer à la sincérité et à l'authenticité. Nous vivons dans un monde où l'image, souvent trompeuse, prend une place démesurée. Lorsque des jeunes cherchent à ressembler à leur version filtrée sur Instagram, au point de recourir à la chirurgie esthétique, cela montre à quel point cette déconnexion avec la réalité peut être destructrice. Une relation basée sur une fausse image ou des fake news compromet les fondations mêmes de la sincérité et de la vérité. Il devient alors indispensable de distinguer les moments de connexion numérique, des instants authentiques, de relations humaines. Pour cela, il faut former les enseignants à ces questions, mais responsabiliser aussi les parents, et engager la société dans son ensemble. C'est un devoir collectif, où chacun a un rôle à jouer pour guider, conseiller et soutenir, afin de bâtir une autonomie éclairée et un avenir où l'humain reste au centre des interactions.

Conseils EntrepreneurIA

Les entrepreneurs qui intègrent l'intelligence artificielle dans leurs activités naviguent désormais dans un environnement où les enjeux éthiques et juridiques sont aussi déterminants que les promesses technologiques. En France, le cadre réglementaire se structure rapidement : d'une mosaïque de lois générales, nous passons à un véritable régime spécifique avec l'IA Act européen, qui imposera transparence, évaluation des risques et responsabilisation des acteurs de l'IA. Parallèlement, la société civile, les salariés et les consommateurs expriment des attentes fortes en matière d'IA éthique : respect des libertés, équité, absence de biais inéquitable, protection de la vie privée.

Notons que l'Union européenne, en pionnière sur ces sujets, est en train de définir un standard global en matière d'IA responsable. Les entreprises françaises qui s'alignent dès maintenant sur ces exigences seront bien placées pour conquérir des marchés à l'étranger en bénéficiant de cette

EPREUVE

image d'excellence éthique. À l'inverse, un manquement majeur en éthique ou en conformité pourrait rapidement se traduire en frein économique dans un monde où les utilisateurs, comme les investisseurs, sont de plus en plus attentifs à ces valeurs.

En pratique, voici quelques principes d'action à garder en tête pour tirer le meilleur de l'IA tout en évitant ses pièges :

- ✓ ***Surveiller le cadre légal** : se tenir informé des lois et réglementations relatives à l'IA (RGPD, futurs décrets d'application de l'IA Act, etc.) afin d'anticiper les obligations et d'être conforme dès le départ. Un bon réflexe est de nommer un référent « IA & conformité » dans l'équipe.*
- ✓ ***Instaurer une gouvernance IA** : dès les premiers projets, définir des règles internes (charte éthique de l'IA), et pourquoi pas un comité de suivi qui évalue les risques éthiques des algorithmes clés. Cela permet de diffuser une culture d'IA responsable dans l'organisation.*
- ✓ ***Former et sensibiliser les collaborateurs** : expliquer aux équipes les bonnes pratiques, mais aussi les limites de l'IA. Un salarié averti sera moins tenté de recourir à une IA « clandestine » risquée, et plus capable d'identifier des biais ou des problèmes dans les modèles qu'il utilise.*
- ✓ ***Garder l'humain dans la boucle** : même si l'IA automatise beaucoup, prévoir toujours un moyen pour qu'une intervention humaine soit possible et pour qu'un responsable identifié puisse répondre en cas d'erreur de l'algorithme. Cela rassure les utilisateurs et évite de perdre tout contrôle.*
- ✓ ***Transparence et communication** : vis-à-vis des clients ou du public, ne pas hésiter à communiquer sur l'utilisation de l'IA. Signalez les contenus générés automatiquement, ou expliquez les critères généraux d'une IA de décision. La transparence renforce la confiance et prémunit contre les malentendus.*

L'IA responsable doit devenir un enjeu transversal, du département technique jusqu'au plus haut niveau de direction. Celui qui réussira à marier innovation et éthique s'ouvrira de vastes opportunités, dans un contexte où la **confiance** *est la clé de voûte du succès des solutions d'IA.*

EPREUVE
EPREUVE

ÉPREUVE

7 L'IA en action - entrepreneurs à l'avant-garde de la transformation

« La réussite est un choix, qu'il faut oser faire. »

Jill Konrath, stratège commerciale et autrice du livre Selling to Big Companies

L'intelligence artificielle s'immisce dans des secteurs aussi variés que la finance, la santé, l'industrie, le tourisme, le bâtiment. Ce chapitre donne la parole aux entrepreneurs qui ont fait de l'IA un levier stratégique et opérationnel, loin des discours technophiles abstraits.

À travers plus de 100 témoignages directs ou lors de conférences, une constante a émergé : l'IA ne remplace pas l'humain, elle l'augmente. Ces entrepreneurs démontrent que l'IA est d'abord un outil de précision et d'efficacité. Cependant, son adoption n'est pas instantanée ni sans défis : gouvernance des données, formation des équipes, résistance au changement et encadrement réglementaire sont des problématiques récurrentes.

Si certaines applications relèvent de l'automatisation avancée, d'autres ouvrent des perspectives inédites. Par exemple, des plateformes optimisent le recrutement grâce à une analyse prédictive des profils, tandis que des agents conversationnels dopés à l'IA transforment la relation client. Dans le bâtiment, des IA aident au suivi de chantier et dans l'industrie, l'IA collabore avec les ouvriers sous forme de cobots intelligents.

EPREUVE

Au fil de ces interviews, des tendances se dessinent : l'IA devient plus spécialisée, plus explicable, et s'intègre en douceur dans les processus métier existants. Loin des promesses exagérées ou des craintes apocalyptiques, ces retours d'expérience montrent une approche pragmatique : tester, ajuster, impliquer les collaborateurs et mesurer l'impact.

Ce chapitre plonge au cœur de cette transformation, à travers les voix de celles et ceux qui intègrent l'IA dans leur activité. Plus qu'un simple état des lieux, ces témoignages démontrent que l'intelligence artificielle et intelligence humaine peuvent avancer main dans la main.

Vous pouvez retrouver toutes ces interviews en scannant ce QR Code.

7.1 Finance : IA pour des finances plus efficaces et sûres

L'intelligence artificielle dans le secteur financier, apporte des solutions innovantes dans la gestion des risques, l'optimisation des investissements et l'automatisation des processus. Lors des événements tels que la Fintech Conference à Nice et le Wealth Tech Summit à Monaco, les experts ont mis en lumière les multiples applications de l'IA et les défis qui restent à relever.

La manière dont les fintechs exploitent l'IA pour gagner en agilité et en efficacité est particulièrement intéressante. Comme l'a souligné Hala Najmede d'Active Asset Allocation, l'IA permet une gestion en temps réel des portefeuilles d'actifs, tenant compte des fluctuations de marchés et ajustant les stratégies d'investissement de manière dynamique. Nicolas Bentolila de iPepper a expliqué comment l'IA est déployée pour améliorer la qualité des données et optimiser la prise de décision en entreprise. Cette approche permet d'automatiser des processus complexes, comme

EPREUVE

la réconciliation financière et la génération de rapports automatisés, libérant ainsi du temps pour des analyses stratégiques de plus haute valeur.

Dans la gestion patrimoniale et l'investissement, les entreprises telles que BlackRock utilisent l'IA pour analyser d'immenses volumes de données et anticiper les tendances du marché. Simon Weinberger a démontré comment les algorithmes d'apprentissage automatique sont capables d'extraire des signaux faibles à partir de différentes sources. Dans les transactions des hedge funds et les tendances sur les réseaux sociaux, pour affiner les prévisions et optimiser les stratégies d'investissement. Cette approche permet de gagner en rapidité et en précision, un atout déterminant dans un environnement financier ultra-compétitif.

Par ailleurs, la lutte contre la fraude est un domaine dans lequel l'IA s'est imposée comme un outil incontournable. Daniel Collignon a expliqué comment les algorithmes d'intelligence artificielle peuvent détecter des comportements suspects en temps réel, facilitant ainsi la prévention des fraudes bancaires et des opérations suspectes. De plus, l'intégration de l'IA dans les systèmes de vérification d'identité (KYC) permet de renforcer la conformité réglementaire et de fluidifier les processus de validation des clients.

L'adoption massive de l'IA par les grandes institutions financières, comme BNP Paribas Wealth Management, illustre bien les enjeux actuels. Charles Thurat a partagé son expérience sur l'utilisation de l'IA pour améliorer la personnalisation des services bancaires et optimiser la gestion du crédit à la consommation. Dans un secteur où la relation client est primordiale, l'IA permet aux conseillers de se concentrer sur l'humain, tout en bénéficiant d'outils puissants pour affiner leurs recommandations et anticiper les besoins des clients.

Malgré ces avancées, des défis demeurent. L'une des principales difficultés réside dans la compréhension et la confiance des dirigeants envers l'IA. Comme l'a souligné Daniel Collignon, certains acteurs du secteur financier perçoivent encore l'IA comme une technologie opaque, difficile à maîtriser et susceptible d'engendrer des erreurs. De plus, la question de la régulation est cruciale. Le Wealth Tech Summit à Monaco a mis en avant la nécessité d'un cadre clair pour assurer une utilisation éthique et sécurisée de l'IA. Robert Laure, président de l'AMAF, a insisté

EPREUVE
EPREUVE

EPREUVE

sur l'importance de la transparence et de la responsabilisation des acteurs du marché pour prévenir les dérives.

Enfin, les experts s'accordent sur la nécessité de développer des modèles IA spécifiques aux besoins des entreprises. Jean-Philippe Desbiolles, vice-président d'IBM, a défendu une approche centrée sur des algorithmes plus petits et mieux adaptés aux contextes financiers, plutôt que des modèles de grande taille qui consomment trop de ressources. Cette tendance vers une IA « agentique », capable d'exécuter des actions concrètes et de coopérer avec d'autres systèmes, marque une évolution significative dans la manière dont l'intelligence artificielle est perçue et intégrée dans les processus financiers.

L'IA offre des perspectives fascinantes, mais elle exige une méthode mesurée et stratégique. Les fintechs, par leur agilité, montrent la voie en testant et adoptant ces technologies rapidement. Les institutions traditionnelles, quant à elles, doivent surmonter les défis liés à la régulation, à la transparence et à la confiance des parties prenantes. En associant intelligence artificielle et expertise humaine, le secteur financier pourra pleinement tirer parti de cette révolution technologique tout en préservant l'éthique et la sécurité des données.

L'intelligence artificielle s'impose comme un outil clé pour automatiser et fiabiliser les opérations financières. Par exemple, Arnaud Pinte (iPepper) a mis en place une plateforme d'IA de réconciliation financière pour les agences de voyages, atteignant 99 % de taux de rapprochement et éliminant quasiment les erreurs de facturation. Cette automatisation réduit drastiquement le travail manuel et génère des gains substantiels. Du côté du conseil financier, Romain Satiat (@aXel Perf) utilise l'IA pour accélérer l'analyse de données d'audit – passant de 16 heures à 2–4 heures d'analyse – et détecter des anomalies invisibles à l'œil nu. Ces gains de productivité sont notables : grâce à l'automatisation, un consultant financier traite désormais jusqu'à 6 dossiers par jour au lieu de 2, soit une efficacité accrue de 85 % . L'ensemble de ces témoignages montre qu'en finance, l'IA optimise les processus (comptabilité, audit, contrôle) tout en renforçant la gestion des risques et la prévention de la fraude. Cela permet aux équipes de se recentrer sur l'analyse stratégique et le conseil à valeur ajoutée.

EPREUVE

EPREUVE

7.2 Santé et Biotech : IA au service du diagnostic et de la décision médicale

L'intelligence artificielle apporte des avancées significatives tant dans le diagnostic médical que dans l'optimisation des ressources hospitalières et la recherche cosmétique. Trois témoignages dans le cadre de l'écriture de ce livre permettent d'illustrer cette mutation. Le projet LungScreenAI du Dr Stéphanie Lopez, spécialisé dans la détection des nodules pulmonaires, la solution développée par Hopia sous la direction de Victoire Bach pour la gestion des plannings hospitaliers. Enfin l'approche adoptée par Stéphanie Eyherabide au sein des Laboratoires de Biarritz qui utilise l'IA pour améliorer la recherche et le marketing de produits cosmétiques bio.

L'intégration de l'IA en santé repose avant tout sur une nécessité d'optimisation. Dans le cas du Dr Stéphanie Lopez, son projet est né du constat que les radiologues faisaient face à une surcharge d'analyses et que les faux positifs dans la détection des nodules pulmonaires pouvaient avoir des conséquences importantes. L'IA a permis de filtrer les images, d'affiner la précision des diagnostics et d'identifier des cas potentiellement critiques bien avant qu'ils ne soient détectables par les méthodes classiques. L'outil développé, basé sur des réseaux convolutifs, a démontré sa capacité à améliorer la prise en charge des patients, mais son déploiement a été freiné par des contraintes réglementaires et des difficultés d'accès aux données pseudonymisées.

De son côté, Victoire Bach a abordé un autre défi du secteur hospitalier : la gestion des ressources humaines. Dans de nombreux établissements, la planification des soignants repose encore sur des tableaux Excel ou des notes manuscrites, un mode de fonctionnement archaïque qui engendre des erreurs et du stress. Hopia a ainsi développé un algorithme basé sur une IA symbolique, capable d'intégrer les règles légales, les contraintes individuelles des soignants ainsi que les besoins spécifiques des services. Cette approche garantit une répartition plus équitable et optimise la charge de travail des professionnels de santé. Grâce à cet outil, la planification hospitalière a gagné en fluidité, réduisant considérablement le temps consacré à cette tâche administrative, et améliorant ainsi la qualité de vie des équipes médicales.

EPREUVE

Dans un tout autre domaine, celui de la cosmétique, Stéphanie Eyherabide a intégré l'IA dans les processus de R&D et de marketing des Laboratoires de Biarritz. L'IA est aujourd'hui utilisée pour accélérer les recherches sur les actifs marins, mais aussi pour automatiser la rédaction de contenus marketing optimisés. Grâce à ces technologies, les équipes ont pu affiner la pertinence de leurs formulations et proposer des produits mieux ciblés pour répondre aux attentes des consommateurs. L'IA leur permet également d'anticiper les tendances du marché et d'adapter leur stratégie de communication en conséquence, offrant un avantage concurrentiel non négligeable.

L'adoption de ces innovations n'a pas été sans obstacles. Un des défis majeurs pour le projet LungScreenAI a été d'obtenir des données médicales utilisables tout en respectant les normes strictes de confidentialité et de protection des patients. La complexité de la pseudonymisation a retardé certaines phases du projet de plusieurs années. De plus, convaincre les radiologues d'adopter l'IA comme un assistant plutôt qu'un substitut a nécessité un travail de sensibilisation et de formation approfondi. Il a fallu démontrer que l'outil pouvait augmenter leur efficacité sans remettre en cause leur expertise.

Chez Hopia, le principal défi a été d'assurer l'adhésion des utilisateurs finaux. Les soignants, souvent réticents aux nouvelles technologies, craignaient que l'IA ne vienne perturber leur organisation ou réduire leur autonomie dans la gestion de leur emploi du temps. Pour lever ces résistances, Hopia a mis en place un accompagnement spécifique, en intégrant les retours des professionnels dans le développement de l'outil et en assurant une communication transparente sur son fonctionnement. Cette approche a permis une adoption progressive et un impact concret sur l'optimisation du temps de travail dans les établissements de santé qui l'ont expérimentée.

Pour les Laboratoires de Biarritz, l'un des enjeux a été d'intégrer l'IA dans une culture d'entreprise où les processus traditionnels étaient bien ancrés. La mise en place d'outils comme ChatGPT pour la rédaction de contenus marketing et l'analyse des tendances a demandé un travail d'appropriation de la part des équipes, mais les bénéfices ont rapidement convaincu les collaborateurs. La productivité a été améliorée et l'IA a permis de dégager plus de temps pour des tâches à forte valeur ajoutée.

EPREUVE
EPREUVE

EPREUVE

Au-delà des défis techniques et humains, les résultats obtenus par ces trois initiatives sont significatifs. LungScreenAI a permis une réduction notable des erreurs de diagnostic et un gain de temps considérable pour les radiologues. Hopia a transformé la gestion des ressources hospitalières en la rendant plus fluide et plus équitable, facilitant ainsi le quotidien des soignants. Quant aux Laboratoires de Biarritz, l'IA a optimisé la recherche et le développement de nouveaux produits tout en améliorant la performance de leur stratégie de communication.

L'intégration de l'IA en santé repose sur plusieurs principes fondamentaux. D'abord, il est essentiel d'impliquer les équipes dès le début du projet afin d'assurer une adoption fluide et éviter les résistances au changement. Ensuite, l'explicabilité des algorithmes est un facteur clé, notamment dans un secteur aussi réglementé que la santé. Les modèles doivent être compréhensibles par les professionnels qui les utilisent, sous peine de créer une défiance et un rejet de la technologie. Enfin, la gestion des données reste un enjeu crucial. Garantir la protection des informations sensibles et respecter les cadres légaux sont des impératifs qui nécessitent des ressources et une expertise spécifique.

Pour celles et ceux qui souhaitent intégrer l'IA dans le domaine de la santé, les recommandations de ces trois entrepreneuses sont claires. Il est préférable de commencer par un cas d'usage précis et ciblé, permettant de mesurer rapidement les bénéfices concrets avant d'envisager un déploiement plus large. La collaboration avec les professionnels du terrain est essentielle pour s'assurer que l'outil répond à un véritable besoin et qu'il s'intègre dans les pratiques existantes. Il faut aussi anticiper la formation des utilisateurs et les accompagner dans la prise en main des solutions, afin de favoriser leur adhésion et maximiser l'impact des technologies implémentées.

Loin d'être une mode passagère, l'IA s'impose comme un levier de transformation durable dans le domaine de la santé. Elle ne remplace pas les professionnels, mais vient en soutien pour améliorer leur efficacité et leur confort de travail. L'intelligence artificielle peut donc non seulement optimiser des processus complexes, mais aussi contribuer à une meilleure prise en charge des patients et à une gestion plus efficiente des ressources médicales et scientifiques.

EPREUVE

EPREUVE

7.3 L'Intelligence Artificielle dans le BTP : entre modernisation et préservation des savoir-faire

L'intelligence artificielle s'impose progressivement dans le secteur du BTP, apportant des innovations en matière de gestion de projet, d'optimisation des ressources et de transmission des savoirs artisanaux. Deux perspectives complémentaires émergent de l'expérience de Sébastien Cossin, des Ateliers de France, et de Jean Ramirez, président de Hythlodée et vice-président de la Fédération du BTP Drôme Ardèche.

Dans le domaine de la restauration du patrimoine et de l'artisanat haut de gamme, l'IA joue un rôle clé dans la gestion administrative et le suivi des chantiers. Les Ateliers de France, spécialisés dans la rénovation de monuments historiques tels que Notre-Dame de Paris ou le Château de Versailles, ont intégré des solutions d'IA. Ils analysent les rapports de chantier et ajustent leurs actions en temps réel. Cela permet à des structures de taille modeste de collaborer efficacement sur des projets d'envergure, où plusieurs centaines de corps de métier interviennent simultanément. L'IA permet également d'assurer la pérennité des savoir-faire traditionnels en créant une base documentaire enrichie de vidéos, de photos et de tutoriels détaillés. Ainsi, même les gestes techniques rares peuvent être conservés et transmis aux nouvelles générations d'artisans.

Du côté du génie climatique et électrique, Jean Ramirez met en avant la structuration des données comme un prérequis à l'intégration de l'IA. Son groupe a mis en place un moteur de recherche intelligent pour exploiter des milliers de pages de documentation technique et automatiser la rédaction de rapports d'intervention. Grâce à ces outils, les techniciens dictent leurs observations et obtiennent des documents immédiatement exploitables, réduisant les délais et les erreurs. L'IA est également utilisée pour analyser les appels d'offres, extraire les clauses contractuelles essentielles et générer des codes articles directement exploitables par les logiciels de gestion. Ce type d'automatisation représente des gains de productivité considérables en limitant les tâches répétitives et chronophages.

EPREUVE

Toutefois, l'IA dans le BTP ne vise pas à remplacer l'humain, mais à l'accompagner en supprimant les tâches à faible valeur ajoutée. Les témoignages des deux entrepreneurs montrent que l'adoption de l'IA doit être progressive et centrée sur des cas d'usage concrets. L'adhésion des équipes est un facteur clé de réussite, avec une implication active des professionnels du terrain, dans la définition des outils. Enfin, des initiatives comme le programme BoosterIA de la BPI aident les entreprises du BTP à structurer leurs données et à intégrer des solutions d'intelligence artificielle adaptées à leurs besoins. L'IA transforme le secteur, en optimisant les processus, tout en respectant l'expertise et le savoir-faire, des artisans et techniciens.

7.4 L'intelligence artificielle au cœur de la transformation de l'IT : vers une révolution intégrée, durable et stratégique

L'intelligence artificielle s'impose progressivement comme une composante essentielle de l'écosystème IT. Les entreprises interviewées dans le cadre du projet EntrepreneurIA illustrent la façon dont l'IA est mobilisée pour optimiser l'infrastructure technologique, renforcer la cybersécurité, améliorer l'efficacité opérationnelle, mais aussi accélérer l'innovation.

Chez LENET, spécialisée dans les services IT pour les entreprises européennes implantées aux États-Unis, l'IA est devenue un catalyseur de productivité. Olivier Havette explique que chaque département utilise des outils IA adaptés : REWST pour l'analyse des tickets d'incident, Claude pour la rédaction marketing, Canva AI pour le design, et ChatGPT pour la génération de scripts techniques. L'automatisation des processus d'onboarding ou d'offboarding des clients, auparavant très consommateurs en ressources humaines, représente un gain de temps substantiel. Cette transformation s'accompagne toutefois d'une réflexion sur l'acculturation des équipes, confrontées à la peur du remplacement.

Dans une optique complémentaire, Jean-Charles Rongéré de CrossData souligne le rôle de l'IA dans l'automatisation ciblée. En réduisant jusqu'à 95 % des interventions humaines dans le support client ou la production

EPREUVE
EPREUVE

de synthèses, l'entreprise permet aux collaborateurs de se concentrer sur des activités à forte valeur ajoutée. L'approche reste pragmatique : chaque projet IA doit générer un retour sur investissement concret, avec une supervision humaine garantissant la fiabilité des résultats.

Chez WeWard, plateforme de promotion de la mobilité douce, l'intégration de l'IA permet d'adapter dynamiquement les récompenses et défis aux comportements des utilisateurs. Yves Benchimol insiste sur la personnalisation accrue de l'expérience utilisateur, rendue possible par l'analyse fine des données comportementales. L'IA est aussi exploitée pour automatiser les réponses du support client, traduire les contenus en plusieurs langues, et indexer les réunions internes pour en faire des bases de connaissance accessibles.

Dans un registre orienté conseil, Pablo Fernández d'ArtinLeap affirme que l'adoption de l'IA dans l'IT repose sur une approche à la fois éthique et écologique. La startup conçoit des Small Language Models (SLM) pour réduire la consommation énergétique, et déploie des systèmes multi-agents collaboratifs. Leur LLM interne, déployé sur un cloud décentralisé, renforce la confidentialité et la sécurité des données. L'automatisation de la création de contenu, la prise de notes intelligente et la coopération homme-machine illustrent une IT augmentée, plus efficiente et plus soutenable.

La même volonté de durabilité anime Bertrand Charpentier de Pruna AI. Leur moteur d'optimisation de modèles IA permet de réduire drastiquement l'empreinte écologique des modèles, tout en maintenant leurs performances. L'enjeu est double : rendre l'IA accessible aux PME européennes, et réduire les coûts liés à la puissance de calcul. L'équipe de Pruna AI utilise Copilot et Cursor pour accélérer la production logicielle, dans une logique où l'automatisation libère du temps pour la recherche et le développement.

L'acculturation des équipes reste une priorité partagée. Chez Doors3, Karen Jouve constate que le principal obstacle à l'adoption de l'IA est humain. La peur de paraître incompétent, l'absence de formation et le manque de conduite du changement freinent l'utilisation d'outils pourtant déployés. Doors3 intègre l'IA dans la conception de visualisations, la création de maquettes, ou le développement d'un assistant IA capable de

EPREUVE
EPREUVE

EPREUVE

répondre aux appels d'offres. Le rôle du management est ici déterminant pour impulser l'expérimentation et valoriser les usages réussis.

Nil Larom d'Insaight partage une conviction similaire. Pour lui, moderniser l'IT d'une PME avec l'IA passe par la redéfinition des rôles et l'automatisation des tâches répétitives. Il plaide pour des formations ciblées et des protocoles d'interaction humain-IA, afin de garantir une qualité constante tout en favorisant l'engagement. Son accompagnement des agences de communication ou des services RH dans leur transformation IA-first repose sur une stratégie de structuration progressive, adaptée aux spécificités métier.

Enfin, Christophe Gaultier chez OpenText présente une stratégie IA globale à double niveau. D'une part, une offre produits intégrant l'IA dans la cybersécurité, la gestion documentaire et la gouvernance de l'information, grâce à la plateforme Aviator. D'autre part, une stratégie interne pour améliorer la productivité via l'automatisation de la gestion des tickets, l'analyse des RFPs, ou l'optimisation des bases de données commerciales. Il alerte aussi sur le phénomène de Shadow AI, et insiste sur la nécessité de fournir des alternatives internes sécurisées pour éviter les usages déviants.

L'ensemble des témoignages recueillis au sein d'EntrepreneurIA montre que l'IA dans l'IT ne relève plus d'une posture exploratoire. Elle constitue un socle décisionnel, un levier de réduction des coûts, une source d'innovation et un vecteur de compétitivité. Cette mutation s'opère à condition d'être portée par une vision claire, des outils adaptés, une culture du changement et une vigilance constante quant aux enjeux de conformité et de sobriété numérique.

7.5 Recrutement et gestion RH

L'intelligence artificielle révolutionne le secteur du recrutement, de l'onboarding et de la formation en entreprise. Plusieurs entreprises et experts ont partagé leur expérience sur l'intégration de l'IA dans ces processus clés, illustrant les bénéfices, les défis et les perspectives d'évolution.

EPREUVE

EPREUVE

Chez Orange, l'IA est désormais un pilier central de l'organisation interne, optimisant la gestion des talents, le recrutement et la productivité des équipes. Depuis plus d'un an et demi, l'entreprise a déployé un outil d'IA générative auprès de plusieurs dizaines de milliers de collaborateurs, entraînant une transformation en profondeur des méthodes de travail. Ce système permet d'automatiser les tâches répétitives, d'améliorer l'accès aux informations et d'optimiser la prise de décision dans divers départements. Chaque département a su adapter l'IA à ses besoins spécifiques. Dans le service client, elle automatise les réponses aux demandes courantes, réduisant le volume d'appels entrants et améliorant l'expérience utilisateur. En ressources humaines, un assistant numérique facilite la gestion des congés, de la mutuelle et des formations. Du côté des achats et de la finance, l'IA est exploitée pour analyser les appels d'offres, contrôler les contrats et détecter des anomalies dans les transactions.

Cette transformation dépasse la simple automatisation : elle marque une refonte des processus internes et illustre la capacité de l'IA à améliorer la réactivité et l'efficacité des entreprises à grande échelle.

L'IA joue également un rôle central dans l'accompagnement des nouveaux employés. Orange a mis en place une plateforme de gestion de projet augmentée par l'IA, qui permet aux nouveaux collaborateurs de mieux comprendre leur environnement de travail. Cette technologie structure les tâches, propose des parcours d'intégration personnalisés et anticipe les besoins des salariés, facilitant ainsi leur montée en compétences. Pour assurer une adoption fluide, un programme de formation à l'IA a été instauré, sensibilisant les employés à ces nouveaux outils et à leur potentiel d'optimisation.

À la croisée de l'IA générative, de la réalité virtuelle et du métavers, Kevin Soler, CEO de Virteem, propose lui aussi repenser l'intégration des collaborateurs et la gestion des connaissances en entreprise. Son outil, Virteem Companion, est un assistant numérique intelligent conçu pour centraliser, structurer et rendre immédiatement accessible l'ensemble des documents internes d'une organisation. Il répond à un besoin crucial identifié en interne : réduire le temps perdu à chercher des informations dispersées, parfois estimé à 1,8 heure par jour par collaborateur selon

EPREUVE

EPREUVE

McKinsey. L'IA embarquée permet à chaque nouvel arrivant – ou collaborateur confirmé – d'interroger le système en langage naturel pour comprendre les processus internes, accéder aux politiques RSE ou retrouver des modèles de réponse à des appels d'offres. Conçu initialement pour un usage interne, l'outil est aujourd'hui déployé chez plusieurs clients, comme le Crédit Agricole, dans une logique de transformation numérique responsable. Dans des environnements de travail de plus en plus hybrides, où l'éloignement physique fragilise la transmission informelle, cette solution IA devient un levier stratégique : elle favorise l'autonomie et permet un gain de productivité mesurable.

L'impact de l'IA ne se limite pas à l'intégration des talents. John Murat, fondateur de Adison.ai, a conçu une IA appliquée au recrutement permettant aux entreprises de cibler des talents sur les réseaux sociaux de manière optimisée. Son approche repose sur des algorithmes de publicité automatisée qui ajustent le contenu des annonces en fonction des préférences des candidats potentiels. Contrairement aux méthodes traditionnelles de recrutement, cette stratégie permet une personnalisation fine des campagnes et une meilleure adéquation entre le profil recherché et les attentes des candidats.

Selon John Murat, l'un des grands défis du recrutement aujourd'hui est de ne pas se contenter de poster des offres d'emploi sur des plateformes traditionnelles. C'est d'attirer les talents via une marque employeur forte et bien positionnée. Adison.ai analyse en continu la perception des entreprises sur les réseaux sociaux et recommande des stratégies pour améliorer leur attractivité. L'objectif est de permettre aux entreprises d'ajuster leur communication afin d'attirer des candidats qui partagent leurs valeurs et ambitions.

L'expérience de Philippe Montant, fondateur de ReKrute, montre que l'IA est un levier d'optimisation incontournable pour les plateformes de recrutement. Avec plus de 1,5 million de profils enregistrés et 66 000 offres publiées par an, ReKrute s'appuie sur Kiara, un assistant digital basé sur l'IA. Ils font le tri des CV et améliorent le matching entre candidats et entreprises. Kiara permet aux entreprises de rédiger des offres d'emploi en quelques secondes, d'analyser automatiquement les CV et de recommander des profils pertinents. Cette approche a considérablement réduit

EPREUVE

EPREUVE

la charge administrative des recruteurs tout en augmentant la qualité des recrutements.

Philippe Montant insiste cependant sur l'importance de la transparence et de l'éthique dans l'utilisation de l'IA. ReKrute a dû travailler activement pour réduire les biais algorithmiques qui pouvaient favoriser certains profils au détriment d'autres. L'entreprise a également mis en place des outils permettant d'expliquer les recommandations des algorithmes, afin de garantir une prise de décision éclairée par les recruteurs.

L'un des défis majeurs dans l'adoption de ces technologies reste l'adhésion des collaborateurs. Kevin Soler souligne l'importance d'un accompagnement au changement pour éviter les résistances internes. Chez Virteem, l'IA a été introduite progressivement, avec des tests en interne avant son déploiement à grande échelle. De même, Orange a mis en place une stratégie d'acculturation visant à rendre les employés acteurs de cette transformation digitale.

L'IA impacte également la formation continue. Chez Adison.ai, des outils d'IA sont utilisés pour recommander des formations aux employés en fonction de leurs parcours professionnels et de leurs ambitions. Cette approche permet d'optimiser la montée en compétences des équipes en proposant des contenus adaptés aux besoins individuels.

Les experts s'accordent sur plusieurs recommandations pour une adoption réussie de l'IA dans le recrutement, l'onboarding et la formation. Tout d'abord, il est essentiel de commencer par des cas d'usage concrets et mesurables afin de démontrer la valeur ajoutée des outils IA. Ensuite, la transparence dans l'utilisation des données est primordiale pour instaurer la confiance des collaborateurs. Enfin, il est crucial de former les employés et de leur donner les moyens d'exploiter pleinement ces nouvelles technologies.

L'IA redéfinit les pratiques RH en apportant plus de fluidité, de personnalisation et d'efficacité aux processus de recrutement et d'intégration. Si certaines craintes subsistent, notamment sur l'impact de l'automatisation sur l'emploi, les entreprises qui adoptent une approche équilibrée entre technologie et accompagnement humain tirent le meilleur parti de cette transformation.

EPREUVE

EPREUVE

7.6 L'intelligence artificielle appliquée à la vidéo : vers une perception augmentée des espaces

L'exploitation intelligente de la vidéo transforme en profondeur les usages dans les secteurs de la mobilité, de la sécurité et de la relation client. Lors des interviews de Videtics et la SNCF via sa filiale Hubs & Connexions, nous savons pu illustrer comment l'IA permet de passer d'une surveillance passive à une compréhension active des flux.

Chez Videtics, Alan Ferbach s'attaque à un paradoxe frappant : 99 % des images captées par les caméras ne sont jamais analysées. L'entreprise développe des algorithmes de deep learning capables de détecter automatiquement des objets, comportements ou situations anormales (intrusion, véhicule à contresens, attroupement inattendu), tout en réduisant drastiquement les fausses alertes. Cette technologie allège la charge cognitive des opérateurs humains, en leur permettant de se concentrer sur les cas réellement critiques. Dans le secteur du retail, Videtics va plus loin. L'IA permet de cartographier les zones chaudes d'un magasin, d'analyser les parcours clients et d'en déduire des leviers d'optimisation pour les ventes, l'affichage ou la disposition du personnel. Les données sont traitées en local, avec des modèles allégés, pour garantir performance et sobriété énergétique.

À la SNCF, Fabrice Morenon a fait de la gare de Monaco–Monte-Carlo un laboratoire d'innovation en collaborant avec la start-up XXII, experte en vision par ordinateur. Ensemble, ils ont mis en place un système d'analyse de flux vidéo permettant un comptage en temps réel des voyageurs avec une précision de l'ordre de 5 %. L'objectif est double : sécuriser les zones à forte affluence (notamment lors d'événements comme le Grand Prix de Monaco) et optimiser les ressources sur le terrain. Le système détecte automatiquement les zones de saturation, déclenche des alertes aux équipes d'intervention, et alimente des tableaux de bord décisionnels. Cette IA alimente également un **jumeau numérique** de la gare, intégrant en temps réel les données de fréquentation, de maintenance et de sécurité. L'IA devient ainsi un outil de pilotage stratégique, du dimensionnement des équipes jusqu'au placement des commerces ou de la signalétique.

EPREUVE

EPREUVE

Mais ces avancées posent aussi des enjeux éthiques majeurs. La captation d'images dans des lieux publics ou semi-publics interroge la protection de la vie privée et la nature des données traitées. Conscients de ces risques, Videtics comme XXII ont fait le choix assumé d'exclure la reconnaissance faciale de leurs systèmes. Les analyses se fondent uniquement sur des patterns comportementaux ou spatiaux, dans le strict respect du RGPD. Par ailleurs, l'interprétation finale reste toujours humaine, afin d'éviter les dérives liées à une automatisation aveugle. Cette **IA de confiance**, transparente, explicable et non intrusive, constitue un prérequis à son acceptabilité sociale, en particulier dans des contextes sensibles comme les transports publics ou la sécurité urbaine.

Ces deux approches montrent que la vidéo, enrichie par l'intelligence artificielle, n'est plus un simple outil de surveillance. Elle devient un capteur intelligent, au service d'une gestion fluide, prédictive et éthique des espaces partagés, conciliant innovation technologique et responsabilité sociétale.

7.7 Retail et E-commerce : personnalisation de l'offre et expérience client augmentée

Dans le commerce en ligne, l'IA aide les e-commerçants à mieux gérer leur catalogue et à enrichir l'expérience d'achat. René Cotton, DG de WiziShop, explique que beaucoup de vendeurs en ligne butaient sur la *« page blanche »* au moment de décrire leurs produits. Pour y remédier, WiziShop a déployé une IA générative qui rédige automatiquement des fiches produits optimisées selon les standards marketing de la plateforme. Résultat : plus aucune fiche vide ou copiée-collée, et des descriptions de qualité pour engager les visiteurs. La startup est même allée plus loin avec l'application *Pizi*, qui permet à un commerçant de photographier un article et de recevoir en 45 secondes une fiche produit complète (titre, accroche, description détaillée et image optimisée). Une tâche qui prenait en moyenne 1 h 20 est accomplie à 80 % par l'IA en quelques instants, libérant ainsi le commerçant pour d'autres aspects de son business. L'impact sur l'efficacité est majeur. En interne, WiziShop a vu l'IA pénétrer tous les services : les rédacteurs disposent d'outils de suggestion pour

EPREUVE

le contenu. Les développeurs l'utilisent pour le code, et le support client bénéficie de réponses pré-rédigées par l'IA. Par exemple, si un client pose une question en ligne, l'assistant suggère une solution que l'équipe n'a plus qu'à valider ou ajuster. Cette automatisation a réduit de 30 % le temps passé sur les demandes courantes, ce qui permet à l'équipe support d'être plus proactive – contacter plus régulièrement les commerçants, les conseiller et anticiper leurs besoins. Au final, l'IA dans le retail améliore la qualité du catalogue en ligne (descriptions pertinentes, images attractives). Elle optimise la gestion des stocks (par des prévisions de ventes plus précises, comme l'ont mentionné d'autres entrepreneurs) et renforce la réactivité du service client (chatbots, recommandations personnalisées). L'offre est mieux personnalisée et l'expérience d'achat fluidifiée, ce qui se traduit par davantage de conversions et de satisfaction client.

7.8 L'intelligence artificielle au service des océans et de la sécurité alimentaire

Dans un contexte de raréfaction des ressources et de bouleversements climatiques, voici des entrepreneurs pionniers comme Samuel Dupont (Bioceanor) et Didier Toubia (Aleph Farms). Ils mobilisent l'intelligence artificielle pour répondre à deux enjeux planétaires majeurs : la préservation des écosystèmes marins et la transition vers une alimentation durable. Bioceanor a développé *AquaREAL*, une plateforme de prévision de la qualité de l'eau s'appuyant sur des données issues de capteurs in situ, de satellites et de bases ouvertes comme Copernicus. Les algorithmes d'IA, couplés à des modèles océanographiques, anticipent les variations critiques (oxygène, température, pH, turbidité), permettant aux éleveurs aquacoles d'optimiser la santé animale, réduire les pertes et limiter l'impact environnemental. En aquaculture industrielle, comme celle du saumon, ces prévisions peuvent éviter des pertes financières de plusieurs millions de dollars.

Du côté terrestre, Aleph Farms révolutionne la production de protéines animales via l'agriculture cellulaire. L'entreprise cultive de la viande à partir de cellules bovines nourries dans un environnement contrôlé, sans abattage ni élevage intensif. L'intelligence artificielle y joue un rôle central :

EPREUVE

elle permet d'optimiser les processus de culture cellulaire, en ajustant les paramètres biologiques complexes pour maximiser le rendement tout en réduisant les intrants. Des collaborations avec BioRaptor et des institutions académiques israéliennes visent aussi à identifier, via IA, des substituts végétaux aux composants coûteux du sérum cellulaire. Cela répond à un triple objectif : rendre la viande cultivée économiquement viable, écologiquement soutenable et socialement acceptable.

À travers ces deux approches, un même paradigme se dessine : celui d'une IA orientée vers la résilience des systèmes vivants. Ces entrepreneurs montrent qu'une technologie bien ciblée, couplée à une expertise métier approfondie (biologie marine, ingénierie cellulaire), peut ouvrir la voie à un nouveau pacte entre innovation et durabilité. Leur travail préfigure une agriculture de demain, connectée, prédictive et respectueuse des équilibres naturels.

7.9 Tourisme et Mobilité : des voyages optimisés et des expériences enrichies

Sylvain Caucheteux, président de Cirkwi, a progressivement intégré l'IA dans sa plateforme de contenus touristiques. D'une part, l'IA sert à structurer et enrichir des données locales parfois brutes (parcours, POI touristiques) pour les rendre exploitables et immersives pour le public. D'autre part, elle automatise la création de contenus descriptifs et marketing à partir de ces données. Ce qui prenait des heures de rédaction manuelle est généré en quelques minutes seulement par l'IA, en produisant des descriptions attractives des itinéraires ou activités.

Cirkwi utilise aussi l'IA pour améliorer son référencement en générant des textes optimisés SEO et pour fluidifier sa communication client en automatisant newsletters et posts social media. Un chatbot a même été déployé pour répondre instantanément aux questions fréquentes des utilisateurs, déchargeant l'équipe support des tâches répétitives. Ces innovations ont eu un impact notable sur l'efficacité interne : « Ce qui prenait 10 heures avant peut être fait en 2 heures aujourd'hui », constate

EPREUVE

EPREUVE

Sylvain. Cela permet aux équipes de se concentrer sur des tâches à plus forte valeur ajoutée.

L'IA a également stimulé l'innovation et réduit le stress chez Cirkwi en libérant la créativité des collaborateurs et en allégeant leur charge mentale. Pour les touristes et habitants, cela se traduit par des contenus numériques plus riches et personnalisés (par exemple des idées de balades générées sur mesure) et un accès facilité à l'information via des assistants virtuels.

Sur le volet mobilité, le Dr Luc Julia apporte un éclairage depuis l'industrie automobile. En tant que Chief Scientific Officer de Renault, il supervise l'intégration d'IA embarquée pour rendre les véhicules plus sûrs et plus intuitifs. L'un des projets phares est l'assistant intelligent de la nouvelle Renault 5 : bien plus qu'une simple commande vocale, cet avatar IA s'adapte aux habitudes du conducteur et devient un véritable compagnon de route. Il optimise la conduite (aide à la navigation, conseils d'éco-conduite) et améliore l'interface homme-machine, contribuant ainsi à une expérience de conduite personnalisée et agréable.

Fabrice Morenon, directeur général de SNCF Hubs & Connexions, applique également l'IA pour améliorer la gestion des infrastructures ferroviaires. Sous sa direction, la gare de Monaco–Monte-Carlo est devenue un laboratoire d'innovations. Un système de comptage en temps réel, développé en collaboration avec la startup française XXII, analyse les flux de voyageurs avec une précision de 95 %. Cela permet d'optimiser la sécurité et de gérer les affluences, notamment lors d'événements comme le Grand Prix de Monaco.

Les données collectées permettent d'ajuster les ressources en fonction des besoins réels : maintenance prédictive, amélioration de la signalétique et meilleure gestion des commerces en gare. De plus, l'implémentation d'un jumeau numérique en partenariat avec Akila centralise toutes les opérations sur une seule plateforme, facilitant la maintenance et réduisant la charge administrative des équipes. L'IA est aussi utilisée pour renforcer la sûreté avec la détection précoce d'incidents (fumées, intrusion sur les voies) et la coordination rapide des interventions.

Ces avancées illustrent comment l'IA peut optimiser les parcours de voyage (meilleurs itinéraires, suggestions en temps réel) et améliorer

EPREUVE

EPREUVE

l'expérience des voyageurs (véhicules intelligents, applications touristiques interactives). Du planning d'un séjour à l'assistance en voiture ou en gare, l'IA accompagne désormais le voyageur à chaque étape, rendant les déplacements plus fluides et les découvertes plus accessibles.

7.10 Redonner leur mobilité aux personnes à mobilité réduite grâce à l'IA

Avec Somanity, Mathieu Merian incarne une vision technologique profondément humaine : celle de l'intelligence artificielle mise au service de la réhabilitation physique. Cette start-up française développe des exosquelettes médicaux intelligents, imprimés en 3D et conçus pour s'adapter à chaque usager. Grâce à des modèles d'IA capables d'analyser les cycles de marche, de reconnaître les obstacles, ou encore de détecter les signes de fatigue ou de stress, ces dispositifs apprennent et s'ajustent en continu. L'IA permet ici de personnaliser finement les paramètres de l'appareil en fonction de la pathologie et de l'évolution motrice de l'utilisateur, tout en garantissant une autonomie maximale. En parallèle, Somanity développe également des exosquelettes industriels dotés de capteurs connectés à une plateforme IA, permettant de monitorer en temps réel les mouvements et de prévenir les troubles musculo-squelettiques. Ce double positionnement – médical et professionnel – illustre la capacité de l'IA à répondre à des besoins variés, concrets et inclusifs. Au-delà de la performance technologique, Somanity incarne une philosophie de partage : une partie des composants est proposée en open source, favorisant l'appropriation individuelle et l'accès équitable à l'innovation. Une démarche exemplaire où l'IA devient levier de dignité, de liberté retrouvée, et de justice sociale.

7.11 Communication et Marketing : automatisation créative et veille intelligente

Les métiers de la communication et du marketing tirent parti de l'IA pour gagner en réactivité, en personnalisation et en précision. Constance Henault, associée chez Tilder (conseil en communication stratégique),

EPREUVE

EPREUVE

témoigne de l'apport de l'IA générative dans son quotidien. Dans le corporate et les relations presse, maîtriser l'information est crucial. L'IA sert d'assistant de veille en extrayant rapidement les éléments clés de volumes massifs de documents hétérogènes, ce qui accélère l'analyse des tendances et actualités pertinentes. Cet assistant analyse des articles, rapports ou réseaux sociaux en un temps record, permettant aux conseillers de dédier plus de temps à la réflexion stratégique et à l'affinage des messages pour leurs clients dirigeants.

Par ailleurs, l'IA est utilisée comme appui à la rédaction et à la création de contenu : elle aide à structurer les idées, proposer des variantes de formulation et enrichir le vocabulaire des discours et communiqués. Constance souligne que dans un métier où *« chaque mot compte »*, une IA bien exploitée devient un *« accélérateur de réflexion et d'analyse »*, améliorant la précision et l'impact des recommandations. Toutefois, elle insiste sur la nécessité de fournir à l'IA des informations de qualité et de toujours croiser les sources, l'IA n'étant qu'un outil d'aide à la décision et non une vérité absolue.

Du côté des solutions technologiques, Altores propose justement des *« collaborateurs virtuels »* pour épauler les équipes communication/marketing. Louis, co-fondateur d'Altores, explique développer des chatbots avancés capables d'automatiser des tâches métiers plus complexes que la simple conversation. Par exemple, son propre *employé digital* génère des idées de posts et du contenu sur LinkedIn à sa place. Une automatisation de la prise de parole sur les réseaux sociaux qui fait gagner du temps tout en maintenant une présence en ligne active. De manière générale, les chatbots d'Altores sont utilisés pour le support client, l'onboarding des employés et toute interaction répétitive, libérant du temps aux équipes humaines.

Dans le domaine du marketing digital, Arnaud Pinte (iPepper) a développé *Evorra*, une place de marché de données publicitaires qui permet aux annonceurs de choisir des audiences ciblées tout en respectant la confidentialité. En exploitant l'IA pour croiser des sources de données, Evorra aide à personnaliser les campagnes publicitaires et à améliorer leur performance, faisant passer la préparation d'une campagne de plusieurs jours à une seule journée.

EPREUVE

L'automatisation des campagnes se retrouve aussi chez Orange, où les équipes marketing ont accès à un générateur de contenus pour produire instantanément documents de communication, présentations commerciales et supports marketing. L'IA prend en charge la première ébauche, que les équipes finalisent ensuite, ce qui accélère grandement les cycles de campagne. Enfin, en matière de gestion de l'e-réputation et de l'influence, les outils de *social listening* dopés à l'IA scannent en continu les réseaux et médias. Ils aident à détecter les tendances émergentes ou signaux faibles pouvant impacter l'image des entreprises. Plusieurs entrepreneurs confirment que ces technologies permettent d'anticiper les sujets sensibles et de mieux gérer les crises potentielles. En somme, dans la communication et le marketing, l'IA agit comme un accélérateur créatif (génération de contenus variés, brainstorming automatisé). C'est aussi un radar stratégique (veille en temps réel, analyses prédictives de l'opinion), le tout sous la supervision des humains qui gardent la main sur la stratégie finale.

7.12 L'utilisation de l'IA dans le juridique

Avec Aude Mutter, avocate au barreau de Nice nous avons exploré l'intégration progressive de cette technologie dans les pratiques juridiques, les défis éthiques qu'elle soulève et l'évolution du rôle des avocats face à cette transformation. Loin d'être une simple révolution technique, l'IA questionne en profondeur la pratique du droit, la responsabilité des avocats et la garantie du secret professionnel.

L'intelligence artificielle n'est plus une nouveauté dans le secteur juridique. Selon une étude Reuters Uber de 2024, une large majorité de juristes et d'avocats utilise déjà l'IA générative au moins une fois par semaine. Pourtant, son adoption demeure progressive, freinée par des défis techniques et une certaine réticence des professionnels. Les cabinets d'avocats commencent néanmoins à intégrer ces outils, notamment pour la veille juridique, en permettant une mise à jour automatique des réglementations et des jurisprudences. L'IA facilite également la rédaction de documents en générant des contrats, des courriers et des actes juridiques, offrant ainsi une première ébauche automatisée. L'automatisation s'étend

ÉPREUVE

aussi aux tâches administratives telles que la gestion des emails, l'organisation des rendez-vous et la facturation. Enfin, elle assiste les avocats dans la préparation des dossiers en synthétisant les jurisprudences et en repérant les précédents pertinents au sein de fichiers volumineux.

Ces usages permettent un gain de temps considérable, en particulier pour les tâches à faible valeur ajoutée. Grâce à cette automatisation, les avocats peuvent se concentrer davantage sur l'analyse stratégique des dossiers et sur leur relation avec les clients. Pourtant, malgré ces avancées, seulement une minorité d'entre eux déclare recourir quotidiennement à ces technologies. Plusieurs raisons expliquent cette prudence. D'une part, la fiabilité des outils suscite des inquiétudes, l'IA générative étant encore sujette à des erreurs et à des hallucinations juridiques, notamment en générant des références erronées à des articles de loi inexistants. D'autre part, les questions éthiques et de confidentialité demeurent centrales. La protection des données des clients est un impératif pour les avocats, qui doivent s'assurer que les solutions utilisées respectent le secret professionnel. Enfin, le coût des logiciels spécialisés constitue un frein non négligeable. Des outils tels que Doctrine, Rodali, GenAI-L de Dalloz, JP Intelligence Lexbase ou LexisNexis représentent un investissement conséquent, avec des abonnements annuels s'élevant à plusieurs milliers d'euros. Ces coûts peuvent être mutualisés selon les barreaux, mais restent significatifs. Par ailleurs, alors que des modèles comme ChatGPT sont entraînés sur le droit américain, les solutions adaptées au droit français restent incontournables.

L'IA appliquée au droit se décline sous deux formes principales : générative et prédictive. L'IA générative, incarnée par des outils comme ChatGPT, Mistral ou Gemini, produit du texte en s'appuyant sur des modèles statistiques du langage. Elle est particulièrement utile pour la rédaction de documents, la synthèse de textes et l'aide à la communication. À l'inverse, l'IA prédictive repose sur l'analyse de données passées pour anticiper des tendances futures. Elle est notamment utilisée pour évaluer l'issue probable d'un procès en s'appuyant sur des décisions judiciaires antérieures.

L'idée d'une justice prédictive suscite de nombreuses interrogations. Dans certains pays anglo-saxons, ces outils sont déjà exploités pour évaluer le risque de récidive d'un condamné ou pour aider les magistrats à statuer sur des affaires en s'appuyant sur des tendances statistiques. En France,

ÉPREUVE

EPREUVE

leur utilisation reste encore marginale, mais leur développement pourrait avoir des implications profondes sur la profession. Si l'IA parvient à estimer avec précision les chances de succès d'un procès, les modes alternatifs de règlement des conflits, comme la médiation et l'arbitrage, pourraient se renforcer. Certains redoutent cependant une déshumanisation de la justice, où les décisions seraient dictées par des algorithmes plutôt que par des juges. Pour les avocats, ces outils pourraient néanmoins constituer une aide précieuse, leur permettant d'évaluer plus efficacement les risques et opportunités pour leurs clients.

L'intégration de l'IA dans le droit ne peut se faire sans un encadrement rigoureux. Plusieurs enjeux juridiques et éthiques se posent, notamment en ce qui concerne la responsabilité des avocats face aux erreurs commises par l'IA. Si un avocat s'appuie sur une intelligence artificielle pour rédiger un acte et que celui-ci contient une erreur juridique, qui doit être tenu responsable ? Aujourd'hui, la responsabilité incombe toujours à l'avocat, qui doit impérativement vérifier et valider chaque information fournie par l'algorithme. Cette obligation de diligence est d'autant plus essentielle que les hallucinations de l'IA sont une réalité. Un cas célèbre aux États-Unis a d'ailleurs vu un avocat présenter devant la cour des références juridiques fictives générées par ChatGPT, ce qui lui a valu des sanctions disciplinaires.

Le secret professionnel représente un autre défi majeur. Il constitue un pilier fondamental du métier d'avocat, or l'utilisation de solutions comme ChatGPT pose un problème de confidentialité. Les données traitées par ces IA sont souvent stockées sur des serveurs américains, ce qui soulève un risque de fuite d'informations sensibles et de non-conformité avec le Règlement général sur la protection des données (RGPD). Pour pallier cette difficulté, certaines entreprises développent des IA hébergées en Europe, à l'image de Mistral. Par ailleurs, des accords sont en cours pour garantir que les données des cabinets européens restent protégées, même lorsqu'ils utilisent des outils développés par des entreprises américaines.

La profession d'avocat étant strictement réglementée, l'essor des chatbots juridiques interroge sur les risques d'exercice illégal du droit. Aux États-Unis, certaines IA sont déjà capables de fournir des conseils juridiques automatisés. Mais en France, seuls les avocats ont le droit

EPREUVE

d'exercer cette activité. Toute solution automatisée devra donc respecter cette règle, sous peine de sanctions.

Face à ces mutations, le métier d'avocat ne disparaîtra pas, mais il évoluera en profondeur. L'IA ne remplacera pas les professionnels du droit, mais elle deviendra un atout majeur pour ceux qui sauront l'adopter. L'avocat augmenté, assisté par l'IA, pourra optimiser son travail et gagner en efficacité. Les tâches répétitives et généralistes étant automatisées, les avocats devront se spécialiser davantage pour proposer une véritable valeur ajoutée, fondée sur l'analyse fine des dossiers, la stratégie juridique et la relation humaine avec les clients.

L'intelligence artificielle transforme donc en profondeur la pratique du droit. Si elle apporte des gains de productivité indéniables, elle pose également des défis éthiques et juridiques cruciaux. Le futur du métier repose sur un équilibre entre innovation et régulation, garantissant que l'IA reste un outil au service des avocats et non un substitut. Le défi sera de former ces professionnels aux nouvelles technologies tout en préservant les fondements essentiels de la profession : rigueur, éthique et indépendance.

7.13 L'IA dans le Luxe à la française

Le luxe français – incarné par des maisons emblématiques comme Louis Vuitton, Chanel, Dior ou Cartier – investit massivement dans les nouvelles technologies pour enrichir l'expérience client et renforcer son excellence. Qu'il s'agisse d'intelligence artificielle (IA), de NFTs et méta-vers, ou de blockchain pour la traçabilité, ces innovations permettent aux marques de conjuguer tradition et modernité.

L'IA s'impose progressivement à chaque étape de la chaîne de valeur, du luxe, de la conception des produits, à la relation client. Une récente étude du Comité Colbert, association des maisons de luxe françaises, montre que chaque marque de luxe en France a déjà intégré en moyenne deux cas d'usage d'IA. Principalement la prévision des ventes (pour 60 % d'entre elles et la gestion des stocks (50 %). Elles disposent d'une avance notable, avec trois fois plus d'applications d'IA déployées que les plus petites. Voici comment l'IA se traduit concrètement dans le luxe français :

EPREUVE
EPREUVE

Personnalisation de l'expérience client : L'IA permet aux marques de luxe de mieux connaître et anticiper les attentes de leurs clients afin de leur offrir un service sur-mesure. Par exemple, LVMH a noué dès 2021 un partenariat stratégique avec Google Cloud pour analyser les données clients et améliorer la personnalisation de l'expérience, tout en respectant des exigences strictes de protection des données. Concrètement, les algorithmes traitent l'historique d'achats et d'interactions pour affiner les recommandations de produits et cibler plus efficacement chaque client lors du lancement d'une nouvelle collection. Des maisons comme Dior ont également déployé des chatbots intelligents capables de dialoguer avec les visiteurs en ligne et de les conseiller. Dior fait partie des marques de luxe, aux côtés de Burberry ou Tommy Hilfiger ayant adopté ces assistants virtuels. Ils contribuent à un mouvement où l'on estimait que 80 % des entreprises utiliseraient des chatbots à base d'IA pour interagir avec la clientèle dès 2020. Le défi pour ces marques est de préserver un ton hautement personnalisé dans ces échanges automatisés, afin de recréer la chaleur du conseil de vente, de luxe. Dior Beauty, par exemple, a contourné l'écueil d'un discours trop robotique en intégrant des emojis et GIFs dans son chatbot WhatsApp avec l'ambassadrice Jisoo, pour une conversation plus conviviale. Grâce à l'IA, les vendeurs en boutique peuvent aussi disposer d'informations en temps réel sur les préférences du client qui entre. Ils peuvent ainsi proposer spontanément la tenue ou le parfum idéal en fonction de ses goûts et achats passés – une forme de service « augmenté » par la donnée, sans rien perdre de l'exclusivité.

Optimisation des stocks et de la supply chain : En back-office, l'IA aide les acteurs du luxe à fluidifier leur chaîne logistique et à optimiser leurs stocks, un enjeu crucial pour des produits à rotation saisonnière forte. LVMH utilise par exemple des solutions d'IA prédictive pour affiner ses prévisions de demande et décisions de réassort : le groupe s'était allié à Google pour développer ces outils d'optimisation des stocks dès 2021. Cette initiative permet de produire au plus juste et de réduire les invendus, tout en évitant les ruptures sur les pièces très demandées. D'autres groupes français, comme Kering, obtiennent également des résultats notables : Kering a réduit de 30 % ses surstocks en déployant des systèmes d'IA ajustant automatiquement les niveaux d'approvisionnement en fonction des ventes en temps réel. La maison Gucci (groupe Kering) va jusqu'à utiliser des robots intelligents dans ses entrepôts pour trier et gérer les stocks, ce qui diminue sensiblement les erreurs de préparation de commandes et garantit une traçabilité parfaite des articles. LVMH intègre désormais des « jumeaux numériques » dans certains centres de distribution, capables de simuler et optimiser les flux logistiques en temps réel – une innovation qui améliore l'efficacité opérationnelle tout en offrant plus de flexibilité face aux imprévus. L'IA contribue donc à rendre la chaîne d'approvisionnement du luxe plus agile et prédictive, un atout majeur dans un secteur où la maîtrise de la rareté et du timing des collections est déterminante.

Création assistée par l'IA et innovations françaises : Au-delà de la relation client et de l'opérationnel, l'IA s'invite aussi en amont, dans le processus créatif. LVMH estime que l'IA aura un rôle croissant « tout au long du processus de création », comme l'indique Gonzague de Pirey (Chief Data Officer du groupe). Sans remplacer la créativité humaine, des outils d'IA générative peuvent aider les designers pour l'inspiration ou la conception technique : par exemple, il devient possible de transformer un croquis en objet 3D instantanément, accélérant les phases de prototypage. Dans la cosmétique, l'IA peut passer au crible des milliers de formules et en identifier quelques-unes prometteuses en *un mois au lieu de plusieurs années* auparavant. Cela a un impact direct sur l'innovation produit (ingrédients, textures, etc.). L'ancrage de ces technologies en France se voit aussi à travers un écosystème dynamique de startups spécialisées. La startup parisienne Heuritech est un exemple notable : elle utilise des algorithmes de vision artificielle pour analyser plus de 100 millions de posts sur les réseaux sociaux chaque jour et détecter des microtendances émergentes dans la mode. Ses analyses prédictives, transformant des photos Instagram en insights, guident déjà des créateurs de grandes maisons dans leurs choix de styles et de couleurs à venir. Louis Vuitton, entre autres, a collaboré avec Heuritech afin d'anticiper les tendances de rue et ajuster ses collections en conséquence. D'autres jeunes pousses françaises innovent, comme Trendlyon (ex-Trendalytics) qui planche sur l'analyse des défilés physiques et virtuels pour identifier les détails de design promis au succès. Allure Systems et Veesual qui

EPREUVE
EPREUVE

EPREUVE

développent des solutions d'essayage virtuel de vêtements via l'IA. Les grands groupes soutiennent également cette dynamique : LVMH a créé une « *Data and AI Academy* » à Paris pour former ses talents internes et explorer de nouveaux cas d'usage de l'IA. Enfin, l'IA est même mise à contribution pour protéger le luxe. Certaines maisons testent des outils d'IA capables de détecter les contrefaçons grâce à une analyse fine des motifs et matériaux, avec une précision inégalée. C'est une technologie complémentaire aux initiatives blockchain (voir plus loin) pour garantir l'authenticité des produits. L'IA est en train de révolutionner le luxe français, en le rendant à la fois plus personnalisé dans son approche client, et plus efficient dans son fonctionnement interne. Cela ouvre de nouvelles voies créatives.

7.14 L'utilisation de l'IA générative dans l'immobilier

Le secteur immobilier français, traditionnellement axé sur l'humain et la confiance, voit désormais l'irruption de l'intelligence artificielle (IA) générative. Cette technologie, qui permet de créer du contenu (texte, images, vidéos) de manière automatique, a gagné en notoriété avec des outils comme ChatGPT ou DALL-E. Son adoption générale progresse rapidement : 61 % des Français considèrent l'IA comme une avancée technologique majeure, et 26 % l'ont déjà testée. Cependant, les usages professionnels restent à leurs débuts – seuls 12 % des dirigeants d'entreprise en France déclarent avoir utilisé l'IA générative ne serait-ce qu'occasionnellement. L'immobilier n'échappe pas à cette tendance : face à un marché concurrentiel et à des clients toujours plus connectés, les professionnels explorent les apports de l'IA générative pour gagner en efficacité et en impact.

Concrètement, l'IA générative ouvre un large éventail d'applications dans l'immobilier. Elle peut améliorer la qualité et la personnalisation des annonces immobilières, optimiser les photographies, générer des vidéos attrayantes ou encore faciliter le home staging virtuel des biens. Les réseaux d'agences comme les start-ups PropTech développent ainsi des outils pour automatiser la rédaction d'annonces, créer des visites virtuelles immersives ou former les agents via des avatars et chatbots. Mais ces

EPREUVE

innovations posent aussi des défis : intégration technique, acculturation des équipes, respect de la réglementation (RGPD) et, surtout, maintien de la dimension humaine.

Automatisation des annonces immobilières : La rédaction d'une annonce immobilière percutante et complète est un exercice délicat. Il faut décrire le bien de manière précise tout en suscitant l'intérêt des acheteurs potentiels, le tout avec un style attrayant. L'IA générative apporte une aide précieuse pour automatiser en partie cette tâche. Par exemple, des agents immobiliers utilisent déjà ChatGPT pour générer rapidement un brouillon de description, voire un texte quasi définitif, à partir des caractéristiques du bien fournies. L'outil suggère des formulations efficaces, met en avant les points forts (luminosité, emplacement, etc.) et peut adapter le ton selon le public cible (investisseurs, familles, primo-accédants...).

Au-delà des outils génériques, des solutions spécialisées pour l'immobilier ont émergé. Outimmo, par exemple, propose un générateur d'annonces dopé à l'IA entraîné sur des milliards de données du marché. En quelques secondes, son algorithme produit un texte personnalisé et attrayant, reprenant les informations clés du bien avec des tournures soignées. De même, la start-up française Syllabs s'est spécialisée dans la génération automatique de contenus. Son IA peut rédiger des descriptions conformes aux meilleures pratiques rédactionnelles, tout en laissant le contrôle final à l'agent pour les ajuster si nécessaire. L'objectif de ces outils est double : faire gagner du temps aux professionnels tout en optimisant la qualité des annonces. Les textes générés sont sans fautes et bien calibrés, ce qui renforce leur crédibilité. Ils intègrent également les mots-clés pertinents pour un bon référencement sur les portails et moteurs de recherche, permettant aux biens de gagner en visibilité en ligne.

Cette automatisation de la rédaction apporte un véritable gain de productivité. Un agent immobilier peut, en quelques clics, obtenir un brouillon d'annonce déjà bien formulé, là où il aurait mis de longues minutes à l'écrire manuellement. Il peut ainsi consacrer davantage de temps à d'autres tâches à valeur ajoutée, comme le suivi des clients ou les visites. Bien sûr, l'IA ne fait pas tout toute seule : le professionnel doit relire et valider le contenu généré, pour s'assurer de son exactitude et de sa conformité juridique. Mais dans la plupart des cas, la base fournie par

EPREUVE
EPREUVE

EPREUVE

l'IA constitue une trame solide, qu'il suffit d'ajuster à la marge. Certains outils permettent même de traduire automatiquement les annonces en plusieurs langues, ouvrant ainsi l'accès à une clientèle internationale sans effort supplémentaire.

Agents virtuels et formation des employés : L'expérience client en immobilier évolue également grâce aux agents virtuels. De nombreuses agences ont intégré à leur site web ou à leurs réseaux sociaux des chatbots capables de dialoguer avec les internautes. Ces assistants virtuels répondent aux questions fréquentes 24 h/24 et 7 j/7, orientent les utilisateurs vers les bonnes annonces ou recueillent leurs coordonnées pour être recontactés. Century 21 a été pionnier en la matière en déployant dès 2017 un robot conversationnel sur Facebook Messenger afin de guider les visiteurs dans leurs recherches. Plus récemment, le réseau Nestenn a lancé une nouvelle génération de chatbot dopé à l'IA. Ils y ont intégré la technologie ChatGPT couplée à leur base de connaissances interne, ce qui permet au bot de fournir des réponses à la fois précises et contextualisées aux internautes. Il peut ainsi expliquer des termes techniques ou juridiques (aides au logement, réglementations énergétiques, etc.) en s'appuyant sur la base documentaire du réseau. L'agent virtuel devient ainsi un premier point de contact très efficace pour renseigner le public et filtrer les demandes, pendant que les agents humains peuvent se concentrer sur les clients les plus motivés.

Ces agents virtuels ne servent pas qu'aux clients : ils sont également de précieux alliés pour les agents immobiliers eux-mêmes dans leur quotidien. On voit apparaître des assistants personnels intégrés aux logiciels métiers. La Boîte Immo, par exemple, éditeur de solutions pour les agences, a introduit Hektor Voice au sein de son logiciel CRM. Cet assistant intelligent exécute des commandes vocales pour simplifier la vie des commerciaux : il peut créer un bien, enregistrer un contact ou envoyer un e-mail dicté oralement, sans même passer par le clavier. Surtout, Hektor Voice est capable de fournir instantanément des réponses aux questions d'un agent sur des sujets pointus. Par exemple une réglementation juridique ou un détail fiscal : l'IA puise dans sa base documentaire et donne une réponse validée en quelques secondes. L'assistant virtuel joue ainsi pleinement son rôle de facilitateur pour le professionnel.

EPREUVE

ÉPREUVE

L'IA générative intervient par ailleurs dans la formation des employés du secteur. Le réseau Guy Hoquet a par exemple adopté une approche innovante pour son e-learning en créant un avatar virtuel de son président, Stéphane Fritz. En collaboration avec l'agence Brainsonic. IA, ils ont conçu des modules pédagogiques où cet avatar ultraréaliste présente les contenus de formation comme s'il s'agissait du dirigeant en personne. Concrètement, après avoir rédigé le script d'une vidéo didactique, une seule captation réelle du président lisant le texte suffit à l'IA pour générer son double numérique en train de l'énoncer. Le résultat : l'avatar parle et bouge de façon naturelle, donnant l'illusion d'une vraie présentation humaine. L'intérêt pour Guy Hoquet est de pouvoir produire en masse des vidéos de formation avec un intervenant unique. D'après Stéphane Fritz, cette méthode fait gagner un temps considérable, puisqu'une seule prise de vue initiale suffit pour alimenter tous les contenus e-learning du réseau ; elle offre une flexibilité inégalée pour mettre à jour régulièrement les modules, et humanise paradoxalement la relation avec les franchisés qui voient leur président leur parler directement. À horizon fin 2024, Guy Hoquet table d'ailleurs sur la création de 200 modules de formation de ce type, alimenté par l'IA. Cette démarche audacieuse place l'enseigne en pionnière de l'e-learning immersif dans l'immobilier, et d'autres pourraient s'inspirer de cet exemple pour moderniser leur formation continue.

Plusieurs acteurs majeurs de l'immobilier en France se sont déjà lancés dans l'aventure de l'IA générative, chacun à sa manière. Chez Century 21, l'innovation numérique fait partie de la stratégie. Outre le chatbot déployé tôt pour interagir avec les internautes, le réseau a exploré des outils d'IA pour améliorer ses processus internes. Récemment, Century 21 France a expérimenté un assistant conversationnel nommé Cody pour analyser des documents juridiques complexes. En donnant à l'IA des textes de lois ou de règlements, les équipes ont pu obtenir en quelques instants une synthèse claire et exploitable de contenus très techniques. Cette assistance permet de rationaliser certaines tâches administratives et d'accélérer la compréhension de nouvelles réglementations, là où un juriste ou un agent auraient dû passer de longues heures de décryptage.

De son côté, Guy Hoquet mise avant tout sur l'IA générative pour la formation, comme nous l'avons vu avec l'avatar de son président. Cette

ÉPREUVE

démarche lui permet de diffuser rapidement les bonnes pratiques en interne, via des contenus modernes et homogènes. Nestenn, quant à lui, a intégré l'IA dans plusieurs dimensions de son fonctionnement. Son chatbot nouvelle génération, propulsé par ChatGPT, a été testé dans plusieurs agences pilotes avant d'être généralisé. Par ailleurs, le groupe a développé un plug-in pour convertir automatiquement en audio les articles de son blog. Cela les rend accessibles aux malvoyants : cette synthèse vocale de haute qualité repose sur des algorithmes de deep learning via les services cloud d'Amazon. Nestenn démontre ainsi que l'IA peut être utilisée non seulement pour gagner en efficacité, mais aussi pour renforcer l'accessibilité et l'expérience client.

D'autres réseaux historiques innovent également. Orpi, fort de ses 1 300 agences en France, a équipé ses négociateurs de caméras Matterport afin de générer facilement des visites virtuelles 3D de biens immobiliers. Dès 2019, Orpi propose à ses clients de découvrir les logements à distance en immersion totale, y compris avec un casque de réalité virtuelle. La crise sanitaire de 2020 a par la suite accéléré l'adoption de ces visites à 360 degrés dans tout le secteur. Au-delà des réseaux d'agences, les éditeurs de portails immobiliers et les start-ups PropTech multiplient également les innovations. Recherche vocale, estimation en ligne améliorée par l'IA, par exemple sont le signe que l'ensemble de la filière est concerné.

Visites virtuelles et expériences immersives : La présentation des biens s'est transformée spectaculairement grâce aux technologies immersives alimentées par l'IA. Les visites virtuelles à 360° se sont démocratisées : il est devenu courant de permettre aux acheteurs de déambuler dans un logement en ligne, comme s'ils y étaient. Des solutions professionnelles, comme Matterport ou son équivalent français Virtual Visit, ont été adoptées massivement par les agences. L'intégration de l'IA apporte un niveau de qualité supérieure à ces visites virtuelles. Par exemple, Virtual Visit utilise des algorithmes avancés pour retoucher automatiquement les images 360° d'un bien. La luminosité est corrigée, couleurs ravivées, la netteté améliorée, de sorte que chaque pièce apparaît sous son meilleur jour. Il propose aussi du home staging virtuel, permettant à l'agent de meubler numériquement une pièce vide ou en travaux, ou de relooker un intérieur

EPREUVE
EPREUVE

EPREUVE

démodé, afin d'aider les visiteurs à se projeter. Ainsi, même un logement vide peut se transformer en un intérieur chaleureux et moderne que les acheteurs découvriront lors de la visite virtuelle, sans même se douter qu'il s'agit d'une mise en scène digitale.

Ces expériences immersives ne s'arrêtent pas aux images fixes. L'IA permet également de générer automatiquement des vidéos de présentation à partir des visites virtuelles. En quelques minutes, on obtient un clip dynamique parcourant les différentes pièces du bien, agrémenté de textes explicatifs ou de points d'intérêt. Ces vidéos captent davantage l'attention des internautes qu'une succession de photos statiques. Il est même possible, via un casque de réalité virtuelle, de visiter un bien à distance comme si l'on y était. Cette immersion totale permet de sélectionner plus efficacement les biens avant de se déplacer. Pour les agences, l'intérêt est clair : moins de visites physiques inutiles, des acheteurs mieux informés et plus convaincus, et au final des transactions plus rapides. D'ailleurs, il a été observé que proposer des visites virtuelles augmente le nombre de prospects intéressés, en offrant une expérience ludique et convaincante dès la première consultation en ligne.

Malgré ses performances impressionnantes, l'IA générative ne va pas faire disparaître les professionnels de l'immobilier. L'agent humain reste indispensable, notamment pour ses compétences relationnelles, sa connaissance fine du terrain et son aptitude à conseiller en inspirant confiance. Lors du salon RENT 2024, Loïc Cantin (président de la FNAIM) rappelait que si l'IA est un outil puissant, elle « reste incapable d'interpréter les subtilités émotionnelles et relationnelles nécessaires à notre métier ». De son côté, Charles Marinakis (président de Century 21 France) soulignait que l'IA, aussi performante soit-elle, « n'apporte pas l'intelligence expérientielle ni la capacité à nouer des relations solides avec les clients ». Autrement dit, les outils automatisés peuvent traiter l'information, mais ne pas négocier une vente complexe, calmer l'inquiétude d'un acheteur, ou s'adapter créativement aux imprévus d'un dossier.

Et puis, l'IA générative peut commettre des erreurs si elle n'est pas correctement contrôlée par l'humain. Un exemple frappant a été rapporté par Loïc Cantin. En testant ChatGPT sur la rédaction d'une annonce, celui-ci a mal interprété une notion juridique (la « jouissance privative d'un

EPREUVE

EPREUVE

jardinet ») et l'a reformulée en « jardinet privatif ». Cela changeait le sens et aurait pu engager la responsabilité de l'agent. Ce type d'approximations montre que la vigilance humaine est requise pour valider les contenus générés. De plus, l'IA ne dispose pas nativement des connaissances de terrain. Elle ignore les spécificités d'un quartier, l'historique d'un bien ou les préférences implicites d'un client, autant d'aspects cruciaux sur lesquels l'expertise du conseiller immobilier fait la différence.

Il ne faut pas non plus négliger les enjeux éthiques et légaux. Le recours à des services en ligne basés sur des IA génératives pose la question de la confidentialité des données. Il est impératif de ne pas divulguer d'informations sensibles sur les clients (identité, situations personnelles, etc.) lors de l'utilisation de ces outils, sous peine de contrevenir au RGPD. Les professionnels doivent donc être formés à utiliser l'IA de manière responsable, en gardant le contrôle des paramètres et en choisissant des solutions sécurisées. L'IA pouvant générer du contenu très convaincant, les agents immobiliers doivent assurer une transparence vis-à-vis des clients : par exemple, indiquer qu'une image a été virtuellement « retouchée » ou « meublée » pour éviter toute tromperie sur la marchandise.

En somme, l'IA générative doit être considérée comme un assistant augmenté pour l'agent immobilier, et non comme un remplaçant. C'est un levier pour accélérer les tâches à faible valeur ajoutée, fournir des analyses ou des contenus instantanés, mais l'humain garde le rôle central de stratège et de garant de la relation client.

7.15 Industrie et Robotique : automatisation intelligente et « intelligence augmentée » dans l'usine

Dans l'industrie, l'IA est synonyme d'automatisation des processus et d'assistance aux opérateurs, avec à la clé des gains de productivité et de qualité. Les entretiens montrent que l'IA s'attaque aux tâches répétitives, complexes ou dangereuses sur les chaînes de production et dans la gestion des opérations.

Par exemple, Orange a accompagné un grand acteur industriel dans l'optimisation de ses infrastructures : l'IA y sert à analyser les données

EPREUVE

EPREUVE

de production pour améliorer les flux. Ils automatisent la rédaction des rapports d'intervention des techniciens. De même, Orange utilise l'IA en interne pour la maintenance prédictive de ses réseaux – anticipant les pannes et orientant les équipes de terrain avant qu'un incident n'affecte le service. Cela préfigure ce que font de plus en plus d'usines connectées : capter en temps réel les données des machines (vibrations, température…) et laisser l'IA alerter lorsqu'un équipement nécessite une intervention, évitant ainsi les arrêts non planifiés.

L'industrie automobile offre un bon exemple de transformation par l'IA. Chez Renault, le Dr Luc Julia intègre des algorithmes d'IA à la fois dans les véhicules (véhicules autonomes, assistants embarqués) et dans les processus de conception et de production. Il souligne que, dans les usines Renault, l'IA est pensée comme une alliance homme-machine : « Chez Renault, l'IA ne remplace pas les employés, mais elle augmente leurs capacités ». Cette intelligence augmentée assiste les opérateurs sur des tâches spécifiques (contrôle qualité visuel via vision par ordinateur, ajustements en temps réel sur ligne, aide à la décision logistique). Cela optimise ce qu'ils feraient de toute façon, mais de manière plus rapide et fiable.

Les robots industriels deviennent ainsi plus autonomes et adaptatifs grâce à l'IA, capables par exemple de trier des pièces défectueuses via reconnaissance d'images, ou de collaborer de façon sécurisée avec des humains (cobots intelligents). Un autre avantage mis en avant par Luc Julia est que l'IA permet d'accroître la sécurité. Des systèmes intelligents surveillent les opérations et peuvent prévenir un opérateur en cas de situation à risque, ou arrêter automatiquement une machine devant un danger.

Inbolt illustre bien cette avancée technologique. Cette startup parisienne a développé une solution de guidage robotique en temps réel par vision 3D et IA. Contrairement aux robots traditionnels, souvent limités par des environnements rigides, Inbolt leur permet de s'adapter dynamiquement. Sa solution GuideNOW équipe des bras robotisés de caméras intelligentes capables d'analyser les pièces à traiter et d'ajuster leurs mouvements instantanément. Cette innovation améliore la flexibilité des lignes de production et réduit les coûts d'infrastructure en supprimant

EPREUVE

EPREUVE

la nécessité d'une rigidité extrême dans les usines. Déjà adoptée par des industriels comme Stellantis et Whirlpool, cette technologie permet aux robots de s'intégrer de manière plus fluide aux chaînes de production en réduisant les erreurs et en augmentant la productivité.

Finalement, si l'on observe l'ensemble du secteur industriel, l'IA apporte un pilotage affiné de la chaîne d'approvisionnement (prévisions de demande, gestion optimisée des stocks en usine). La fabrication est plus flexible et personnalisée (production « à la demande » facilitée par l'analyse prédictive des commandes) et une qualité accrue (détection de défauts par IA, corrections automatiques en temps réel).

Les entrepreneurs tempèrent toutefois l'engouement : intégrer l'IA en usine requiert de bien cibler les cas d'usage à forte valeur ajoutée. Il s'agit de concentrer l'IA là où elle fait ses preuves, et de l'ancrer dans une démarche d'amélioration continue aux côtés des experts métier. En ce sens, l'IA industrielle est plus une évolution qu'une révolution soudaine : elle s'insère progressivement sur les lignes et dans les bureaux d'études. Elle transforme l'usine en profondeur, mais sans remplacer la créativité et le savoir-faire humains, qu'elle vient au contraire décupler.

7.16 Smart Cities et transformation digitale : vers des systèmes intelligents et durables

L'IA joue un rôle majeur dans la transformation digitale des territoires et des organisations, en rendant nos villes et infrastructures plus intelligentes et plus efficientes énergétiquement. Un point d'alerte fort a été soulevé par David Gurle, CEO de HiveNet, concernant le coût énergétique colossal des IA actuelles. Par exemple, il rappelle qu'une seule requête sur ChatGPT consomme autant qu'une charge complète d'iPhone. Avec des millions d'utilisateurs, la consommation annuelle de ChatGPT pourrait atteindre des ordres de grandeur comparables à celle d'une ville entière. La course aux grands data centers pour entraîner des modèles toujours plus gros n'est pas soutenable : *« le paradigme centralisé de l'IA est inefficace et écologiquement non viable »*, affirme-t-il. Pour répondre à cet enjeu, Gurle propose une alternative innovante : le calcul

EPREUVE

ÉPREUVE

distribué. Plutôt que de faire reposer l'IA sur quelques centres serveurs géants, HiveNet exploite la puissance inutilisée de dizaines de milliards d'appareils connectés à travers le monde (PC, smartphones...) afin de partager la charge de calcul. Grâce à ce modèle décentralisé, il est déjà parvenu à agréger la plus grande infrastructure de stockage distribué au monde, et les premiers résultats montrent des économies d'énergie spectaculaires. Une même tâche effectuée sur ce réseau consomme 50 % d'énergie en moins et zéro litre d'eau pour le refroidissement, comparé à une infrastructure classique en data center. Cette approche repense en profondeur l'architecture des systèmes d'information, avec l'objectif de réduire l'empreinte écologique de l'IA.

L'optimisation énergétique est également un credo pour Laura Degioanni, responsable IA et Innovation chez Saas Office. Son travail s'inscrit dans le développement de smart buildings et d'environnements de travail intelligents. Elle utilise les données de capteurs IoT déployés dans des bureaux flexibles pour analyser finement l'utilisation réelle des espaces et proposer des aménagements optimisés en fonction des besoins. Par exemple, l'IA peut recommander de redéployer certains postes ou salles de réunion en se basant sur les taux d'occupation mesurés, afin de maximiser l'usage et réduire le gaspillage d'espace. *« Grâce aux données de capteurs, on comprend comment les espaces sont utilisés et on peut les adapter de façon plus efficace »*, explique Laura. Ce pilotage intelligent des locaux rejoint l'idée des *smart cities*, où les bâtiments s'ajustent dynamiquement pour économiser l'énergie (lumière, chauffage) et améliorer le confort des usagers. Saas Office développe aussi des chatbots internes pour assister les collaborateurs et les utilisateurs de ses solutions. Ils offrent une aide personnalisée et proactive dans l'accès aux informations et outils – ce qui s'apparente à un concierge numérique dans un immeuble connecté. Enfin, Laura travaille sur un projet d'IA de recommandations stratégiques exploitant des données socio-économiques et immobilières, afin d'aider les entreprises à choisir les meilleures localisations pour leurs futurs bureaux. Cette démarche croise l'IA et l'urbanisme, contribuant à des décisions d'implantation plus éclairées à l'échelle des territoires.

Parallèlement, Orange accompagne la transformation digitale des services publics en introduisant l'IA dans la gestion urbaine : optimisation

ÉPREUVE

EPREUVE

des transports, chatbots pour informer les administrés, ou encore aide à la décision pour la gestion énergétique des villes. L'ensemble de ces initiatives, du calcul distribué aux bâtiments intelligents, montre que l'IA est un vecteur de smart cities au sens large. Elle permet de mieux gérer les ressources (énergie, espaces urbains), de fluidifier les services aux citoyens (mobilité, administration) et d'accélérer la transition numérique de façon responsable. Les entrepreneurs interrogés soulignent toutefois l'importance d'une approche durable et éthique : comme le dit Laura Degioani de Saas Office, *« il est crucial d'adopter des approches plus frugales »* en. Il faut se poser la question de la réelle nécessité de modèles géants pour chaque usage. L'IA de demain devra donc être aussi bien intelligente qu'économe et ancrée dans les réalités locales, pour bâtir des villes et organisations plus *smart* au sens durable du terme.

Conseils EntrepreneurIA pour l'adoption de l'IA en entreprise

Lors de ces témoignages par secteurs, tous les entrepreneurs interrogés ont convergé vers de bonnes pratiques similaires pour intégrer l'IA avec succès :

- ✓ *Commencer par des cas d'usage concrets et limités : plutôt que de vouloir tout révolutionner d'un coup, ils préconisent d'expérimenter l'IA sur un problème ciblé et à petite échelle. Cette approche « tester petit » permet de prouver la valeur ajoutée sans prise de risque excessive.*
- ✓ *Structurer et gouverner ses données : la qualité des données est fondamentale pour des résultats pertinents. Il faut d'abord mettre de l'ordre dans ses bases (nettoyage, organisation) et assurer une gouvernance (fiabilité, mise à jour) afin d'« tirer le meilleur parti de l'IA » . Sans données cohérentes, pas d'IA efficace.*
- ✓ *Former et impliquer les équipes : l'adoption de l'IA est autant un défi humain que technologique. Il est crucial d'« acculturer les collaborateurs » à ces outils, via des formations et ateliers, et de les associer dès le début du*

EPREUVE

EPREUVE

projet. En démystifiant l'IA et en montrant qu'elle n'est pas une menace, mais un levier, on lève les freins psychologiques. Cette implication crée de la confiance et facilite l'appropriation de l'IA au quotidien.

- ✓ *Choisir une IA éthique, sécurisée et maîtrisée : plusieurs insistent sur la protection des données et la conformité réglementaire. Il est recommandé d'opter pour des solutions souveraines ou hébergées dans des environnements contrôlés (cloud privé, open source interne) pour éviter de divulguer des données stratégiques. De même, il faut encadrer les usages par une charte éthique et garder un contrôle humain sur les décisions importantes : l'IA doit rester un outil d'aide, et non pas le décideur final.*
- ✓ *Mesurer le ROI et progresser itérativement : aborder l'IA sous l'angle business en définissant des KPI clairs (gain de temps, réduction des coûts, amélioration du NPS client, etc.). Comme le dit Arnaud Pinte, « il faut prouver un retour sur investissement clair » pour pérenniser l'IA dans l'organisation.Évaluer régulièrement les résultats permet d'ajuster le tir. L'IA requiert souvent une phase d'ajustement : il faut accepter de peaufiner les modèles en continu et de passer par des itérations avant d'atteindre le plein potentiel.*
- ✓ *S'entourer d'experts et partager les connaissances : enfin, intégrer l'IA ne s'improvise pas. Faire appel à des spécialistes (conseils en IA, data scientists) peut éviter bien des erreurs coûteuses et accélérer les développements. En interne, encourager les retours d'expérience et le partage (comme les sessions hebdomadaires instaurées chez Cirkwi) aide à ancrer une culture de l'IA.*

L'adoption réussie de l'IA repose sur une démarche pragmatique, graduelle et centrée sur l'humain. Tester rapidement sur un périmètre réduit, former ses équipes, sécuriser ses données, puis élargir les usages en mesurant les bénéfices : ces principes ressortent comme le fil rouge des retours d'expérience. L'IA doit être considérée comme un outil complémentaire, et non magique, qui amplifie l'expertise humaine. Abordée de cette manière stratégique et responsable, elle peut véritablement « améliorer le quotidien sans déposséder les professionnels de leur savoir-faire », pour reprendre les mots d'Arnaud Pinte. Elle donne aux entreprises un coup d'avance dans un monde en pleine transformation.

EPREUVE

8 Financer son projet IA

> « *L'homme ordonne à la machine.* »
>
> — Jean-Gabriel Ganascia, informaticien et philosophe français

L'IA offre des opportunités considérables de croissance et de compétitivité, mais son développement demande souvent des investissements importants comme la structuration des données, les infrastructures, le recrutement de talents. Le nombre de startups spécialisées en IA est passé de 590 en 2022 à environ 1 000 en 2025, doublant ainsi en trois ans. Ces startups ont levé 1,4 milliard d'euros en 2024, en hausse par rapport aux 556 millions d'euros en 2018. Dans ce contexte dynamique, PME, ETI et jeunes pousses peuvent mobiliser de multiples mécanismes de financement pour leurs projets en IA.

Dans ce guide pratique, nous vous proposons :

✓ Un panorama des aides et financements disponibles comme les subventions publiques Bpifrance et France 2030, les aides régionales, les prêts bancaires, fonds d'investissement, financement participatif, business angels.

✓ Des stratégies pour convaincre les investisseurs : comment adapter votre argumentaire selon le financeur, structurer un dossier solide et quelles erreurs éviter absolument.

✓ Une checklist d'évaluation du ROI de l'IA : critères financiers et stratégiques pour mesurer le retour sur investissement, pour vous aider à prendre les bonnes décisions.

EPREUVE

8.1 Panorama des aides et financements disponibles

Avant de chercher des financements, il est utile de bien connaître l'éventail des dispositifs existants en France. Vous pouvez combiner plusieurs sources selon la maturité de votre projet, vos besoins et votre stratégie, par exemple un mix de subventions non dilutives et de fonds d'investissement. Voici un tour d'horizon des principales options.

8.1.1 Subventions publiques et aides d'État

Le guichet national de l'innovation : **Bpifrance** est un acteur incontournable qui propose des aides financières pour les projets innovants, y compris en IA. Ces aides peuvent prendre la forme de subventions, d'avances remboursables, sorte de prêt à 0 % remboursable en cas de succès, ou de prêts à taux préférentiels. Parmi les dispositifs phares :

✓ *Aide à la Faisabilité de l'Innovation (AFI)* : subvention ou avance destinée à financer des études de faisabilité en amont d'un projet de R&D, pour valider le concept, études techniques, de marché, propriété intellectuelle...)

✓ *Aide au Développement de l'Innovation (ADI)* : avance remboursable ou prêt, jusqu'à 3 M € en général, pour des projets de R&D plus aboutis visant à développer des produits/procédés/services innovants avec perspective d'industrialisation.

✓ *Concours d'innovation i-Nov* : appel à projets compétitifs ciblant les startups ou PME innovantes, avec à la clé une subvention significative de plusieurs centaines de milliers d'euros, pour cofinancer un projet innovant. Il s'inscrit dans le Programme d'Investissements d'Avenir aujourd'hui intégré à France 2030.

✓ *Concours i-Lab* : concours national d'aide à la création d'entreprises deeptech. Il s'adresse aux projets très innovants, souvent issus de laboratoires et peut octroyer jusqu'à 600 000 € de subvention. C'est une opportunité à ne pas manquer si votre projet d'IA est en rupture scientifique ou technologique.

EPREUVE

EPREUVE

- ✓ *Bourse French Tech Emergence* : subvention jusqu'à 90 000 € pour les jeunes entreprises de moins de 2 ans afin de financer des dépenses de R&D amont. Cette aide s'adresse aux startups innovantes en phase d'amorçage. Elle a remplacé l'ancienne « Bourse French Tech » et vise à soutenir les premiers développements comme des preuves de concept.
- ✓ *Plan France 2030 – Stratégie d'accélération IA* : le plan France 2030 consacre des enveloppes importantes pour l'IA. Des appels à projets thématiques sont régulièrement lancés. Par exemple, en 2024 un appel « IA Générative » offre jusqu'à 2 M € d'aide en subvention et avance, par projet pour réaliser des démonstrateurs d'IA générative. D'autres appels France 2030 ont ciblé l'IA embarquée, le rapprochement IA et cloud, les espaces de données sectoriels, etc.. Ces dispositifs financent souvent 50 % des coûts du projet. Sur l'ensemble de 2024, plus de 3,4 milliards d'€ auront été alloués à des projets IA via France 2030 – un soutien massif qui témoigne de l'effort public.
- ✓ *French Tech 2030* : lancé en 2023, ce programme accompagne 125 startups « deeptech » stratégiques sur deux ans en leur donnant un label, un accès prioritaire aux financements France 2030 et un suivi dédié. Si votre startup aborde la souveraineté ou la transition (IA industrielle, santé, énergie), la promotion French Tech 2030 offre accompagnement, visibilité et financement..
- ✓ *Autres dispositifs nationaux sectoriels* : certaines agences ou ministères ont des aides ciblées. Par exemple, l'ADEME soutient des projets alliant IA et transition écologique, économies d'énergie, mobilité. Le ministère des Armées via le dispositif RAPID finance des innovations duales Défense et civil : une startup d'IA appliquée à la sécurité pourrait y prétendre. Identifiez si votre projet IA croise un domaine d'action publique prioritaire comme la santé, l'environnement ou l'industrie, afin de solliciter ces guichets spécifiques.

Aides régionales : En complément de l'échelon national, les Conseils régionaux proposent des subventions ou accompagnements pour les projets d'innovation et de transformation numérique sur leur territoire. Par exemple :

- ✓ En Île-de-France, le programme Innov'Up peut cofinancer un projet innovant avec une subvention et une avance récupérable pouvant

EPREUVE

EPREUVE

atteindre 500 000 €. La Région IDF a également lancé un Pack IA pour aider les PME franciliennes à adopter l'IA.

- ✓ En Région Sud (Provence-Alpes-Côte d'Azur), le dispositif « Mon assistant IA » accompagne les entreprises dans l'expérimentation de l'IA avec un diagnostic, et une aide au financement d'une première solution..
- ✓ Dans le Grand Est, une aide spécifique soutient les entreprises primo-utilisatrices d'IA. Subvention jusqu'à 50 000 €, dont 20 000 € pour une prestation externe et 30 000 € pour le recrutement d'un talent data ou IA, afin de lancer un premier projet IA en PME. Un diagnostic IA subventionné y est aussi proposé.
- ✓ D'autres régions ont des initiatives analogues comme le Centre Val-de-Loire avec le programme Cap'TN, les Hauts-de-France avec le Pass Cyber élargi à l'IA, etc.

Il est conseillé de consulter le portail national France Num qui recense les aides numériques régionales à jour, ou de vous rapprocher de votre Agence de Développement régionale ou locale. Les aides régionales sont souvent cumulables avec les dispositifs nationaux, ce qui peut augmenter le taux de financement global de votre projet.

Crédits d'impôt et mesures fiscales : n'oubliez pas les incitations fiscales qui améliorent la rentabilité de vos projets d'IA :

- ✓ Le Crédit d'Impôt Recherche (CIR) rembourse 30 % des dépenses de R&D (salaires, sous-traitance, matériels…) sous forme de réduction d'impôt ou de chèque du Trésor Public remboursable cash pour les PME. Une startup IA en phase de développement algorithmique rentre typiquement dans le champ du CIR. Ce dispositif est un pilier du financement de l'innovation en France.
- ✓ Le Crédit d'Impôt Innovation (CII), destiné aux PME, rembourse 20 % des dépenses liées à la conception de prototypes ou installations pilotes de produits nouveaux. Si votre projet IA aboutit à un prototype innovant, le CII peut compléter le CIR.
- ✓ Le statut JEI (Jeune Entreprise Innovante) offre aux startups de moins de 8 ans engagées en R&D des exonérations de charges sociales

EPREUVE

EPREUVE

patronales sur les salaires du personnel de recherche (ingénieurs, docteurs…). Ils ont une exonération d'impôt sur les bénéfices durant les premiers exercices. Ce statut réduit votre besoin de trésorerie au démarrage.

✓ Les programmes de recherche collaborative, tels que les thèses CIFRE, subventionnent le recrutement d'un doctorant, travaillant sur un sujet de recherche appliquée en partenariat avec un laboratoire. Une convention CIFRE apporte environ 14 000 € par an pendant 3 ans à l'entreprise. C'est une manière d'obtenir des compétences IA pointues à moindre coût, tout en renforçant vos liens avec la recherche publique.

En mobilisant ces aides publiques, certaines startups d'IA financent 50 % ou plus de leurs coûts de R&D sans dilution de capital, ce qui est un avantage stratégique. Bien sûr, les subventions sont souvent sélectives et demandent des dossiers solides, mais nous y reviendrons dans la section sur les stratégies pour convaincre.

8.1.2 Prêts bancaires et financements privés non dilutifs

Outre les subventions, il est possible de financer un projet IA via des prêts. Cela peut convenir si vous visez un modèle économique rentable à court ou moyen terme ou pour co-financer un projet aux côtés des aides publiques. Vous avez plusieurs options :

✓ Prêts innovation de Bpifrance qui propose des prêts à des conditions avantageuses pour les PME innovantes. Par exemple, le *Prêt Innovation R&D* peut aller jusqu'à 3 M €, sur 5 à 8 ans avec différé de remboursement jusqu'à 3 ans. Il finance le lancement industriel et commercial de l'innovation. De même, le *Prêt d'Amorçage* de 50 000 € à 100 000 € aide à faire le pont entre une subvention obtenue et une première levée de fonds. Ces prêts Bpifrance sont sans garantie sur les actifs de l'entreprise, ce qui soulage l'entrepreneur.

✓ Prêts bancaires classiques avec garanties : Les banques traditionnelles peuvent octroyer des emprunts pour financer un projet d'IA : par exemple, achat de matériel informatique, budget logiciel, recrutement. Cependant, pour un pur projet de R&D sans actifs tangibles, elles exigeront souvent des garanties. Bpifrance peut faciliter cela via son

EPREUVE

EPREUVE

fonds de garantie qui couvre une partie du risque pour la banque. En pratique, une PME pourra obtenir un prêt bancaire si elle peut démontrer une capacité de remboursement avec un chiffre d'affaires existant ou à venir crédible grâce au projet IA. Les taux d'intérêt sont actuellement modérés, ce qui rend l'emprunt attractif si votre flux de trésorerie le permet.

✓ Prêts à taux zéro et prêts d'honneur : Certains organismes offrent des prêts sans intérêts pour soutenir l'innovation :

- Le *Prêt à Taux Zéro pour l'Innovation (PTZI)* de Bpifrance s'adresse aux PME de plus de 3 ans et peut apporter plusieurs centaines de milliers d'euros sans intérêts, en complément d'un financement bancaire classique
- Les *prêts d'honneur* des réseaux d'accompagnement (Initiative France, Réseau Entreprendre…) apportent généralement 20 000 € à 50 000 € à taux zéro au porteur de projet pour renforcer les fonds propres de la startup. Par exemple, Réseau Entreprendre propose un prêt d'honneur « Innovation » pouvant atteindre 60 000 €. Ces prêts, sans garantie ni intérêts, vous aident à financer les premières dépenses comme le POC, l'étude marché et à lever ensuite des fonds plus facilement. Ils améliorent votre bilan.

✓ Crédit-bail, leasing et autres financements d'actifs : Si votre projet IA nécessite du matériel coûteux comme des serveurs, des capteurs industriels, des robots, envisagez le crédit-bail. Vous payez une location mensuelle au lieu d'acheter l'équipement comptant, ce qui préserve votre trésorerie. De même, des solutions de leasing existent pour du matériel informatique ou des licences logicielles onéreuses.

✓ Pour les startups déjà financées par des VCs et générant du revenu, il existe des prêts spécialisés « venture debt » octroyés par des fonds privés ou des banques spécialisées. Ils permettent d'obtenir du cash additionnel sans diluer le capital, en échange d'intérêts et parfois de bons de souscription d'actions. C'est plutôt utilisé en phase post-série A pour prolonger la runway entre deux levées de fonds. Si votre startup IA a atteint un certain niveau de traction, ce peut être un outil à considérer pour financer l'expansion ou des projets spécifiques.

EPREUVE

EPREUVE

Conseil : Le financement bancaire doit s'anticiper. Montez un dossier de financement avec un business plan, des projections financières réalistes et mettez en avant vos atouts comme les contrats clients signés, les subventions déjà obtenues gage de sérieux, etc. Montrez que votre projet IA générera des revenus ou des économies suffisants pour rembourser le prêt. N'hésitez pas à solliciter plusieurs banques et à faire jouer la concurrence des offres. Pensez aussi aux dispositifs d'accompagnement bancaire type « Pass French Tech » qui vous donnent des contacts prioritaires dans les banques partenaires.

8.1.3 Fonds d'investissement (capital-risque et capital développement)

Les fonds d'investissement, capital-risque ou venture capital, capital-développement, fonds corporate, etc. constituent une source majeure de financement pour les startups innovantes. Contrairement aux prêts, ces financements sont dilutifs : l'investisseur apporte de l'argent en échange de parts du capital de votre société. En contrepartie, vous n'avez pas à rembourser et gagnez un partenaire pour vous aider à croître. Pour les projets d'IA avec une forte ambition de croissance, les fonds d'investissement sont souvent indispensables afin de financer le développement produit, le recrutement et l'expansion commerciale rapide.

Le capital-risque (VC) en France : L'année 2024 a confirmé la dynamique des investissements dans l'IA, avec 1,4 milliard d'euros levés par les startups IA françaises. On estime à plus de 13 milliards d'euros les fonds cumulés levés par l'ensemble des startups IA françaises depuis leur création. Autrement dit, il y a de l'argent disponible et un fort intérêt des investisseurs pour l'IA.

Les tours de table en capital-risque se structurent généralement par stades : amorçage (seed), série A, série B, etc. En amorçage, ce sont souvent des business angels ou de petits fonds spécialisés qui investissent quelques centaines de milliers d'euros à environ 2 M €. En série A et au-delà, des fonds plus importants entrent en jeu avec des tickets de plusieurs millions.

EPREUVE

EPREUVE

Plusieurs fonds spécialisés IA ou deeptech existent en France, par exemple : Elaia, BPIFRANCE Large Venture, 360 Capital, Seventure, Kurma, Hoxton Ventures etc., ainsi que des fonds étrangers actifs en France comme Accel, Insight Partners, etc. Bpifrance, via son activité de fonds, co-investit souvent dans ces tours : elle a investi plus de 1 Md€ en direct dans des entreprises IA depuis 2015 avec des participations dans Mistral AI, Poolside, Hugging Face « H. », Chapsvision entre autres. Bpifrance soutient aussi des fonds de fonds dédiés à l'IA, finançant des gérants spécialisés de l'amorçage au growth. Concrètement, cela signifie que nombre de vos investisseurs potentiels (VC) ont Bpifrance parmi leurs souscripteurs, ou collaborent avec elle dans des cofinancements de tours de table.

Fonds corporate et industriels : Outre les fonds « classiques », de grandes entreprises ont leur véhicule d'investissement ou *Corporate Venture*. Par exemple, des acteurs comme Schneider Electric, TotalEnergies, Airbus, Orange, etc., disposent de fonds corporate cherchant à investir dans des startups liées à leur secteur. Si votre projet IA a une forte synergie avec un domaine d'un grand groupe, le faire entrer à votre capital via son fonds corporate peut apporter des financements et un partenariat commercial stratégique. Par ailleurs, certains grands groupes lancent des concours ou programmes d'accélération pour startups d'IA avec à la clé un financement ou contrat et un mentorat.

Capital-développement (growth) : pour les entreprises IA déjà bien établies comme les scale-up, ou les ETI innovantes, le capital-développement peut fournir des montants importants. Ils sont évalués entre 10 et 50 M € et plus, pour accélérer encore la croissance ou réaliser des acquisitions. Ce n'est pas l'objectif premier d'une jeune startup, mais il est bon de savoir que la chaîne de financement est complète en France jusqu'au stade tardif. Par exemple, les licornes françaises de l'IA ont attiré des fonds de growth internationaux et publics comme Softbank ou Eurazeo, etc. D'après France Digitale, environ 65 % des startups IA françaises finissent par lever des fonds, la plupart en série A ou plus, témoignant d'un écosystème de financement assez mature.

Comment cibler vos investisseurs : chaque fonds a ses thèses d'investissement. Un fonds spécialisé en santé digitale ne financera pas une

EPREUVE

EPREUVE

startup d'IA industrielle, par exemple. Renseignez-vous sur les fonds actifs dans votre domaine. Des listes existent comme les annuaires de France Digital. La bonne nouvelle est que l'IA étant transversale, beaucoup de fonds généralistes s'y intéressent aussi. Les fonds européens soutenus par le plan France 2030 ciblent également des domaines stratégiques. Par exemple, un fonds souverain orienté IA pourrait émerger pour compléter le financement des modèles de fondation et infrastructures IA en France. Bpifrance a annoncé mobiliser 10 milliards d'€ d'ici 2029 sur l'IA dont une partie en fonds propres sur ces sujets stratégiques.

Enfin, n'oublions pas les programmes européens comme *Horizon Europe* ou l'*EIC Accelerator* : ils offrent des subventions et investissements en capital aux startups deeptech. La concurrence est européenne, mais si votre projet IA est de rang mondial, cela vaut la peine de tenter ces appels.

8.1.4 Financement participatif ou crowdfunding

Le financement participatif vous permet de lever des fonds directement auprès du public, via des plateformes en ligne. Il en existe plusieurs formes, utiles à différentes étapes d'un projet IA :

- ✓ Le crowdfunding par donation ou prévente : vous présentez votre projet sur une plateforme comme Ulule, Kickstarter, KissKissBankBank, en offrant aux contributeurs une contrepartie non financière comme, un accès anticipé à votre produit. Ce modèle est pertinent si votre projet IA aboutit à un produit concret que vous pouvez montrer au grand public comme un objet connecté intelligent, une application IA B2C. Il permet de tester l'intérêt du marché et de créer une communauté de premiers utilisateurs tout en collectant des fonds. Attention cependant, car cela nécessite beaucoup d'efforts de communication et une offre attrayante. Le succès n'est pas garanti et dépend de votre capacité à mobiliser une audience. Le positif est qu'un crowdfunding réussi valide votre marché et peut attirer ensuite d'autres financeurs.
- ✓ Le crowdequity ou investissement en capital : ici, les contributeurs deviennent actionnaires de votre startup en investissant via la plateforme. En France, des plateformes comme WiSEED, Sowefund, Tudigo, Anaxago se sont spécialisées dans l'equity crowdfunding.

EPREUVE

EPREUVE

C'est comparable à une mini levée de fonds publique : vous ouvrez par exemple 5 à 20 % de votre capital pour lever quelques centaines de milliers d'euros auprès de dizaines ou centaines de petits investisseurs. L'avantage est que vous accédez à des investisseurs que vous n'auriez pas touchés autrement, vous pouvez compléter un tour de table, car certains fonds co-investissent aux côtés de la foule et vous gagnez en visibilité. C'est réglementé (visa AMF) et de plus en plus utilisé par les startups en amorçage ou série A. Les inconvénients sont la gestion d'un grand nombre d'actionnaires, quoique souvent regroupés via un holding dédié, et la nécessité de mener une campagne de promotion intensive. Cela peut valoir le coup si votre projet IA suscite l'enthousiasme du public ou a un impact sociétal. Les particuliers aiment financer des projets à impact, ce qui peut inclure l'IA éthique, l'IA santé, l'IA environnementale…

✓ Le prêt participatif ou crowdlending) : vous empruntez de l'argent à de multiples particuliers qui recevront des intérêts. C'est moins courant pour les startups risquées, car les plateformes de crowdlending comme October financent plutôt des PME établies avec du cash-flow. Toutefois, pour une PME cherchant à financer l'intégration d'une solution IA dans son activité, emprunter 50 000 € auprès de citoyens via une plateforme peut être une option si la banque rechigne.

✓ Le financement participatif en royalties : un modèle hybride où les contributeurs reçoivent une part des futurs revenus du projet (plutôt que des parts de capital. La plateforme WeDoGood en France s'est positionnée sur ce créneau. Par exemple, une startup IA peut reverser 5 % de son chiffre d'affaires futur pendant X années aux financeurs jusqu'à un certain multiple de leur mise. Ce type de financement évite de diluer le capital tout en impliquant les supporters dans la réussite financière du projet.

Conseils pratiques pour réussir un crowdfunding :

✓ Choisissez la forme adaptée : pour un logiciel B2B complexe, le grand public ne sera pas pertinent, privilégiez l'equity dans ce cas. Pour un gadget IA ou une app grand public, la prévente sur Ulule ou Kickstarter est idéale pour tester le marché.

EPREUVE

- ✓ Travaillez votre histoire et votre communication : le crowdfunding exige un storytelling percutant et pédagogique. Expliquez clairement le problème que vous résolvez, comment votre IA apporte une solution innovante et en quoi le soutenir fait partie d'une aventure enthousiasmante. Utilisez des vidéos, démos, visuels. Simplifiez le jargon technique pour convaincre des non-spécialistes.
- ✓ Créez l'élan initial : la plupart des plateformes constatent que les projets qui réussissent sont ceux qui atteignent rapidement 20-30 % de leur objectif grâce à la mobilisation du cercle proche comme des clients pilotes, amis, communauté existante. Ne lancez pas votre campagne « à froid » : constituez une base de fans prêts à contribuer dès le démarrage, ce qui rassurera les autres contributeurs.
- ✓ Soyez transparent et régulier dans les mises à jour : pendant et après la campagne, informez la communauté de l'avancement du projet, remerciez-les, impliquez-les éventuellement en beta-test. Cela renforce la confiance. Une campagne de crowdfunding, c'est aussi du marketing : même ceux qui donnent 20 € peuvent devenir vos ambassadeurs si vous les chouchoutez.
- ✓ Respectez vos engagements : livrez les contreparties et résultats promis. Un projet IA peut rencontrer des aléas techniques, mais il faut communiquer honnêtement. Les déçus peuvent ternir votre réputation. A contrario, une communauté satisfaite sera votre meilleur relais pour la suite.

Le financement participatif peut apporter bien plus que de l'argent : une validation marché et une communauté engagée. Mais c'est un travail de campagne conséquent. Ne le sous-estimez pas et préparez-le comme un véritable lancement de produit.

8.1.5 Business angels et investisseurs privés individuels

Les business angels (BA) sont des investisseurs individuels, souvent des entrepreneurs ou cadres expérimentés, qui investissent leur argent personnel dans de jeunes entreprises prometteuses. Ils jouent un rôle crucial à l'amorçage des startups, en particulier pour des projets innovants

EPREUVE
EPREUVE

EPREUVE

comme l'IA qui peuvent être risqués ou trop précoces pour les fonds institutionnels.

Que peuvent apporter les business angels ?

✓ Des fonds propres : individuellement, un BA investit typiquement entre 5 000 et 100 000 € dans une startup. Mais ils se regroupent souvent à plusieurs à travers des réseaux, pour apporter des montants de 100 000 à 500 000 € lors d'une levée de seed. C'est souvent suffisant pour financer un MVP ou les 12 ou 18 premiers mois d'un projet IA.

✓ De l'expertise et un réseau : la majorité des angels souhaitent apporter plus que de l'argent. Ils ont une expérience entrepreneuriale et/ou sectorielle qu'ils mettent à disposition – mentorship, conseils stratégiques, mise en relation avec des clients ou partenaires potentiels. Un BA bien choisi, peut vous ouvrir des portes. C'est du « smart money ».

✓ De la crédibilité : annoncer que des business angels reconnus vous soutiennent est un signal rassurant pour les autres investisseurs futurs. C'est un vote de confiance informel sur votre projet et votre équipe. Par exemple, si le co-fondateur d'une success story de l'IA investit dans votre startup, cela attire l'attention du milieu.

Où les trouver ? En France, les BA sont souvent regroupés en réseaux : *France Angels* fédère de nombreux clubs dans chaque région (Paris Business Angels, Angels Santé, WeLikeIT, Angels for Climate, Femmes Business Angels, etc.). Il existe également des plateformes en ligne mettant en relation BA et startups (AngelList, Eldorado, etc.). Participer à des concours de startups ou à des pitchs dans des événements locaux peut vous permettre de rencontrer des BA. N'hésitez pas aussi à activer votre réseau personnel : un ancien patron, un proche ayant réussi, peuvent devenir BA s'ils croient en vous.

Incentives fiscales : Investir dans les startups donne droit à des réductions d'impôt (dispositif Madelin/IR-PME). C'est un argument pour convaincre des personnes aisées de vous accompagner au capital. De plus, les plus-values sont exonérées d'impôt au bout de 2 ans dans le cadre du PEA-PME. Ces avantages fiscaux incitent les particuliers à soutenir les jeunes entreprises, et la France compte aujourd'hui environ 5 000 business angels actifs.

EPREUVE

ÉPREUVE

Conseils pour travailler avec des BA :

✓ Visez des angels complémentaires à votre projet : par exemple, un spécialiste de l'IA ou du logiciel pour challenger votre produit, et un profil commercial/client pour vous aider sur la mise sur le marché. Diversifiez les compétences autour de la table.

✓ Formalisez les engagements : même s'il s'agit de personnes individuelles, passez par un pacte d'actionnaires bien défini. Clarifiez le rôle de chacun (un siège au board pour l'un, simplement un coaching informel pour un autre). Mettez-vous d'accord sur l'horizon de sortie : les BA visent généralement une revente de leurs parts sous 5-7 ans.

✓ Communiquez régulièrement : tenez vos angels informés des progrès et difficultés. Ils apprécieront votre transparence et pourront vous aider à résoudre des problèmes. Évitez toutefois de vous laisser microgérer : fixez un rythme de point mensuel et restez à l'initiative de votre gouvernance.

✓ Combinez avec d'autres financements : Souvent, l'apport des BA sert de « love money » augmentée pour prouver le concept, puis vous irez voir des fonds VC en seed/serie A. Les BA eux-mêmes pourront vous introduire à leurs contacts VC pour la suite. L'apport en capital des angels peut être renforcé par un prêt d'honneur ou un co-financement public. Bpifrance a un dispositif appelé « *Prêt d'Amorçage Investissement* » qui double le montant levé auprès d'investisseurs privés jusqu'à 250 000 €, afin de booster l'amorçage – c'est une belle opportunité si vous avez bouclé une levée angel. Initiative France propose également des prêts d'honneur couplé avec un prêt bancaire.

En résumé, ne sous-estimez pas la « famille » des BA : beaucoup de startups IA françaises à succès ont commencé dans les business angels clubs avant d'attirer les gros tickets. Par exemple, la startup Snips (IA vocale) avait bénéficié de subventions européennes et du soutien de BA avant d'attirer un grand fonds. Dataiku a gagné un concours Bpifrance et levé auprès d'anges avant ses séries internationales. Les BA peuvent être le chaînon manquant pour vous lancer.

En synthèse de ce panorama : Les sources de financement en France sont abondantes et variées. On peut les classer en deux grandes

ÉPREUVE

EPREUVE

familles : tout d'abord les financements non dilutifs, subventions, prêts, crédits d'impôt, qui préservent votre capital, mais demandent un remboursement ou un reporting. Les financements dilutifs, investisseurs en capital, qui vous accompagnent sur le long terme en échange de parts de votre entreprise. L'idéal est souvent de mixer les deux. Par exemple, vous pouvez financer la R&D initiale de votre projet IA avec des subventions/CIR, puis lever des fonds auprès de VCs pour accélérer la mise sur le marché, tout en contractant un prêt pour l'industrialisation. Chaque euro de subvention obtenu est un euro de moins à lever en equity, donc moins de dilution, mais il nécessite du temps de montage de dossier et ne couvre généralement pas 100 % du besoin. À vous de bâtir la meilleure combinaison adaptée à votre projet et à son stade. La section suivante va vous aider à convaincre efficacement les acteurs de financement que vous ciblerez.

8.2 Stratégies pour convaincre les investisseurs

Identifiez maintenant les financeurs les plus pertinents pour votre projet d'IA : s'agit-il d'un comité de subvention public, d'un banquier, d'un business angel, d'un fonds d'investissement, ou du grand public (crowdfunding) ? Chacun a des attentes et des critères différents. Vous devrez adapter votre argumentaire en conséquence, tout en conservant une cohérence globale. Dans ce chapitre, nous vous guidons sur la façon de structurer un dossier convaincant et d'éviter les erreurs classiques, en passant en revue les principaux types de financeurs.

8.2.1 Adapter son argumentaire aux différents financeurs

Pour une subvention publique comme Bpifrance, France 2030, Europe : Mettez-vous à la place de l'instructeur de dossier ou du jury d'appel à projets. Le financeur public recherche avant tout l'innovation et l'impact. Votre argumentaire doit donc souligner :

✓ En quoi votre projet IA est innovant : technologie en rupture, nouvelle application dans votre secteur, amélioration significative par rapport à l'existant. N'hésitez pas à vous situer par rapport à l'état de l'art

EPREUVE

EPREUVE

scientifique ou technique. Par exemple : « Notre algorithme utilise une approche de vision par ordinateur totalement nouvelle pour ce marché ».

✓ Les retombées économiques et sociétales attendues : création d'emplois directs ou indirects, compétitivité accrue de l'entreprise et donc du tissu économique français, potentiels écologiques ou sociaux, une IA optimisant l'énergie, ou améliorant la santé. L'État finance l'IA pour générer du progrès et renforcer la souveraineté, montrez que votre projet s'inscrit dans ces objectifs.

✓ La faisabilité et le sérieux du projet : détaillez votre plan de R&D, vos jalons, qui réalise quoi que ce soit une équipe interne, des partenariats avec des labs ou d'autres entreprises. Un bon dossier de subvention est très concret sur le plan de travail. Incluez un calendrier, un budget précis par tâche, des indicateurs de succès. L'évaluateur doit voir que vous avez une feuille de route claire et des compétences pour mener à bien le projet.

✓ Le cofinancement : rares sont les subventions à 100 %. Souvent, on vous demande d'apporter au moins 30 à 50 % du financement du projet (fonds propres, prêts, partenaires). Montrez que vous avez déjà sécurisé ou envisagé ces cofinancements. Par exemple : « Bpifrance, nous sollicitons 300 000 € sur un budget total de 600 000 €, le solde étant apporté par autofinancement et un prêt bancaire en cours de négociation ». Ceci rassure sur votre engagement et la viabilité financière.

✓ Alignement avec l'appel à projets : utilisez le vocabulaire de l'appel : s'il parle de « souveraineté numérique », reprenez ce terme à bon escient. Ciblez uniquement les aides où vous rentrez dans les clous – inutile de forcer un dossier IA dans un appel à projets qui n'est pas pertinent, c'est du temps perdu.

En somme, un bon dossier de subvention est un mix entre un plan de recherche bien ficelé et un business plan mettant en avant l'intérêt collectif. Évitez le piège de trop « vendre » votre startup comme à un VC en parlant de parts de marché, de rentabilité future, car ce n'est pas le focus ici, même si vous pouvez mentionner l'ambition économique. A contrario, ne faites pas non plus un rapport de labo trop théorique : montrez l'impact pratique attendu.

EPREUVE

EPREUVE

Pour un banquier (prêt) : Le banquier a une approche prudentielle. Il veut être rassuré que vous puissiez rembourser le prêt et que le risque de défaut soit minimal. Adaptez votre discours en conséquence :

✓ Mettez l'accent sur le modèle d'affaires et les revenus/profits générés grâce à l'IA. Par exemple : « Cette nouvelle fonctionnalité d'IA va nous faire gagner 10 nouveaux clients par mois, ce qui générera 20 000 € de CA additionnel mensuel – largement de quoi couvrir les échéances du prêt de 200 000 € demandé ».

✓ Si vous implémentez l'IA pour améliorer vos processus internes, quantifiez les économies de coûts. L'automatisation par IA de cette tâche va réduire nos coûts opérationnels de 15 % , soit 100 000 € d'économies annuelles – l'investissement sera rentabilisé rapidement, augmentant notre marge nette.

✓ Soulignez la stabilité de votre entreprise : historique financier si vous en avez (chiffre d'affaires actuel, clientèle solide), garanties éventuelles (par exemple, du matériel ou une assurance-crédit). Si Bpifrance garantit une partie du prêt, mentionnez-le, car c'est un point très rassurant pour la banque.

✓ Présentez un plan B : que se passe-t-il si les résultats de l'IA sont en deçà des attentes ? Montrez que vous pouvez quand même rembourser par exemple, grâce à votre activité existante qui tourne. Le banquier aime les scénarios prudents. Mieux vaut projeter un cas conservateur tenable plutôt que promettre la lune.

✓ Évitez le jargon technique superflu : le banquier n'est pas un expert en IA, inutile de lui décrire en détail votre architecture de réseau de neurones. Parlez plutôt en termes de résultats concrets et de marché. Montrez-lui que vous comprenez les aspects business de votre innovation. Vous pourrez toujours fournir en annexe des documents techniques s'il le souhaite, mais généralement il se contentera de la validation technique par un expert externe si besoin.

Pour un investisseur en capital (VC, fonds) : Là, vous devez vendre une vision et un potentiel de forte croissance. Un VC investit pour multiplier sa mise par 5, 10 ou plus en quelques années. Il sait que l'IA est prometteuse, mais beaucoup s'y lancent : vous devez le convaincre que

EPREUVE

EPREUVE

vous serez parmi les gagnants de la course. Adaptez votre pitch deck en ce sens :

- ✓ Pitch "storytelling" : Les experts s'accordent à dire qu'il faut un vrai fil conducteur et du storytelling pour convaincre les investisseurs. Commencez par un constat percutant : *« Aujourd'hui, [votre client cible] perd X temps ou argent à cause d'un problème que votre IA résout »*. Puis enchaînez sur comment votre solution change la donne. Racontez une histoire où votre startup est le héros qui va conquérir un marché. Le Conseil numéro 2 de levée de fonds selon des spécialistes est de travailler son « equity story » pour donner du sens aux chiffres..
- ✓ Traction et preuves de concept : Un investisseur sera rassuré si vous pouvez déjà montrer de premiers résultats. Un POC chez un client pilote avec des KPIs prometteurs, une croissance d'utilisateurs régulière si vous avez lancé un produit. Toutes les métriques d'adoption ou d'engagement sont bonnes à présenter. Par exemple : « Notre algorithme améliore de 20 % le taux de conversion selon un pilote réalisé avec le client X ». Si vous n'avez pas encore de revenus, mettez en avant la progression technique et l'intérêt du marché, lettres d'intention de clients, partenariats potentiels.
- ✓ Taille du marché et ambition : Là où un banquier veut du raisonnable, un VC veut du *scalable*. Montrez que le marché adressable est énorme, idéalement mondial et que vous avez un plan pour en capturer une part significative. Utilisez des chiffres : « Le marché de [votre secteur] pèse Y milliards $, en croissance de Z % par an. Aucune solution n'adresse [votre niche] correctement – nous pouvons devenir le leader de ce segment ». Vos projections financières sur 5 ans doivent refléter une croissance exponentielle. Même si elle sera revisitée, montrez l'intention d'atteindre par ex 50 M € de CA en 5-6 ans si tout se passe bien. Un investisseur comprend que c'est hypothétique, mais il veut voir votre niveau d'ambition.
- ✓ Les fonds accordent énormément d'importance à l'équipe fondatrice. Mettez en avant vos expertises complémentaires : un PhD en IA pour la partie tech, un ex-commercial du secteur cible pour la partie business par exemple. Soulignez vos réussites passées, même académiques,

EPREUVE

publications, brevets ou entrepreneuriales. Sur la technologie, insistez sur ce qui vous différencie et vous protège de la concurrence : un algorithme propriétaire, l'accès exclusif à certaines données d'entraînement, un savoir-faire difficile à reproduire, etc. Les investisseurs adorent entendre parler d'avantage compétitif durable. Par exemple : « Notre modèle d'IA est entraîné sur une base de données unique de 10 ans de données médicales que nous sommes les seuls à avoir, ce qui rend notre solution difficile à imiter. »

✓ Monétisation et business model : Expliquez clairement comment vous gagnez de l'argent. Licence logicielle SaaS avec abonnement mensuel ? Vente de hardware et logiciel ? Service à l'usage via une API ? Données monétisées ? Un modèle d'affaires clair et idéalement récurrent avec des recettes régulières sera bien perçu. Si vous êtes encore en phase R&D sans revenus, présentez différentes options de business model et pourquoi vous en privilégiez une. Montrez que vous connaissez les termes économiques de base comme le coût d'acquisition client, la marge brute. Même si elles sont amenées à évoluer, cela prouve votre maturité business.

✓ Utilisation des fonds et milestones : Dites précisément ce que vous ferez de l'argent levé et quels jalons cela vous permettra d'atteindre. Par exemple : « Avec ces 1,5 M €, nous pourrons recruter 5 ingénieurs pour finaliser le produit sous 12 mois, et monter une force de vente pour signer 10 clients pilotes supplémentaires. L'objectif est d'atteindre 1 M € de CA annuel d'ici 18 mois. » Les investisseurs veulent voir que leur argent sera catalytique pour créer de la valeur et vous mener à l'étape suivante : souvent, la prochaine levée. En théorie, une levée doit vous donner 12 à 18 mois de runway, veillez à bien dimensionner votre demande en fonction de cela et de votre dilution acceptable.

En bref, avec un investisseur VC, vendez le rêve, mais soutenez-le de données. C'est un équilibre subtil entre enthousiasme contagieux et crédibilité rigoureuse. Évitez absolument d'être trop optimiste sans justification – on voit trop de pitch decks avec des courbes de croissance irréalistes. Soyez ambitieux, mais capable de défendre chaque hypothèse.

EPREUVE
EPREUVE

EPREUVE

Pour un business angel : L'argumentaire envers un BA ressemble à celui envers un VC, avec quelques nuances. Les angels investissent souvent plus sur les personnes et l'intuition, car en amorçage il y a peu de chiffres tangibles. Ils peuvent être moins formalistes qu'un fonds sur la présentation, mais il faut les convaincre sur votre crédibilité personnelle et votre passion. Attendez-vous à plus de questions sur *vous* : *« Qu'est-ce qui vous motive dans ce projet ? », « Êtes-vous prêt à pivoter si nécessaire ? »*. Ils chercheront à déceler si vous avez le feu sacré de l'entrepreneur, la capacité de surmonter les obstacles. Montrez-leur que vous êtes déterminé, mais à l'écoute des conseils. Sur l'IA en particulier, certains angels qui ne sont pas experts voudront être rassurés sur le fait que ce n'est pas un gadget sans marché. D'autres, plus tech, testeront votre maîtrise du sujet.

En pratique, pour convaincre un BA : soyez authentique, ayez une vision inspirante. Ils aiment se projeter et se dire « je participe à quelque chose de grand », mais aussi un plan concret à 12-18 mois, car ils aiment savoir où va leur argent. Souvent, discuter autour d'un prototype ou d'une démo vaut mieux que 50 slides. Préparez quelque chose de visuel à montrer.

Pour le financement participatif : Si vous faites une campagne crowdfunding, le public à convaincre est très large et non spécialiste. Il faut vulgariser au maximum votre pitch. Partez des problèmes du quotidien que votre IA va résoudre, ou de la mission sociétale qui parlera au plus grand nombre. Adoptez un ton enthousiaste, pédagogique et transparent. La confiance est cruciale : la foule doit vous trouver sincère et compétent. Montrez votre visage, racontez votre histoire (pourquoi ce projet vous tient à cœur). Les contributeurs ne liront peut-être pas un dossier complet, mais ils regarderont une courte vidéo ou infographie. Travaillez donc beaucoup la présentation visuelle.

N'oubliez pas d'adapter la récompense ou proposition de valeur pour ce public : par exemple, pour un crowdfunding de prévente, proposez un prix early-bird exclusif de votre produit IA ou un accès VIP à la bêta. Pour de l'equity, expliquez-leur simplement le potentiel de plus-value (même si c'est incertain, ils savent qu'ils jouent un rôle de mini-BA). Insistez sur l'impact concret de leur contribution : « En soutenant ce projet, vous aiderez à réduire le gaspillage alimentaire grâce à l'IA » par exemple, c'est plus parlant que « vous aurez X % de parts ».

EPREUVE

EPREUVE

8.2.2 Structurer un dossier ou un pitch convaincant

Quel que soit l'interlocuteur, un dossier bien structuré fait la différence. Il montre du professionnalisme et permet au financeur de trouver facilement l'information qu'il cherche. Voici une checklist de ce que doit contenir votre dossier de financement écrit ou votre pitch deck présentation orale et visuelle :

1. Résumé exécutif (Executive summary) – *1 page ou 2-3 slides.* C'est un condensé de tout le projet : problème, solution, marché, équipe, ce qui est demandé comme financement et pourquoi. Beaucoup de décideurs ne lisent que ça en premier ! Il doit être clair, accrocheur, donner envie d'en savoir plus. Par exemple : « Notre startup X développe [solution IA] pour [marché], déjà [preuve traction]. Nous cherchons Y € pour [objectif] – équipe expérimentée, plan solide. »
2. Problématique et opportunité – qu'est-ce qui ne va pas aujourd'hui et que votre IA va résoudre ? Appuyez-vous sur des faits : « Les PME perdent en moyenne 5 h/semaine en saisie manuelle de données – notre IA automatise cela. » Faites ressentir l'urgence ou l'importance du problème. Quantifiez l'opportunité de marché qui en découle.
3. Solution et proposition de valeur – Décrivez votre produit ou projet IA et comment il fonctionne à haut niveau. Qu'apporte-t-il concrètement aux utilisateurs ? Idéalement, en une phrase percutante : *« Nous offrons un assistant virtuel intelligent qui réduit de 50 % le temps de support client. »* Incluez éventuellement une démo, screenshot ou schéma pour rendre tangible. Soulignez le caractère unique de votre solution (innovation technologique, usage novateur…).
4. Marché visé – qui sont vos clients cibles ? Combien sont-ils marché total, adressable, cible initiale ? Quelle est la dynamique du marché, croissance, tendances ? Ici, chiffres et études à l'appui, montrez que c'est un marché attractif *et* accessible pour vous. Si vous implémentez l'IA en interne en tant que PME traditionnelle, le « marché » c'est le gain interne ou l'amélioration de compé-

EPREUVE

titivité. Vous pouvez alors parler du marché indirect : « grâce à l'IA, nous pourrons gagner des parts de marché sur tel segment évalué à X € ».

5. Concurrence et différenciation – Ne jamais dire « aucun concurrent », sauf si vraiment vous êtes sur Mars. Même si personne ne fait exactement pareil, vos clients ont des alternatives, la plus courante étant « ne rien faire » !. Identifiez vos principaux concurrents ou substituts. Et expliquez en quoi vous êtes meilleur : technologie, modèle commercial, partenariat exclusif… Un petit tableau comparatif peut aider, ou un positionnement sur une carte 2 axes. Cela démontre que vous connaissez le paysage et votre place.
6. Business model et stratégie commerciale – expliquez comment vous gagnez de l'argent : vente directe, abonnement, licensing, modèle freemium et premium, etc. Indiquez vos prix si définis. Parlez de vos premiers clients ou des retours de vos POC, c'est très concret. Décrivez votre stratégie go-to-market : vente en direct, via des distributeurs, une stratégie de contenu, etc. Un investisseur veut savoir comment vous comptez conquérir vos clients et générer des revenus croissants. Si pertinent, mentionnez des partenariats commerciaux en cours de discussion, c'est rassurant.
7. Plan de développement – quelles sont les prochaines étapes clés pour votre projet ? Par exemple, « T4 2025 : prototype fonctionnel, T1 2026 : bêta chez 3 clients pilotes, T3 2026 : lancement du produit Version 1.0, T4 2026 : 100 clients payants atteints. » Avoir une timeline avec jalons montre que vous vous projetez de manière organisée. Pour un projet IA interne en PME, ce plan peut être en 2025 l'implémentation de l'IA sur le processus X dans l'usine A.
8. Ensuite en 2027 : extension aux usines B et C. En 2027 : IA déployée sur l'ensemble du workflow logistique. L'important est de lier les financements demandés à ces étapes : on finance ce qui va créer la valeur future.

EPREUVE
EPREUVE

EPREUVE

9. Équipe – présentez les fondateurs et les membres clés. Pour chacun, mettez en avant l'expérience ou la compétence en lien avec le succès du projet. Mentionnez vos conseillers scientifiques ou business si vous en avez, surtout en IA où avoir un expert renommé en advisory board peut rassurer sur la validité technologique. Montrez que votre équipe est capable d'exécuter le plan. Si des postes clés sont à pourvoir avec le financement, signalez-le comme « nous recruterons 2 data scientists seniors avec les fonds ».
10. Données financières – incluez au moins un prévisionnel financier à 3-5 ans (chiffre d'affaires, dépenses, résultat). On ne vous demande pas qu'il soit juste, car il ne le sera pas, mais cohérent et réfléchi. Montrez les principales hypothèses comme le pricing, taux d'adoption, effectifs. Pour les besoins de trésorerie, un compte de résultat prévisionnel et un cashflow sur 2 ans peuvent appuyer la demande de financement. Si vous avez déjà des revenus, mettez aussi un historique des derniers mois et années, pour montrer la traction.
11. Montant recherché et allocation – soyez explicite sur ce que vous attendez du financeur. « Nous recherchons un financement de [montant] € sous forme de [subvention/prêt/entrée au capital] ». Découpez l'utilisation prévue : « 50 % R&D (salaires développeurs), 30 % marketing, 20 % infrastructure cloud et données. ». Pour un prêt, indiquez la durée souhaitée et éventuellement la garantie. Pour une subvention, précisez la part de budget du projet que cela couvre. Cette transparence prouve que vous avez bien évalué vos besoins – ne laissez pas le financeur deviner ce que vous ferez de l'argent.
12. Retour sur investissement et impact – surtout pour un décideur interne ou public, intégrez des éléments sur le ROI attendu. Pour un investisseur privé, le ROI c'est la valorisation future de l'entreprise. Vous pouvez mentionner des comparables par exemple : « les startups d'IA dans notre domaine se revendent généralement 5 fois le revenu annuel, ce qui laisse espérer une valorisation de… si nous exécutons le plan ». Pour une subvention ou un projet

EPREUVE

EPREUVE

interne, parlez plutôt en années de retour sur investissement, taux de rentabilité interne, économies générées.

Cette trame peut être adaptée selon le format (dossier Word de 30 pages pour un appel à projet vs. pitch deck de 15 slides pour un VC vs une conversation informelle avec un BA). L'essentiel est de couvrir ces points clés dans un ordre logique. Vous pouvez ajouter des éléments annexes en fonction du contexte : une analyse des risques et comment vous les mitigerez ce qui est important pour un banquier ou un comité public. Les aspects juridiques et réglementaires si c'est critique comme la conformité RGPD de votre IA.

> Astuce
>
> **Préparez un « data room » ou dossier annexe avec les documents de référence (business plan détaillé, étude de marché complète, CV de l'équipe, code source sur demande, etc.). Vous n'enverrez pas tout à tout le monde, mais si un investisseur approfondit son analyse (due diligence), vous l'aurez sous la main. Ça évite de courir après les infos dans l'urgence.**

8.2.3 Erreurs courantes à éviter absolument

De nombreux projets prometteurs échouent à lever des fonds ou à obtenir une aide parce qu'ils commettent des erreurs évitables dans leur démarche de financement. Voici une liste d'erreurs classiques et comment les éviter :

- ✓ Arriver non préparé : solliciter des fonds sans un minimum de préparation est presque toujours voué à l'échec. Ne bâclez pas votre dossier ou votre pitch. Relisez-vous, faites relire par un pair pour chasser les incohérences. Entraînez-vous à l'oral pour être clair et concis. Vous n'avez souvent qu'une seule chance de faire bonne impression auprès d'un investisseur !
- ✓ Objectifs flous ou irréalistes : Demander des fonds sans savoir précisément pourquoi ou en fixant des objectifs vagues est rédhibitoire. Ne dites pas « on veut lever le maximum possible pour voir », ou « on verra bien comment on utilisera l'argent ». Au contraire, calibrez le montant et liez-le à des objectifs concrets. Par ailleurs, des projections

EPREUVE

EPREUVE

trop optimistes sans justification crédible feront lever les yeux au ciel. Basez vos chiffres sur des raisonnements solides, et ayez des scénarios réalistes.

✓ « Arroser tout le monde » sans ciblage : contacter en masse des investisseurs non pertinents est contre-productif. Selon des experts, la pire chose est de solliciter tous azimuts sans filtre. Si le marché se rend compte que « tout le monde a vu passer ce projet et a dit non », vous êtes grillé. Mieux vaut cibler 5-10 investisseurs bien choisis, adapter votre message à chacun, éventuellement en exclusivité temporaire. De même, pour les subventions, répondez de façon ciblée aux appels qui correspondent *précisément* à votre projet. La qualité prime sur la quantité.

✓ Se focaliser uniquement sur les subventions gratuites : c'est une erreur courante de ne vouloir que des aides non remboursables. Bien sûr, c'est plus agréable de recevoir une subvention qu'un prêt, mais les subventions à 100 % sont rares et extrêmement compétitives. Si vous basez tout votre plan de financement sur l'hypothèse de les obtenir, vous prenez un risque énorme. Il vaut mieux prévoir un mix avec éventuellement des subventions partielles, des prêts à taux zéro, etc. Il existe des aides mixtes subvention ou prêt à conditions avantageuses qui ne devraient pas être ignorées. Bref, ne soyez pas obtus en cherchant la gratuité absolue : le cofinancement est le maître-mot de la plupart des plans publics.

✓ Sous-estimer l'innovation de son projet : a contrario, certaines entreprises n'osent pas demander d'aide publique pensant que leur projet n'est « pas assez innovant ». Or l'innovation peut être incrémentale et concerner des processus internes. Beaucoup de PME font de l'innovation sans le formuler ainsi. N'hésitez pas à présenter votre projet sous l'angle innovant. Vous pourriez être éligible à des aides que vous ne soupçonniez pas. Renseignez-vous ou faites-vous accompagner pour diagnostiquer les financements mobilisables.

✓ Attendre d'être au pied du mur : chercher des financements dans l'urgence, à quelques semaines de la trésorerie zéro, c'est la pire situation. Vous serez en position de faiblesse pour négocier, et les financeurs sentiront la panique. Anticipez : commencez les démarches

EPREUVE

EPREUVE

de levée de fonds ou de prêt bien 6 à 12 mois avant le moment où vous en aurez absolument besoin. De même pour les appels à projets publics, suivez-les en amont, car les délais de réponse peuvent être longs. Une levée de fonds VC prend souvent 4 à 6 mois du premier contact au versement. Un prêt bancaire peut prendre 2-3 mois avec les allers-retours. Ne vous y prenez pas trop tard.

✓ Ignorer les critères du financeur : chaque investisseur ou programme a ses critères. Par exemple, un fonds d'impact voudra voir des métriques d'impact social/environnemental. Un appel « Industrie 4.0 » voudra un consortium avec une PME industrielle. Un fonds VC SaaS voudra un certain ARR (Annual Recurring Revenue) avant d'investir. Faites vos devoirs : lisez ce que recherche le financeur et adressez-y explicitement votre dossier. Si vous ne cochez pas des cases essentielles, ne tentez pas de cacher la poussière sous le tapis – mieux vaut en être conscient et éventuellement différer votre demande le temps de remplir les conditions.

✓ Pitch trop technique ou trop générique : Deux écueils opposés, mais fréquents :

- Le chercheur qui détaille ses algorithmes pendant 15 minutes – et perd son audience business. *Solution* : adaptez votre niveau de détail technique à ce qui est utile pour le financeur (prouver qu'il y a une innovation et que ça marche). Gardez les formules mathématiques pour l'annexe, sauf si vous parlez à un jury scientifique.
- Inversement, le commercial pur sucre qui fait du bla-bla marketing sans rien concrétiser – et perd son audience technique. *Solution* : ayez de la substance. Si vous dites « notre IA est révolutionnaire », prouvez-le par un fait (benchmark, prototype, résultats préliminaires).
- En somme, ayez un pitch équilibré : valeur métier + crédibilité technique. Surtout pour l'IA, on peut vous challenger sur la faisabilité : préparez-vous à expliquer comment vous gérez l'entraînement du modèle, les données, l'infrastructure, etc., de manière accessible.

✓ Éluder la question du ROI : tout financeur, explicite ou non, se demande « qu'est-ce que j'y gagne ? ». Si vous ne traitez pas clairement de la création de valeur financière, vous laissez un doute. Par exemple, un

EPREUVE

EPREUVE

industriel qui veut financer en interne un projet IA doit convaincre sa direction en prouvant le ROI. Un VC veut entrevoir une grosse valorisation future via des parts de marché ou une marge élevée. Un banquier veut voir des flux de trésorerie. *Ne faites pas l'impasse* : même si c'est incertain en R&D, avancez des ordres de grandeur de ROI ou de payback et les hypothèses associées. Comme le dit un adage : *« pas de ROI, pas de projet »*, du point de vue d'un décideur.

✓ Manquer de transparence ou mentir : c'est éliminatoire. Si on vous prend en flagrant délit d'exagération ou de dissimulation, la confiance est rompue. Mieux vaut admettre une faiblesse et montrer comment vous comptez la surmonter. La plupart des investisseurs pardonnent les faiblesses, car aucun projet n'est parfait, mais aucun n'accepte qu'on le prenne pour un imbécile. Donc, jouez franc jeu, tout en présentant les choses sous leur meilleur jour factuel.

✓ Refuser la critique : si un financeur vous fait un retour négatif ou pose des questions déstabilisantes, ne vous braquez pas. Écoutez et cherchez à comprendre ses objections. Non seulement vous apprendrez à améliorer votre présentation pour la suite, mais il n'est pas rare qu'un investisseur teste la réaction de l'entrepreneur face au stress. Gardez votre calme, remerciez pour le feedback, répondez du mieux possible sans être arrogant. Par exemple, si on vous dit « votre concurrence est déjà très en avance », ne répondez pas « on s'en fiche de la concurrence, on est les meilleurs » – mauvaise attitude. Dites plutôt « Oui, il y a de sérieux acteurs en face, mais notre angle d'attaque est différent pour telle raison… et cela nous donne telle opportunité. ». Montrez de la résilience et de l'ouverture.

✓ Négliger les aspects juridiques : sur le financement lui-même, faites-vous accompagner par un conseil juridique quand ça devient sérieux. Ne signez pas un pacte d'actionnaires ou un contrat de prêt complexe sans expertise. Vous éviterez des erreurs coûteuses sur la durée, clause léonine, taux cachés. Si votre projet IA soulève des questions légales, RGPD pour les données personnelles, propriété intellectuelle des modèles, consultez sur ces sujets et apportez la preuve que tout est en règle ou en voie de l'être. Un investisseur prendra peur si un aspect réglementaire crucial est ignoré.

EPREUVE

EPREUVE

En évitant ces erreurs, vous maximisez vos chances de convaincre. Préparation, honnêteté, alignement avec le financeur et flexibilité d'esprit sont les maîtres mots. N'hésitez pas à solliciter des mentors, des entrepreneurs ayant déjà levé des fonds ou obtenus des subventions, pour qu'ils challengent votre dossier à blanc. Mieux vaut essuyer des critiques amicales en amont et corriger le tir, que face à un jury important.

Enfin, souvenez-vous : convaincre un investisseur, c'est souvent lui prouver que vous comprenez ses attentes aussi bien que les vôtres. Montrez que vous avez réfléchi du point de vue de celui qui sortira le chéquier, et il vous le rendra bien.

8.3 Checklist d'évaluation du ROI de l'IA

Que ce soit pour décider d'un investissement IA en interne ou pour prouver la valeur de votre projet à un financeur, l'évaluation du retour sur investissement (ROI) de l'IA est une étape cruciale. Beaucoup d'entreprises se lancent dans des projets IA sans indicateurs clairs de succès, ce qui peut mener à des déceptions malgré des gains réels. Afin d'éviter cet écueil, vous devez établir en amont une méthode pour mesurer le ROI et le piloter. Voici une checklist des critères et outils pour évaluer le ROI de votre projet IA, accompagnée d'exemples concrets.

8.3.1 Critères financiers et stratégiques pour évaluer le ROI

✓ Coûts d'implémentation initiaux : Listez tous les investissements nécessaires pour lancer le projet IA. Cela inclut :

- Les coûts humains : salaires ou prestations des data scientists, développeurs, experts métier impliqués, formation des employés à la nouvelle solution.
- Les coûts techniques : achat de logiciels ou licences, infrastructure cloud ou serveurs pour entraîner et faire tourner l'IA, achat de données si nécessaire, capteurs ou équipements (pour l'IA embarquée par ex).

EPREUVE

- Éventuellement, le coût d'opportunité : mobilisation de vos équipes sur ce projet plutôt qu'un autre (c'est moins tangible, mais à garder en tête).
- Exemple : Une PME décide d'investir dans un système d'IA interne. Elle prévoit 100 000 € de coûts initiaux (50 000 € prestation externe de développement d'un modèle + 30 000 € infrastructure cloud + 20 000 € formation du personnel).

✓ Coûts opérationnels récurrents : Une fois l'IA déployée, quels seront les frais de fonctionnement ? Par exemple :

- Abonnement cloud mensuel pour héberger l'IA.
- Maintenance et mises à jour logicielles.
- Énergie supplémentaire si IA très compute-intensive.
- Support technique ou nouvelles embauches pour gérer l'outil.
- Après déploiement, le chatbot IA d'une entreprise coûte 500 € par mois de cloud et nécessite 1 jour de maintenance d'un tech par mois environ 800 €, soit 1 300 € de coût récurrent mensuel.

✓ Bénéfices financiers directs : Ce sont les gains monétaires mesurables attribuables à l'IA :

- Augmentation de revenus : grâce à l'IA, vendez-vous plus ? Par exemple, un moteur de recommandation IA qui accroît le panier moyen de vos clients de 10 % génère un revenu additionnel. Ou une nouvelle offre rendue possible par l'IA ouvre un nouveau marché.
- Réduction de coûts : l'IA automatise des tâches auparavant manuelles, donc économise des heures de travail (réduction de frais de personnel ou réaffectation sur des tâches à plus haute valeur ajoutée). Ou elle optimise l'utilisation des ressources (matières premières, énergie, stock) donc diminue le gaspillage. Par exemple, la maintenance prédictive peut réduire les coûts de maintenance de 20 à 30 % en évitant les pannes imprévues.
- Gains de productivité : un process IA plus efficace permet de traiter plus de volume avec les mêmes moyens. Financièrement cela équivaut soit à plus de chiffre d'affaires, si vous facturez à la transaction, soit à une réduction du coût par unité.

EPREUVE

ÉPREUVE

- Évitement de pertes : l'IA peut prévenir des fraudes, des erreurs coûteuses, des accidents… Par exemple, un système IA de détection d'anomalies peut éviter une fraude de 50 000 € par an – c'est un bénéfice du projet.
- Exemple : Une entreprise de e-commerce implémente une IA de personnalisation des offres. Résultat : +10 % de ventes en plus sur l'année, soit +200 000 € de chiffre d'affaires. Par ailleurs, l'IA d'automatisation de catalogues a réduit de 2 postes équivalent temps plein la charge manuelle, soit 80 000 € d'économies de coûts salariaux.

✓ Bénéfices intangibles ou stratégiques : difficiles à chiffrer immédiatement en €, mais très importants :

- Amélioration de la satisfaction client : grâce à l'IA, des réponses plus rapides via chatbot, et la satisfaction et la fidélisation augmentent. Cela se traduira à terme par plus de ventes, mais initialement c'est un indicateur qualitatif.
- Avantage concurrentiel : être le premier ou le meilleur à utiliser l'IA dans votre secteur peut vous conférer une avance. Par exemple, une IA optimisant la logistique vous permet de livrer deux fois plus vite que vos concurrents – intangible au départ, mais crucial pour rester dans la course et gagner des parts de marché.
- Nouveaux savoir-faire et données : en développant un projet IA, votre entreprise acquiert des compétences data précieuses et accumule des données nettoyées, annotées, etc. Ce capital data et compétences pourra servir à d'autres projets : c'est un actif immatériel. Parfois, l'expérience elle-même est un ROI : apprendre à faire de l'IA positionne votre organisation pour l'avenir.
- Conformité ou sécurité accrue : une IA de conformité qui évite des amendes RGPD, ou une IA de cybersécurité qui réduit le risque de cyber incident majeur. Elles ne génèrent pas de « revenu », mais évitent un coût potentiel énorme comme des amendes, ou une perte d'image. Vous devez donc le valoriser.
- Exemple : Grâce à l'IA, la société X améliore son délai de livraison de 1 jour par rapport à la concurrence. Difficile de quantifier l'impact

ÉPREUVE

EPREUVE

immédiat, mais elle constate une hausse de satisfaction client de +15 % et une augmentation de leur fidélité.

✓ Horizon temporel du ROI : Déterminez sur quelle période l'investissement sera rentabilisé. Il peut y avoir un décalage important entre les coûts, souvent concentrés au début et les bénéfices étalés dans le temps. Les métriques clés :

- *Payback period* (délai de récupération) : en combien de mois ou d'années le cumul des bénéfices rattrape le cumul des coûts. Par ex, 18 mois, 2 ans… Si le payback est trop long (>3-5 ans), le projet est plus incertain et mobilisera du capital qui aurait pu être investi ailleurs entre-temps.
- *ROI en %* : (Gain net/Coût) x 100. Par exemple, si l'IA coûte 100 k et rapporte/économise 200 k net sur 2 ans, ROI = 100 %. Attention, précisez la période. Un ROI annualisé peut aussi être calculé.
- *Valeur actualisée (NPV)* : pour les projets importants, on actualise les flux de trésorerie futurs en appliquant un taux d'actualisation pour voir si le NPV est positif. Sans entrer dans les détails, disons que c'est pertinent pour comparer l'IA à d'autres investissements possibles.
- Veillez à adopter un horizon cohérent avec votre financeur : un dirigeant de PME regardera souvent un ROI à 1-3 ans max. Un VC regarde la valeur à 5-7 ans. Un projet public peut accepter un ROI indirect plus long s'il y a un intérêt stratégique.
- Exemples de repères : selon une analyse, des tâches automatisées relativement simples peuvent avoir un ROI visible en *6 à 12 mois*. Des projets IA complexes comme la transformation d'un processus entier mettent plutôt *1 à 3 ans* pour un ROI significatif. Airbus a obtenu un ROI < 2 ans sur un gros projet de maintenance prédictive IA à 0,5-1 M€. Fixez-vous un horizon cible et voyez si c'est acceptable au vu de votre contexte.

✓ Risques et facteurs de succès. Evaluez les risques pouvant impacter le ROI :

- risque technique, que l'IA n'atteigne pas les performances attendues,

EPREUVE

- risque d'adoption, les utilisateurs n'adhèrent pas à la nouvelle solution. Le
- risque réglementaire, ou un changement de loi qui affecte votre solution… Planifiez des mesures d'atténuation. Par exemple, prévoyez une phase pilote pour valider la performance avant déploiement global (réduisant le risque technique), ou formez bien les utilisateurs (réduisant le risque d'adoption).
- par ailleurs, identifiez les facteurs clés pour maximiser le ROI : par exemple, « la qualité des données d'entraînement est déterminante – nous allouons X ressources à la data préparation pour garantir un bon modèle dès le début ». Si ces conditions sont réunies, votre ROI a plus de chances d'être au rendez-vous.

✓ Critères stratégiques : au-delà du financier pur, interrogez-vous : ce projet IA est-il aligné avec votre stratégie d'entreprise ? Contribue-t-il à votre vision long terme ? Parfois un projet peut avoir un ROI financier modeste, mais être stratégique, car il vous positionne sur un nouveau marché futur. Ces éléments plus qualitatifs doivent être mentionnés dans votre évaluation pour éclairer la décision. Un investisseur comprendra qu'une entreprise peut accepter un ROI plus faible sur un projet si c'est un « must-have » stratégique pour ne pas rater le train de l'IA.

En passant votre projet au crible de ces critères, vous devriez obtenir une vue 360° du ROI attendu. Il est très utile de formaliser cela dans un document synthétique (par ex, un tableau comparant coûts et bénéfices sur 3 ans, avec payback calculé). Non seulement cela guide votre décision interne (go/no go, prioritization), mais c'est un outil de communication puissant pour convaincre les financeurs. Par exemple, présenter un tableau où l'on voit que l'investissement IA de 100 000 € en 2024 génèrera +50 000 € net par an dès 2025 et au-delà est extrêmement parlant.

Outils et méthodes de mesure du ROI

Évaluer le ROI n'est pas un exercice purement théorique à faire en amont : il faut aussi le mesurer pendant et après le projet pour vérifier les hypothèses et ajuster. Voici quelques outils et bonnes pratiques :

ÉPREUVE

EPREUVE

- ✓ Définir des KPIs dès le départ : le succès d'un projet d'IA tient à la mise en place *d'indicateurs précis* dès le départ. Sinon on peut avoir l'impression d'un effet « placebo » et ne pas reconnaître le rôle de l'IA dans les résultats. Identifiez 2 ou 3 indicateurs clés de performance (KPI) liés aux objectifs du projet. Exemples : taux d'erreur avant/après, temps moyen de traitement, taux de conversion, coût par unité, satisfaction client... Mesurez leur valeur initiale (baseline) avant l'IA, puis suivez-les régulièrement une fois l'IA déployée. C'est ainsi que vous prouverez concrètement le ROI.
- ✓ Nommer un responsable du suivi : si possible, affectez la responsabilité du suivi ROI à quelqu'un comme un chef de projet, ou votre contrôleur de gestion. Son rôle sera d'arbitrer sur la base des indicateurs : continuer, étendre, ajuster ou arrêter le projet en fonction des résultats obtenus par rapport aux objectifs. En effet, il faut savoir *« tuer » un projet qui ne fonctionne pas et redéployer les ressources*, plutôt que de persister à brûler du cash. Avoir ce pilotage clair est signe de maturité dans l'utilisation de l'IA.
- ✓ Outils de simulation et calcul : Utilisez des feuilles de calcul pour modéliser vos scénarios ROI. Il existe aussi des simulateurs en ligne pour certains cas (par ex, des sites proposent des calculateurs de ROI pour logiciels de gestion ou pour la maintenance prédictive : on entre ses données et ça estime le ROI). Ces outils peuvent vous donner des idées de métriques à considérer. Pour de gros projets, des logiciels de gestion de projet ou de BI (business intelligence) peuvent suivre l'évolution des KPI et calculer le ROI en temps réel.
- ✓ Approche pilote/itérative : Plutôt que d'investir d'emblée un gros montant « en aveugle », il est souvent sage de passer par une phase pilote à échelle réduite. Cela limite le coût initial tout en permettant de mesurer des résultats concrets, extrapolables ensuite. Par exemple, déployez l'IA sur une usine, ou sur un échantillon de données, mesurez les gains, puis décidez du roll-out global. Si le ROI du pilote n'est pas au rendez-vous, analysez pourquoi : le modèle d'IA a-t-il besoin d'amélioration ? Les processus utilisateurs doivent-ils être revus ? Parfois, on constate qu'il faut ajuster le tir – ce qui est normal et fait partie du cycle d'optimisation. Mesurez, apprenez, optimisez en continu :

EPREUVE

EPREUVE

le ROI n'est pas figé, il peut s'améliorer en peaufinant la solution IA ou en changeant certains paramètres de déploiement.

✓ Comparaison avec le scénario « sans IA » : Pour bien attribuer les résultats à l'IA, comparez à une situation de référence ou à un groupe témoin si possible. Par exemple, si vous déployez une IA dans 3 agences et pas dans 3 autres pendant quelques mois, comparez l'évolution. Cela réduit l'effet de variables externes. Toutes les entreprises n'ont pas cette possibilité, mais au minimum comparez avec votre propre passé (avant/après). Sinon, vous pourriez vous demander si l'amélioration n'est pas due à un facteur externe. En effet, 70 à 80 % des entreprises trouvent difficile de lier directement l'amélioration aux actions d'IA sans un bon dispositif de mesure.

✓ Valorisation financière des bénéfices intangibles : Pour les présentations aux financeurs, essayez de convertir autant que possible les bénéfices qualitatifs en quantitatif. Par exemple, +15 % de satisfaction client → cela peut entraîner une augmentation de rétention de X %, donc potentiellement Y € de revenus en plus sur 3 ans, même si c'est une estimation. Ou encore, « mieux respecter les délais évite des pénalités de retard, historiquement on en payait 20 000 € par an ». Chiffrer l'intangible lui donne du poids dans le calcul ROI.

✓ Benchmarks et retours d'expérience : Si vous êtes incertain de certains chiffres, recherchez des études ou cas d'école dans votre secteur. Par exemple, McKinsey ou Deloitte publient parfois des études sectorielles sur l'impact de l'IA. Une étude citait que la maintenance prédictive pourrait faire économiser 630 milliards $ dans l'industrie mondiale d'ici 2025 – localement, on peut en déduire un pourcentage d'économie attendue. Attention à adapter à votre contexte, mais ces chiffres peuvent servir de référence pour convaincre (surtout les non-spécialistes) que votre cible de ROI est réaliste et en ligne avec ce qui a été observé ailleurs.

En suivant cette checklist ROI, vous pourrez :

✓ Convaincre plus aisément vos interlocuteurs (direction, banquier, investisseur, subvention) en parlant le langage de la valeur et du chiffre, ce qui est très apprécié. Par exemple, annoncer *« notre projet*

EPREUVE

IA devrait dégager un retour sur investissement de 150 % sur 3 ans » capte immédiatement l'attention.

✓ Prioriser vos projets IA en interne : s'il y a 10 idées de cas d'usage, choisissez ceux avec le meilleur ratio impact/effort (ROI élevé et rapide) pour commencer.

✓ Piloter et ajuster le projet après son lancement, en sachant où vous en êtes par rapport aux objectifs (ce qui crédibilise aussi vos demandes de financements additionnels si vous dépassez les attentes).

✓ Enfin, capitaliser sur ce ROI : un projet IA réussi peut servir de « vitrine » pour en financer d'autres. Par exemple, si votre première IA a rapporté gros, vous pouvez plus facilement réinvestir ces gains dans un deuxième projet IA, ou convaincre un investisseur de vous suivre pour passer à l'échelle.

Pour conclure, le financement des projets d'IA en France est donc un parcours riche d'opportunités. Des aides publiques abondantes, investisseurs privés de plus en plus sensibles au potentiel de l'IA, et des approches innovantes comme le crowdfunding pour mobiliser les communautés.

Il ne vous reste plus qu'à passer à l'action. Préparez vos dossiers, affûtez vos pitchs, mesurez vos résultats – et lancez-vous dans l'aventure de l'intelligence artificielle avec confiance. En suivant ces conseils pratiques, vous mettrez toutes les chances de votre côté pour financer et réussir vos projets IA, et ainsi contribuer à faire de votre entreprise (et de la France) un leader de cette révolution technologique.

Conseils EntrepreneurIA

✓ ***Posez des bases solides** : investissez d'abord dans vos données, vos talents et vos infrastructures.*

✓ ***Explorez les aides publiques et régionales** : Bpifrance, France 2030 et les concours i-Nov ou i-Lab soutiennent fortement l'innovation IA. Les régions proposent des dispositifs utiles, souvent cumulables avec le national.*

✓ ***Utilisez les leviers fiscaux*** : *CIR, CII ou statut JEI peuvent alléger significativement vos charges.*

✓ ***Combinez les sources*** : *subventions, prêts et crédits d'impôt permettent un financement non dilutif efficace.*

✓ ***Préparez un pitch clair et convaincant*** : *adaptez votre discours selon que vous parlez à un investisseur, un banquier ou un jury public.*

✓ ***Parlez retour sur investissement*** : *montrez comment votre IA crée de la valeur, des économies ou des revenus.*

✓ ***Appuyez-vous sur des preuves*** : *tests, POC, premiers résultats ou partenariats renforcent la crédibilité.*

✓ ***Valorisez votre équipe*** : *des compétences fortes en IA, mais aussi en business et en exécution font la différence.*

✓ ***Misez sur la complémentarité*** : *les business angels apportent de l'argent, mais aussi des conseils et un réseau.*

✓ ***N'hésitez pas à ouvrir votre capital*** : *si votre ambition est forte, les fonds de capital-risque sont de précieux alliés.*

✓ ***Soignez votre dossier*** : *un plan précis, un usage argumenté des fonds, une feuille de route claire.*

✓ ***Tentez le financement participatif*** : *utile en phase de test marché ou pour embarquer une communauté.*

✓ ***Soyez transparent sur vos objectifs*** : *mieux vaut une projection réaliste qu'un rêve mal ficelé.*

✓ ***Structurez vos indicateurs*** : *KPIs avant/après, gains attendus, durée de retour sur investissement.*

✓ ***Faites vos preuves à petite échelle*** : *commencez par un pilote, apprenez, ajustez, puis déployez.*

✓ ***Identifiez vos atouts concurrentiels*** : *technologie, données, rapidité d'exécution ou partenariat exclusif.*

✓ ***Adaptez votre tempo*** : *chaque financeur a ses délais – commencez tôt vos démarches.*

✓ ***Évitez les erreurs classiques*** : *flou stratégique, absence de cible, jargon technique incompréhensible.*

✓ ***Gardez le cap*** : *combinez ambition, rigueur et capacité à vous remettre en question. C'est votre meilleur levier de réussite.*

EPREUVE
EPREUVE

9 Perspectives de l'intelligence artificielle

« L'intelligence est la capacité de s'adapter au changement. »

— Stephen Hawking, physicien et cosmologiste britannique

Assistants virtuels, analyse prédictive, automatisation intelligente : ces technologies transforment déjà notre façon de travailler, avec des avancées quotidiennes. Les dirigeants d'entreprise doivent relever un défi majeur : décrypter les tendances de fond de l'IA pour rester compétitifs, tout en évoluant dans un environnement international marqué par une course technologique intense.

9.1 Tendances émergentes et comparatif international

L'IA a connu une accélération fulgurante ces dernières années. L'une des tendances phares est l'IA générative, capable de créer des textes, des images ou du code. Le grand public en a pris la mesure avec des outils comme ChatGPT, qui a atteint plus de 100 millions d'utilisateurs en quelques mois seulement. Jamais une application ne s'était diffusée aussi vite. Derrière cette popularité se cache un potentiel économique immense : selon McKinsey, l'IA générative pourrait ajouter entre 2 600 et 4 400 milliards de dollars de valeur par an aux activités des entreprises, en augmentant fortement la productivité. En effet, les modèles d'IA actuels pourraient automatiser l'équivalent de 60 à 70 % du travail des employés, sur certaines tâches. Autrement dit, la capacité de l'IA à faire gagner du temps et de l'efficacité atteint un niveau sans précédent.

D'autres tendances technologiques se dégagent. L'intelligence artificielle se fait plus prédictive et autonome : dans l'industrie, elle anticipe les pannes, dans la finance, elle détecte les fraudes en temps réel. On assiste aussi à la convergence de l'IA avec l'Internet des objets (capteurs intelligents, véhicules autonomes) et avec le cloud computing, ce qui permet de déployer des modèles puissants sur une multitude d'applications. Parallèlement, la notion d'IA de confiance monte en puissance – les entreprises cherchent des systèmes explicables, transparents et éthiques, en réponse aux attentes des consommateurs et aux régulateurs qui préparent de nouvelles lois.

Quelques chiffres illustrent l'ampleur du phénomène : le marché mondial de l'IA est estimé à environ 241 milliards de dollars en 2023 et pourrait dépasser 500 milliards dès 2027. D'ici la fin de la décennie, l'IA pourrait contribuer à hauteur de 15 700 milliards de dollars à l'économie mondiale – un boost colossal équivalent à l'ajout de la richesse combinée de plusieurs grandes nations. Pour les entreprises, cela se traduit concrètement par de nouveaux relais de croissance, mais aussi par une intensification de la concurrence.

La course mondiale : États-Unis, Chine, Europe, France

Face à ces opportunités, une véritable course à l'innovation s'est engagée entre les grandes puissances. Les États-Unis concentrent les géants du numérique (GAFAM) et les laboratoires à l'origine des plus grandes avancées en IA. En 2023, les entreprises américaines ont investi près de 62,5 milliards de dollars dans l'IA, contre seulement 7 milliards pour les entreprises chinoises, illustrant l'avance prise en moyens financiers. Ils sont à la source de la majorité des innovations majeures en IA de ces dernières années. En 2023, 61 des avancées marquantes en IA provenaient d'entreprises américaines, contre 21 pour l'Europe et 15 pour la Chine. Ils développent notamment la plupart des grands modèles de langage (LLM) modernes, et ont vu émerger des acteurs pionniers comme OpenAI, à l'origine de ChatGPT. Les entreprises américaines disposent d'un écosystème extrêmement favorable, entre capital-risque abondant,

EPREUVE
EPREUVE

EPREUVE

talents formés dans les meilleures universités et commandes publiques stratégiques (défense, spatial, etc.).

La Chine, de son côté, a fait de l'IA une priorité nationale. Ses dépôts de brevet en IA ont explosé : multipliés par huit depuis 2017, ils culminent à 38 000 brevets, soit environ six fois plus qu'aux États-Unis sur la même période. Pékin affiche l'ambition de devenir le leader mondial du domaine d'ici 2030. Le pays investit massivement : 12 milliards d'euros d'investissements privés en 2022, et un soutien étatique sans équivalent. Des centaines de startups d'IA y émergent, adossées à des géants comme Baidu, Alibaba ou Tencent. La Chine publie désormais plus d'articles de recherche en IA que les États-Unis et l'Europe, et se distingue dans des domaines comme la reconnaissance faciale ou les supercalculateurs. Elle sait innover vite et à moindres coûts : récemment, la startup chinoise DeepSeek a lancé un modèle d'IA générative rival de ChatGPT en n'ayant levé que 6 millions de dollars. C'est un exploit qui ébranle la suprématie américaine et démontre l'agilité de son écosystème. Cependant, l'approche chinoise soulève des questions éthiques, avec l'usage de l'IA pour la surveillance et une censure intégrée aux algorithmes, ce qui pourrait freiner son acceptation globale.

En Europe, l'approche est différente. Le Vieux Continent accuse un certain retard en termes de financements et de géants technologiques : sur la dernière décennie, l'ensemble de l'UE a investi bien moins que les États-Unis ou la Chine dans l'IA. À titre d'exemple, entre 2013 et 2022, on estime que les États-Unis ont engagé environ 249 milliards de dollars dans l'IA, la Chine 95 milliards, contre seulement 6,6 milliards pour la France. Consciente de cette situation, l'Europe mise sur ses atouts : une forte base de recherche académique, des secteurs industriels à moderniser, comme la santé, l'automobile, l'énergie et surtout un cadre réglementaire incitant à une IA de confiance. L'Union européenne a adopté la toute première réglementation générale sur l'IA au monde, AI Act. Elle impose des exigences strictes en matière de transparence, de qualité des données et de supervision humaine, sous peine d'amendes allant jusqu'à 35 millions d'euros ou 7 % du chiffre d'affaires. Cette démarche vise à

EPREUVE

créer un climat de confiance pour favoriser l'adoption de l'IA par les entreprises européennes et les citoyens. L'Europe investit également pour rattraper son retard : la Commission a lancé des programmes pour financer l'IA fiable (Horizon Europe, Digital Europe, etc.) et prévoit de faciliter l'accès des PME aux supercalculateurs d'IA. Des hubs d'innovation se développent à travers le continent. Néanmoins, la fragmentation du marché européen et la fuite des talents vers les États-Unis restent des défis majeurs.

La France, en particulier, tente de tirer son épingle du jeu au sein de cette compétition. Le gouvernement a dévoilé dès 2018 un Plan national pour l'IA (1,5 milliard d'euros) et continue d'amplifier l'effort. Début 2025, lors d'un sommet international à Paris, 109 milliards d'euros d'investissements privés (français et étrangers) ont été annoncés dans l'IA pour les prochaines années. « C'est l'équivalent de ce que les États-Unis ont annoncé avec Stargate », a souligné Emmanuel Macron – en référence à un plan américain de 500 milliards de dollars lancé par Donald Trump. La France mise sur le développement d'infrastructures, 35 sites sont en cours d'aménagement pour accueillir de nouveaux data centers, et sur l'émergence de champions nationaux comme la startup Mistral AI.

Notons que les premiers cas d'usage de l'IA en entreprise se concentrent sur certains domaines : l'IA est souvent mobilisée pour améliorer l'expérience client et l'efficacité opérationnelle sur des tâches ciblées.

Cependant, seuls 30 à 40 % des entreprises françaises utilisent déjà l'IA, contre près de 60 % en Amérique du Nord. Pour les dirigeants d'entreprise hexagonaux, l'enjeu est donc double. Tout d'abord adopter plus largement les solutions d'IA afin de gagner en compétitivité, et innover pour se différencier. Mais ils doivent aussi naviguer dans un cadre réglementaire de plus en plus exigeant. La compétition internationale dans l'IA ne montre aucun signe de ralentissement : chaque région avance ses pions, et l'IA est devenue un facteur clé de puissance économique. Les entreprises qui sauront en tirer parti efficacement consolideront leur leadership, les autres risquent de se voir distancées.

EPREUVE
EPREUVE

9.2 Conseils pour rester à la pointe de l'innovation IA

À l'heure où l'IA redéfinit l'avantage concurrentiel, les dirigeants doivent élaborer une véritable stratégie IA. Il ne suffit plus d'expérimenter en marge : il faut intégrer l'IA au cœur du plan d'affaires. D'après une enquête récente, 89 % des cadres des entreprises les plus résilientes placent l'IA et l'analytique parmi leurs priorités pour affronter les crises. Voici quelques conseils pratiques pour rester à la pointe :

- ✓ Investir dans les talents et la culture IA : l'intelligence artificielle n'est rien sans les compétences humaines pour la développer et l'exploiter. Il est crucial de former vos équipes et d'attirer des experts comme des data scientists, ingénieurs machine learning. La montée en compétence interne est un investissement rentable. Les entreprises qui misent sérieusement sur l'IA enregistrent déjà des gains de productivité supérieurs, par exemple +76 % sur la productivité du personnel, contre +62 % seulement dans les moins engagées. La formation doit être encouragée à tous les niveaux. D'ailleurs, selon le Forum Économique Mondial, les plus compétitives seront celles qui sauront requalifier et faire évoluer leurs employés avec l'IA. En France, plusieurs grands groupes ont lancé leur Académie de l'IA interne afin de diffuser ces compétences à grande échelle. Des coalitions comme Impact AI se sont fixées l'objectif, de former des dizaines de milliers de personnes, à l'IA générative. En encourageant une culture d'entreprise axée sur la donnée et l'expérimentation, vos collaborateurs adopteront plus facilement les outils d'IA au service de la stratégie.
- ✓ Allier solutions prêtes à l'emploi et développements sur mesure : pour tirer le meilleur parti de l'IA, à mettre en place une approche hybride. Il existe pléthore de services clé en main qui permettent de déployer rapidement des fonctionnalités intelligentes sans tout construire de zéro. DCependant certains enjeux stratégiques méritent de développer vos propres algorithmes adaptés à vos données et à votre métier. Une étude recommande ainsi de combiner des solutions génériques à du développement interne pour équilibrer coûts et avantage compétitif.

Cette approche évite de réinventer la roue tout en préservant ce qui fait la spécificité de votre entreprise.

✓ Mettre en place une IA responsable dès le départ : intégrer l'éthique et la conformité dans vos projets d'IA n'est pas un frein, mais bien un facteur de succès à long terme. Il est recommandé d'élaborer des règles internes comme des chartes éthiques, des comités de supervision, pour encadrer l'usage de l'IA et prévenir les dérives. Il faut anticiper les exigences réglementaires à venir : par exemple en documentant la provenance des données, en prévoyant une validation humaine pour les décisions à haut risque. Vous éviterez ainsi des coûts de mise en conformité ultérieurs et renforcerez la confiance de vos clients. Des protocoles d'« IA responsable », comme Microsoft ou Orange qui se sont dotés d'un comité éthique dédié à l'IA, peuvent vous donner une longueur d'avance et améliorer l'acceptation de vos innovations.

✓ Renforcer l'infrastructure data et l'environnement technologique : Pour que l'IA tienne ses promesses, la qualité des données et la robustesse de l'infrastructure informatique sont déterminantes. Assurez-vous de collecter, stocker et organiser vos données de manière optimale. Investissez dans des plateformes de données modernisées, éventuellement dans des solutions de MLOps (Machine Learning Operations) qui facilitent le déploiement et la maintenance des modèles au sein de l'entreprise. Beaucoup d'organisations veulent adopter l'IA, mais négligent les bases. Une infrastructure scalable, par exemple, un accès au cloud ou à des clusters de calcul intensif et des données fiables sont le socle indispensable pour développer des projets d'IA performants. Sans cela, même les meilleurs algorithmes ne produiront pas de valeur.

✓ Innover par l'expérimentation rapide : L'IA évolue vite, et il est important d'adopter une démarche agile. N'hésitez pas à lancer des projets pilotes ciblés sur un cas d'usage précis (par exemple, l'optimisation d'un processus logistique via l'IA, ou un prototype d'assistant virtuel pour le support client). L'objectif est de tester rapidement, d'apprendre et d'itérer. Ces expérimentations « quick wins » permettent de démontrer la valeur ajoutée en interne, d'ajuster la technologie aux besoins réels, et de convaincre les équipes métier. Il est souvent préférable de démarrer modestement, mais intelligemment, puis d'industrialiser

EPREUVE
EPREUVE

EPREUVE

les solutions qui ont fait leurs preuves, plutôt que de viser d'emblée un grand projet trop complexe. Cette culture du test & learn est un trait commun des entreprises à la pointe de l'innovation.

✓ Surveiller les tendances et s'ouvrir aux partenariats : rester à la pointe implique une veille technologique active. Les dirigeants doivent se tenir informés des avancées en IA (nouveaux outils, recherches, cas d'usage dans leur secteur). Suivez les publications, participez à des salons ou réseaux professionnels consacrés à l'IA. Par ailleurs, sachez que l'innovation en IA ne vient pas qu'en interne : collaborez avec des startups, des laboratoires académiques ou des experts externes pour profiter d'un regard neuf. Des partenariats bien choisis peuvent accélérer vos projets (par exemple, en co-développant une solution avec une jeune pousse spécialisée). Dans un écosystème aussi dynamique, l'entreprise isolée risque de passer à côté d'innovations majeures. S'ouvrir aux autres acteurs, c'est multiplier les opportunités d'apprendre et d'innover.

En synthèse, rester à la pointe de l'IA exige un engagement stratégique global : humain, technologique, organisationnel. Les budgets consacrés à l'IA dans les grandes entreprises sont en forte hausse. 88 % d'entre elles y allouent désormais plus de 5 % de leur budget, et la moitié prévoient d'y porter plus de 25 % du budget dès l'an prochain. Cette course à l'investissement reflète une conviction : l'IA sera au cœur de la compétitivité de demain. Les dirigeants qui agissent dès aujourd'hui pour maîtriser ces technologies et les déployer de façon responsable s'assurent une longueur d'avance décisive. L'IA doit devenir un levier transversal, au service de votre vision d'entreprise, afin de créer de la valeur de manière pérenne.

9.3 Vision des experts : scénarios d'avenir

Qu'en disent les experts et observateurs de l'IA ? Afin de mieux anticiper l'évolution à moyen et long terme, il est éclairant de se pencher sur les scénarios envisagés par les spécialistes du domaine. Le futur de l'IA suscite autant d'enthousiasme que de questions. Voici un tour d'ho-

EPREUVE

EPREUVE

rizon de quelques perspectives d'experts, entre promesses incroyables et appels à la vigilance.

Une révolution industrielle inédite. Pour beaucoup de leaders technologiques, l'IA représente un saut quantique dans l'histoire économique. Bill Gates, cofondateur de Microsoft, estime que l'IA est « aussi fondamentale que l'invention du microprocesseur, de l'ordinateur personnel, d'Internet ou du téléphone mobile ». Pour lui elle « changera la façon dont les gens travaillent, apprennent, se soignent et communiquent les uns avec les autres » . Selon lui, d'ici peu, on regardera l'ère pré-IA comme on se souvient de l'époque précédant l'informatique moderne. En clair, nous serions au début d'une révolution aussi structurante que l'électricité en son temps. De nombreux experts abondent en ce sens : l'IA va remodeler des pans entiers de l'économie. « Des industries entières vont se réorienter autour d'elle. Les entreprises se distingueront par la manière dont elles l'utilisent » prévoit Gates. Cette vision prophétise un futur où chaque entreprise, quel que soit sa taille ou son secteur, devra intégrer l'IA pour rester compétitive.

Des gains économiques majeurs et une transformation du travail. D'autres experts tentent de quantifier l'impact futur de l'IA. En France, un comité d'experts piloté par l'économiste Philippe Aghion a récemment remis un rapport très optimiste. Il prévoit que l'IA générative pourrait augmenter le PIB français de 10 % d'ici 2030, soit +250 à +400 milliards d'euros. Cette croissance favoriserait une montée en compétences des emplois, plutôt qu'une disparition massive. Environ 95 % des métiers contiendront toujours des tâches non automatisables, même avec l'IA, et seulement 5 % des emplois (1,5 million en France) pourraient disparaître. Le solde serait compensé par l'émergence de nouveaux métiers et une réorganisation du travail. Cette vision contraste avec certaines études plus alarmistes, mais rejoint le constat du Forum Économique Mondial. L'investisseur Kai-Fu Lee estime que 40 % des emplois mondiaux seront automatisés d'ici 15 ans. Il table sur un effet de vases communicants : 85 millions d'emplois pourraient être déplacés par l'automatisation d'ici 2025, mais 97 millions de nouveaux emplois pourraient émerger dans le même temps. L'enjeu serait donc la reconversion et la montée en compétence, plutôt qu'un chômage de masse. En outre, l'IA pourrait libérer

EPREUVE

du temps aux travailleurs pour des tâches à plus forte valeur ajoutée (créativité, relationnel, stratégie), ce qui améliorera in fine la productivité et potentiellement la qualité de vie au travail.

Homme et IA : le duo gagnant. Une maxime revient souvent parmi les spécialistes : *« L'IA ne remplacera pas les humains, mais les humains qui utilisent l'IA remplaceront ceux qui ne l'utilisent pas. »* . En d'autres termes, l'IA est vue comme une technologie augmentant l'humain plutôt que le supplantant complètement. Cette phrase, résumée par la consultante Lorraine Medcraft, illustre un scénario où les professionnels outillés d'IA seront beaucoup plus performants, reléguant ceux qui refusent d'adopter ces outils. On anticipe ainsi un monde du travail transformé, où l'IA agit comme un copilote intelligent. Par exemple, un médecin assisté par IA disposera d'une aide au diagnostic ultra-rapide. Un ingénieur pourra tester des milliers d'options de conception via l'IA, un commercial sera épaulé par des prédictions précises sur les besoins clients. Dans tous ces cas, l'humain reste aux commandes, mais son efficacité est démultipliée. Les experts encouragent donc les entreprises et les individus à embrasser cette collaboration homme-machine, pour rester pertinents dans le futur paysage concurrentiel.

Appels à la vigilance sur les risques. En parallèle de cet enthousiasme, d'éminents experts appellent à ne pas sous-estimer les risques potentiels d'une IA de plus en plus puissante. Geoffrey Hinton, surnommé le « parrain de l'IA », a démissionné de son poste chez Google en 2023. Il a voulu alerter sur les dangers de systèmes échappant à notre contrôle. Il redoute qu'à terme, une IA suffisamment avancée puisse prendre des décisions contraires aux intérêts humains. De même, Yoshua Bengio, pionnier du deep learning, a exprimé ses craintes quant à une IA générale non encadrée. *« Réduire le risque d'extinction lié à l'IA devrait être une priorité mondiale au même titre que d'autres risques sociétaux tels que les pandémies ou la guerre nucléaire. »* . Parmi les signataires figuraient des personnalités comme Hinton, Bengio, Demis Hassabis (CEO de DeepMind) ou Sam Altman (CEO d'OpenAI). Bien que ces experts ne prédisent pas une catastrophe imminente, ils demandent une coopération internationale et des garde-fous sérieux pour s'assurer que l'IA reste alignée avec les valeurs humaines à long terme. Cet avertissement, concis

EPREUVE
EPREUVE

(22 mots), mais puissant, vise à encourager les gouvernements et entreprises à intégrer la sécurité de l'IA dans leurs priorités dès aujourd'hui, afin d'éviter d'éventuels dérapages futuristes.

En résumé, les scénarios d'avenir oscillent entre un formidable catalyseur de progrès économique et social, et la nécessité de garder le contrôle sur une technologie aux capacités exponentielles. La plupart des experts s'accordent sur le fait que l'IA va profondément remodeler notre société d'ici 2030–2040 : la différence tiendra à la manière dont nous orienterons cette transformation. Pour les chefs d'entreprise, entendre ces voix d'experts est précieux : cela permet d'anticiper les changements (nouvelles opportunités, nouveaux risques) et d'ajuster dès aujourd'hui la stratégie. L'IA peut être le meilleur allié de l'humanité si elle est développée de façon responsable et au service du bien commun, ou au contraire devenir source d'instabilité si elle est dévoyée. À nous d'écrire le scénario qui prévaudra.

9.4 Impact sociétal et éthique

L'intégration accélérée de l'IA dans l'économie soulève de nombreux enjeux de société et d'éthique. Toute révolution technologique d'ampleur s'accompagne de changements profonds – pour les employés, les consommateurs, et plus largement pour les citoyens. L'IA n'échappe pas à la règle, bien au contraire : en automatisant des tâches, en traitant des données personnelles ou en prenant part à des décisions, elle questionne nos valeurs et nos réglementations. Les chefs d'entreprise se trouvent au premier plan de cette transition et ont un rôle clé à jouer pour en maximiser les bénéfices tout en minimisant les risques pour la société.

Travail et emploi : L'impact de l'IA sur l'emploi est l'un des sujets les plus débattus. D'un côté, l'automatisation intelligente menace certains métiers ou tâches répétitives. Des professions administratives, de saisie de données, ou même d'analyse pourraient voir leur contenu évoluer fortement, avec une partie du travail effectuée par des algorithmes. On craint une polarisation du marché de l'emploi entre, d'une part,

EPREUVE

des postes très qualifiés pilotant l'IA et, d'autre part, des emplois peu qualifiés difficilement automatisables. Mais de l'autre côté, l'histoire montre que chaque révolution technologique crée aussi de nouveaux métiers : l'IA générera une demande en spécialistes (ingénieurs IA, éthiciens de l'IA, data analysts), et indirectement de nouveaux services. Le scénario le plus probable, souligné par plusieurs études, est celui d'une transformation des emplois plutôt que leur destruction totale. Pour le rendre positif, entreprises et gouvernements doivent investir dans la formation et l'accompagnement des travailleurs. Comme évoqué précédemment, les entreprises qui réussissent déjà sont celles qui forment leurs employés et les font évoluer avec ces nouvelles technologies. Une responsabilité sociétale du dirigeant est ainsi de préparer ses effectifs aux emplois de demain, via la montée en compétences et la mobilité interne.

Égalité d'accès et fractures numériques : L'IA pourrait amplifier certaines inégalités si l'on n'y prend garde. Les grandes entreprises disposant de moyens conséquents peuvent investir dans des solutions sophistiquées et prendre une longueur d'avance, tandis que les petites structures risquent de se retrouver à la traîne faute de ressources. De même, au niveau des individus, ceux qui maîtrisent ces nouveaux outils voient leur employabilité augmenter, alors que d'autres pourraient être laissés pour compte. Il est donc crucial de démocratiser l'accès à l'IA. Cela implique des solutions cloud accessibles, des logiciels simplifiés de type « no-code » facilitant l'utilisation de l'IA par les non-experts. Il faut mettre en place des programmes de formation à grande échelle, visant notamment à initier les employés non techniciens aux fondamentaux de la data et de l'intelligence artificielle. De plus, l'État peut jouer un rôle en soutenant les PME dans l'adoption de l'IA et en veillant à une diffusion territoriale équilibrée de ces technologies. Une IA inclusive est celle dont les bénéfices sont partagés par l'ensemble du tissu économique et non captés par une poignée d'acteurs.

Biais, transparence et responsabilité : L'utilisation de systèmes d'IA pose aussi la question de la justice et de la transparence des décisions automatisées. On a vu des cas où des algorithmes de recrutement ou de crédit reproduisaient des biais discriminatoires présents dans les données

EPREUVE

d'apprentissage (défavorisant par exemple des candidats sur la base de leur genre ou origine). Un système d'IA peut agir comme une « boîte noire » difficile à expliquer, ce qui pose un problème d'accountability (comment attribuer la responsabilité en cas d'erreur ?). Ces enjeux éthiques sont loin d'être théoriques : ils peuvent conduire à de la défiance du public, à des scandales réputationnels et même à des litiges juridiques pour les entreprises. C'est pourquoi les dirigeants doivent intégrer dès la conception de leurs solutions d'IA des principes d'équité et de transparence. Par exemple, en diversifiant les données utilisées, en testant les modèles pour détecter d'éventuels biais, en rendant les décisions explicables aux utilisateurs finaux. Sur ce point, l'interdisciplinarité est précieuse : associer des juristes, sociologues, philosophes aux projets IA permet d'anticiper les impacts sociétaux. Comme le résume la philosophe Laurence Vanin, *« les technosciences doivent être placées au service de l'homme et non pas l'inverse »*. L'IA doit rester un outil maîtrisé servant l'intérêt humain, et non devenir un arbitre autonome de nos vies.

Données personnelles et vie privée : Le carburant de l'IA est la donnée. Or, bon nombre de ces données sont personnelles (comportements des consommateurs, données de santé, etc.). L'utilisation intensive de ces informations par des IA pose un défi de protection de la vie privée. Les citoyens sont de plus en plus sensibles à l'usage qui est fait de leurs données : qui y a accès ? Sont-elles anonymisées ? À quelles fins sont-elles exploitées ? Un exemple emblématique est celui des assistants vocaux ou des caméras intelligentes, qui peuvent potentiellement enregistrer des conversations ou analyser des images sensibles. Les entreprises ont la responsabilité de respecter les cadres légaux (tels que le RGPD en Europe) et d'aller au-delà en communiquant de manière transparente sur leurs pratiques. L'IA doit être synonyme de progrès, pas d'une surveillance intrusive. De même, la cybersécurité devient critique : des IA mal sécurisées pourraient être détournées par des acteurs malveillants (attaques adversariales, deepfakes pour escroqueries, etc.). Un impact sociétal négatif serait de voir la confiance du public s'effriter face à des abus ou à des incidents de sécurité liés à l'IA. D'où l'importance, pour chaque projet, d'intégrer des experts sécurité et de suivre les meilleures pratiques (chiffrement, audits, etc.).

EPREUVE
EPREUVE

Régulation et gouvernance collective : Pour encadrer ces enjeux, les pouvoirs publics s'organisent. L'Union européenne, pionnière en la matière, avec l'AI Act interdit certains usages jugés trop risqués, comme le scoring social à la chinoise ou la surveillance biométrique de masse. Elle impose des obligations de conformité aux systèmes d'IA selon leur niveau de risque. Les entreprises devront s'y conformer sous peine de fortes amendes. À l'échelle internationale, des discussions ont lieu (ONU, G7, UNESCO) pour établir des normes éthiques communes. Les dirigeants d'entreprise ont tout intérêt à surveiller de près ces évolutions réglementaires et à s'impliquer dans le dialogue. D'une part, pour anticiper les ajustements nécessaires, et d'autre part, pour contribuer par leur expertise à l'élaboration de réglementations équilibrées. La gouvernance de l'IA ne concerne pas que l'État : au sein des entreprises aussi, il est recommandé de mettre en place des structures de pilotage de l'éthique. Par exemple, des comités d'éthique de l'IA indépendants, chargés d'évaluer les projets sensibles et de définir des lignes rouges. Cette gouvernance interne vient compléter la loi et créer une culture d'entreprise responsable vis-à-vis de l'IA.

En définitive, l'intelligence artificielle soulève autant de questions qu'elle apporte de solutions. Son impact sociétal dépendra de la façon dont nous l'apprivoisons. Pour un dirigeant, intégrer l'éthique et la responsabilité dans sa stratégie IA n'est pas une contrainte de plus, mais une condition pour innover durablement. Il s'agit de bâtir une confiance avec le public, les clients, les employés – confiance sans laquelle aucune technologie ne peut prospérer. L'interview avec Laurence Vanin et le regard des philosophes nous rappellent l'essentiel : garder l'humain au centre. En faisant de l'IA un outil au service de l'homme, en veillant à son usage équitable et transparent, les entreprises contribueront à un avenir où l'IA amplifie le bien commun. C'est à ce prix que la révolution de l'intelligence artificielle sera pleinement acceptée et créatrice de valeur pour tous.

EPREUVE
EPREUVE

EPREUVE

Point de vue de l'EntrepreneurIA

L'intelligence artificielle offre aux chefs d'entreprise des perspectives sans précédent, à la fois enthousiasmantes et exigeantes. Il faut donc conjuguer audace et responsabilité.

L'audace d'innover et d'investir dans l'IA pour transformer son modèle d'affaires doit s'accompagner du devoir de placer l'humain, l'éthique et la société, au centre des priorités.

Les prochaines années seront décisives. Celles et ceux qui sauront tirer parti des formidables capacités de l'IA tout en maîtrisant ses risques construiront l'avantage compétitif de demain. L'IA n'est ni une mode passagère ni une menace inéluctable : c'est un outil puissant, dont l'impact dépendra de l'usage que nous en ferons. Aux dirigeants de tracer la voie, en faisant de l'intelligence artificielle un moteur de progrès pour leur entreprise et pour la société tout entière.

EPREUVE

EPREUVE

10 Bonus : dominez l'art du prompt

Devenir un EntrepreneurIA accompli nécessite la maîtrise de l'art subtil du prompt. Cette compétence stratégique est essentielle pour exploiter pleinement le potentiel des modèles d'IA générative tels que ChatGPT, Claude, Mistral, Gemini, Grok, Deepseek, Qwen, entre autres. Une formulation précise et claire des prompts permet d'obtenir des réponses pertinentes et adaptées aux besoins spécifiques de votre entreprise.

Selon une étude récente, 46 % des petites entreprises utilisant cette technique rapportent des gains d'efficacité significatifs, tandis que 35 % observent une amélioration de la qualité des sorties IA. Cette discipline, définie comme l'art de formuler des instructions précises pour guider les modèles de langage, s'appuie sur des bases théoriques solides issues de la recherche en IA. Son adoption permet de transformer des outils technologiques en véritables assistants stratégiques pour la prise de décision, l'innovation ou la relation client. Comme l'ont démontré Liu et Chilton (2022), la qualité des prompts peut engendrer jusqu'à 70 % de variation dans la pertinence et l'utilité des réponses générées par un même modèle d'IA. Reynolds et McDonell (2023) ont par ailleurs établi que les entreprises maîtrisant les techniques avancées de prompting réalisent des gains de productivité supérieurs de 23 % à celles utilisant ces technologies de manière intuitive et non structurée.

Selon les recherches d'OpenAI (Brown et al., 2020), cette capacité prédictive s'accompagne d'une propriété remarquable : l'émergence de compétences contextuelles. Plus le modèle est grand et sophistiqué, plus il peut adapter sa réponse au contexte spécifique de la demande. C'est précisément cette propriété que le prompt engineering cherche à exploiter.

Les travaux d'Anthropic sur leur modèle Claude (Anthropic, 2023) ont également démontré que la façon dont une instruction est formulée influence considérablement la qualité et la pertinence de la réponse. Une

EPREUVE

étude interne a révélé qu'un même objectif peut être atteint avec des variations d'efficacité allant jusqu'à 50 % selon la structuration du prompt.

Il est également crucial pour les entrepreneurs d'être conscients de l'impact théorique des biais cognitifs et algorithmiques qui peuvent être présents dans les réponses générées par les LLM. Ces biais proviennent souvent des vastes ensembles de données sur lesquels les modèles sont entraînés, qui peuvent refléter des biais sociétaux existants. Par conséquent, le texte généré peut parfois involontairement perpétuer ou amplifier ces biais, conduisant à des sorties injustes, discriminatoires ou inexactes.

Ce guide vise à démystifier le Prompt Engineering en adoptant une double approche :

- ✓ **Théorique** : comprendre les mécanismes cognitifs sous-jacents aux modèles de langage et les fondements scientifiques qui expliquent pourquoi certains prompts sont plus efficaces que d'autres.
- ✓ **Pratique** : maîtriser des méthodologies concrètes et directement applicables dans le contexte spécifique des PME.

10.1 Méthodologies pratiques issues des fondements théoriques

Les modèles de langage (comme GPT) fonctionnent comme des prédicteurs statistiques sophistiqués, exploitant des patterns appris sur des milliards de données textuelles. Leur architecture transformer permet de moduler les réponses avec des prompts bien construits, agissant comme des « configurations virtuelles » du modèle.

10.1.1 Mécanismes cognitifs sous-jacents

Bubeck et al. (2023) ont mis en évidence plusieurs phénomènes cognitifs caractérisant le fonctionnement des LLMs modernes :

1. **L'émergence fonctionnelle** : À partir d'une certaine échelle (nombre de paramètres et volume de données d'entraînement), les modèles développent spontanément des capacités cognitives complexes qui n'étaient pas explicitement programmées.

EPREUVE

EPREUVE

2. **La représentation vectorielle sémantique** : Les mots et concepts sont encodés sous forme de vecteurs multidimensionnels, créant un « espace sémantique » où les concepts similaires occupent des positions proches.
3. **L'inférence contextuelle** : La capacité à déduire des informations implicites en s'appuyant sur le contexte fourni et les connaissances générales encodées dans les paramètres du modèle.

Fournir un contexte suffisant est primordial, car il prépare le terrain pour le LLM, lui permettant de comprendre l'intention de l'utilisateur et les exigences spécifiques de la tâche. Des instructions claires et spécifiques sont tout aussi importantes, guidant le modèle vers la sortie souhaitée avec des verbes d'action et un langage non ambigu. Le ton du prompt peut également influencer considérablement la réponse ; demander au modèle d'adopter un personnage ou un style particulier peut adapter la sortie au public et à l'objectif visés. De plus, comme discuté précédemment, être attentif aux biais potentiels lors de la formulation des prompts est crucial pour encourager des réponses neutres et objectives.

Cependant, le prompt engineering est rarement un processus linéaire. Il implique souvent un parcours itératif d'expérimentation et de raffinement. Les prompts initiaux peuvent ne pas toujours donner les résultats parfaits, nécessitant une boucle de rétroaction où la réponse de l'IA est évaluée de manière critique et le prompt est ajusté en conséquence.

Le prompting étape par étape, étroitement lié à l'approche Chain-of-Thought, consiste à décomposer des tâches complexes en une séquence d'instructions plus petites et plus gérables. Cette méthode peut améliorer considérablement la précision et le flux logique du raisonnement et de la sortie de l'IA. Le role-prompting est une autre technique puissante où l'IA est instruite d'adopter un personnage spécifique, tel qu'un expert en marketing ou un représentant du service client. Cela peut conduire à des réponses plus personnalisées et contextuellement pertinentes, car l'IA s'appuie sur les connaissances et la perspective associées à ce rôle. Wei et al. (2022) ont démontré ce phénomène à travers leur recherche sur le « Chain-of-Thought prompting » (prompting par chaîne de pensée). Cette approche consiste à guider explicitement le modèle à travers une séquence d'étapes de raisonnement avant d'arriver à une

EPREUVE

EPREUVE

conclusion. Leurs expériences ont révélé une amélioration spectaculaire des performances sur des tâches complexes nécessitant un raisonnement multi-étape, avec des gains de précision allant jusqu'à 40 % sur certaines tâches mathématiques et logiques.

10.1.2 Biais cognitifs et algorithmiques dans les réponses générées

Les biais présents dans les réponses des modèles d'IA peuvent être catégorisés selon leur origine :

1. **Biais de données d'entraînement** : Reflètent les déséquilibres, préjugés et angles morts présents dans les corpus utilisés pour l'entraînement du modèle. Par exemple, une surreprésentation de certaines perspectives culturelles ou professionnelles.
2. **Biais d'ancrage** : Tendance du modèle à rester « ancré » aux premières informations fournies. Des études d'Anthropic (2022) ont montré que les informations présentées en début de prompt reçoivent généralement plus de poids dans la génération de réponses.
3. **Biais de confirmation** : Propension du modèle à privilégier les informations qui confirment les hypothèses implicites dans le prompt, plutôt que de les remettre en question.
4. **Biais de disponibilité** : Tendance à surpondérer les informations plus fréquemment rencontrées durant l'entraînement, au détriment des connaissances plus rares ou spécialisées.

10.1.3 Stratégies d'atténuation scientifiquement validées

Pour atténuer l'impact des biais, plusieurs approches ont été validées empiriquement :

1. **Prompting contradictoire** : Demander explicitement au modèle d'explorer des perspectives contradictoires ou alternatives avant de formuler une conclusion.
2. **Déclaration explicite des limitations** : Inclure dans le prompt une demande d'identification des limites et incertitudes dans la réponse générée.

EPREUVE

ÉPREUVE

3. **Diversification intentionnelle** : Structurer les prompts pour encourager l'exploration d'un éventail diversifié de perspectives et considérations.
4. **Vérification itérative** : Examiner critiquement la réponse initiale et utiliser des prompts de suivis pour tester sa robustesse face à différentes hypothèses.

Ces stratégies, intégrées dans une approche consciente du Prompt Engineering, permettent de maximiser la valeur des IA génératives tout en minimisant l'impact des biais inhérents.

10.2 Une méthode structurée pour le prompt

Les travaux récents sur l'optimisation des prompts suggèrent qu'une structure en cinq composantes maximise l'efficacité des interactions avec les LLM (Large Language Model). Cette structure, que nous appellerons le cadre R.T.C.F.C., comprend :

1. **RÔLE** : Définir l'expertise ou la perspective que le modèle doit adopter
2. **TÂCHE** : Préciser l'action ou l'objectif spécifique à accomplir
3. **CONTEXTE** : Fournir les informations d'arrière-plan nécessaires
4. **FORMAT** : Spécifier la structure attendue pour la réponse
5. **CONTRAINTES** : Établir les limites et les exigences particulières

Ce cadre, validé par de nombreux cas d'usage documentés par OpenAI, Anthropic, Google et Mistral, constitue la colonne vertébrale de notre approche du prompt engineering. Bien sûr d'autres méthodologies de « prompt engineering » existent sous des appellations diverses, mais toutes font état de la nécessité de structurer le prompt pour améliorer les réponses de l'IA. Voici ci-dessous une structuration type selon la méthode R.T.C.F.C (**RÔLE, TÂCHE, CONTEXTE, FORMAT, CONTRAINTES**)

RÔLE : Définir l'expertise du modèle

Le choix du rôle attribué au modèle constitue la première étape cruciale de votre prompt. Cette composante oriente l'ensemble du

ÉPREUVE

EPREUVE

traitement de votre demande en activant certains « schémas de pensée » au sein du modèle.

Principes fondamentaux :

✓ Choisissez un rôle précis plutôt que générique

✓ Privilégiez l'expertise pertinente pour votre objectif

✓ Contextualisez le niveau d'expertise requis

Exemple de définition du RÔLE :

- Prompt Faible : « Aide-moi avec mon plan marketing. »
- Prompt Efficace : « Agis en tant que directeur marketing senior spécialisé dans les stratégies digitales pour startups B2B en phase de croissance. »

Application entrepreneuriale : si vous développez une stratégie de contenu, demandez au modèle d'adopter le rôle d'un « Stratège SEO avec 10 ans d'expérience dans l'optimisation de contenu pour les marchés de niche ». Il générera des recommandations plus pertinentes qu'un simple « expert en marketing SEO ».

TÂCHE : Préciser l'objectif à accomplir

La clarté de la tâche demandée détermine en grande partie la pertinence de la réponse obtenue. Cette composante doit communiquer sans ambiguïté ce que vous attendez du modèle.

Principes fondamentaux :

✓ Formulez une instruction unique et précise

✓ Utilisez des verbes d'action spécifiques

✓ Explicitez le résultat attendu

Exemple de définition de la TÂCHE :

- Prompt Faible : « Parle-moi de la fidélisation client. »

EPREUVE

EPREUVE

- Prompt Efficace : « Analyse les trois stratégies de fidélisation client les plus efficaces pour une boutique e-commerce de cosmétiques naturels ciblant une clientèle féminine 25-40 ans. »

Application entrepreneuriale : si vous souhaitez, améliorer votre pitch. « Identifie les faiblesses potentielles de mon pitch en te concentrant sur trois aspects : clarté de la proposition de valeur, crédibilité des projections financières, et différenciation par rapport aux concurrents cités » seront plus productives que « Améliore mon pitch ».

CONTEXTE : Fournir l'arrière-plan nécessaire

Le contexte permet au modèle de comprendre l'environnement dans lequel s'inscrit votre demande, les contraintes spécifiques à votre situation et les informations essentielles pour générer une réponse pertinente.

Principes fondamentaux :

✓ Incluez les informations situationnelles pertinentes

✓ Mentionnez les tentatives ou approches précédentes

✓ Précisez le niveau de connaissance de l'audience cible

Exemple de définition du CONTEXTE :

- Prompt Faible : « Rédige un email pour annoncer la nouvelle version de notre produit. »
- Prompt Efficace : « Rédige un email annonçant la version 3.0 de notre application de gestion de finances personnelles. Contexte : nos clients sont majoritairement des freelances et petites entreprises qui utilisent déjà notre produit depuis 6 mois en moyenne. Les nouvelles fonctionnalités incluent la reconnaissance automatique des reçus, l'intégration fiscale, et un tableau de bord prévisionnel. Notre ton de communication est professionnel, mais accessible. »

Application entrepreneuriale : Pour un entrepreneur cherchant par exemple des conseils sur la gestion de trésorerie, préciser un bon contexte dans votre prompt :

EPREUVE

EPREUVE

CONTEXTE DE MON ENTREPRISE :

- Startup B2B dans le secteur de la cybersécurité
- Fondée il y a 18 mois, produit lancé depuis 6 mois
- 8 employés (4 tech, 2 ventes, 1 marketing, 1 CEO)
- Revenus mensuels récurrents actuels : 15 K€ (croissance de 20 % mensuelle)
- Burn rate actuel : 45 K€/mois
- Trésorerie disponible : 180 K€
- Dernier financement : levée d'amorçage de 300 K€ il y a 10 mois
- Objectif : atteindre le point d'équilibre avant d'envisager une levée Série A

MA QUESTION :

Compte tenu de notre situation financière actuelle et de notre trajectoire de croissance, quelles sont les 3 stratégies les plus efficaces pour optimiser notre gestion de trésorerie et étendre notre runway d'au moins 4 mois supplémentaires, sans compromettre significativement notre croissance commerciale ?

PRÉCISIONS SUPPLÉMENTAIRES :

- Nos dépenses actuelles se répartissent en : 70 % salaires, 15 % infrastructure tech, 10 % marketing/ventes, 5 % autre
- Nous avons déjà optimisé nos coûts d'infrastructure cloud (-20 % le mois dernier)
- Nous avons 2 recrutements prévus dans les 3 mois (1 développeur, 1 commercial)
- Notre cycle de vente moyen est de 45 jours « fournira un contexte permettant des recommandations bien plus adaptées.

Ce prompt sera beaucoup plus efficace, car il décrit précisément le contexte de l'entreprise.

FORMAT : Spécifier la structure de la réponse

Le format définit la structure et l'organisation que doit suivre la réponse générée. Cette composante est essentielle pour obtenir des résultats directement exploitables, sans nécessiter de reformatage ou restructuration.

EPREUVE

EPREUVE

Principes fondamentaux :

✓ Précisez la structure organisationnelle souhaitée

✓ Définissez le style et le ton appropriés

✓ Indiquez les éléments spécifiques à inclure

Exemples de précision du FORMAT :

- Prompt Faible : "Donne-moi des idées pour mon blog d'entreprise."
- Prompt Efficace : "Propose 5 idées d'articles pour mon blog d'entreprise sous forme de tableau à trois colonnes comprenant : 1) Titre accrocheur (max 60 caractères), 2) Angle principal + 3 sous-points à développer, 3) Mots-clés SEO pertinents (5 par article). Chaque idée doit tenir sur 3-4 paragraphes maximum en format final."

Application entrepreneuriale : si vous préparez une présentation pour investisseur, demandez "Structure ta réponse en 10 slides maximum, chacune avec un titre de section, 3-4 points clés en format bullet points, et une note explicative sur ce qui doit être visuellement représenté". Cela garantira un résultat directement applicable à la création du pitch deck.

CONTRAINTES : Établir les limites et exigences

Les contraintes définissent les paramètres qui doivent être respectés dans la réponse, qu'il s'agisse de limitations de longueur, d'exigences stylistiques, ou de considérations éthiques et légales.

Principes fondamentaux :

✓ Fixez des limites claires de longueur ou d'étendue

✓ Précisez les éléments à éviter ou à exclure

✓ Définissez les exigences particulières (terminologie, ton, etc.)

Exemples de CONTRAINTES :

- Prompt Faible : "Écris un post LinkedIn sur notre nouvelle solution."
- Prompt Efficace : "Rédige un post LinkedIn de 1200-1500 caractères sur notre nouvelle solution de cybersécurité pour PME.

EPREUVE

EPREUVE

Contraintes : évite le jargon technique trop spécialisé, n'inclus pas de prix spécifiques, utilise un ton confiant, mais pas alarmiste, et termine par un call-to-action invitant à télécharger notre livre blanc (sans lien URL)."

Application entrepreneuriale : si vous souhaitez rédiger les conditions générales d'utilisation d'un service. "Respecte la réglementation RGPD européenne, utilise un langage accessible (niveau bac), évite les clauses trop restrictives difficiles à défendre juridiquement, et limite le document à 1 500 mots maximum" orientera efficacement la génération du contenu. »

Comment interagir avec une IA Générative

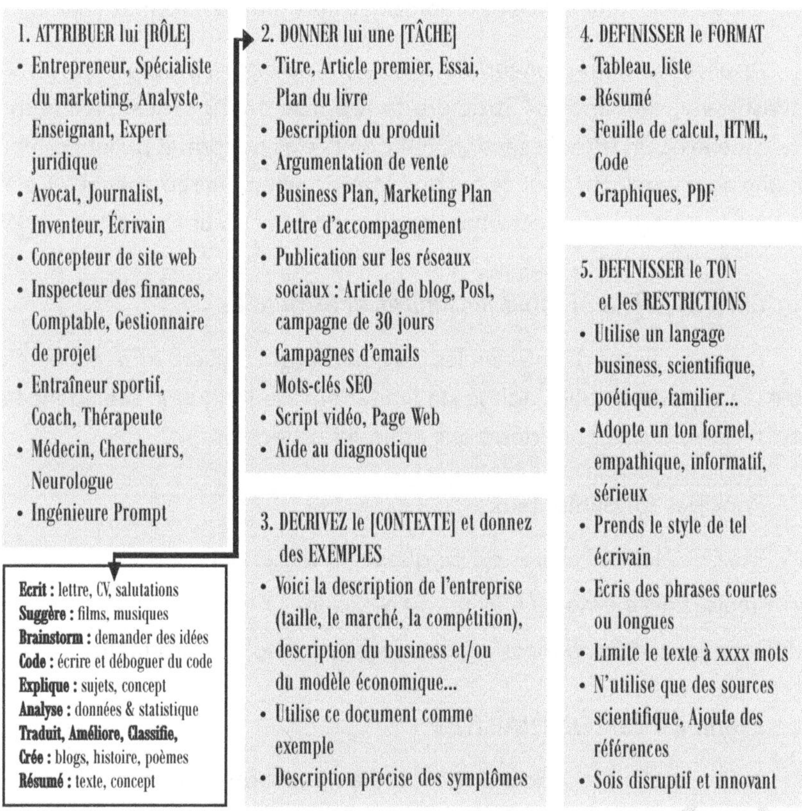

Source : Dr. Yves-marie Le Bay, Université de Nice Cote d'Azur (2025)

EPREUVE

EPREUVE

10.3 Techniques avancées de prompt engineering

10.3.1 Prompting par pensée séquentielle (Chain-of-Thought)

Le prompting par pensée séquentielle, développé par Google DeepMind (Wei et al., 2022), consiste à guider le modèle pour qu'il décompose un problème complexe en étapes intermédiaires explicites avant de formuler sa réponse finale.

Principes fondamentaux :

✓ Demandez explicitement au modèle de raisonner étape par étape

✓ Structurez le prompt pour encourager une décomposition logique

✓ Utilisez cette approche pour les problèmes nécessitant une analyse approfondie

Exemple de prompt :

RÔLE : Agis en tant qu'analyste financier spécialisé dans les startups en phase d'amorçage.

TÂCHE : Évalue la viabilité financière de mon modèle économique SaaS B2B en analysant étape par étape :

1. Les hypothèses de revenu (prix moyen 50 €/mois/utilisateur, taux de conversion estimé 2,5 %, coût d'acquisition client 200 €)
2. La structure de coûts (développement, infrastructure cloud, support client)
3. Le point mort et le délai estimé pour l'atteindre

CONTEXTE : Startup de 3 fondateurs, produit MVP fonctionnel, 100 utilisateurs en bêta gratuite, financement initial de 150 K€, dépenses mensuelles actuelles 15 K€.

FORMAT : Présente ton analyse en trois sections distinctes correspondant aux points ci-dessus, suivies d'une conclusion avec recommandations spécifiques.

CONTRAINTES : Utilise uniquement des métriques standard de l'industrie SaaS, évite les scénarios trop optimistes, et concentre-toi sur les 18 prochains mois.

EPREUVE

EPREUVE

Avant de donner ta conclusion, explicite chaque étape de ton raisonnement.

10.3.2 Prompts itératifs et incrémentaux

Cette approche consiste à construire progressivement une solution en affinant les prompts à travers plusieurs échanges successifs avec le modèle, plutôt que de tenter d'obtenir une réponse parfaite en une seule interaction.

Principes fondamentaux :

✓ Commencez par un prompt général pour obtenir une première version

✓ Analysez la réponse et identifiez les aspects à améliorer

✓ Formulez un prompt de suivi spécifique pour affiner ces aspects

Exemple de prompts :

Étape 1 : Prompt initial

RÔLE : Expert en copywriting pour sites e-commerce.

TÂCHE : Génère 3 propositions de texte pour la page d'accueil de ma boutique en ligne de montres artisanales.

CONTEXTE : Marque premium, cible hommes 35-55 ans, positionnement axé sur l'artisanat français et la durabilité.

FORMAT : Pour chaque proposition, fournir un titre, un sous-titre et un paragraphe introductif.

CONTRAINTES : Max 100 mots par proposition, ton élégant, mais pas prétentieux.

Étape 2 : Prompt d'affinement

TÂCHE : À partir de la proposition #2 que tu as générée, développe une version plus détaillée en renforçant l'aspect « savoir-faire traditionnel transmis de génération en génération ».

FORMAT : Structure le texte en introduction (150 mots), 3 points forts (100 mots chacun) et conclusion avec call-to-action.

EPREUVE

EPREUVE

CONTRAINTES : Maintiens le style établi précédemment, mais intègre 3-4 termes techniques d'horlogerie pour renforcer la crédibilité.

Méta-prompting : utiliser l'IA pour améliorer vos prompts

Le méta-prompting constitue une approche avancée où l'on demande au modèle lui-même d'améliorer ou d'optimiser un prompt existant. Cette technique permet d'exploiter les capacités du LLM pour raffiner votre approche.

Principes fondamentaux :

✓ Présentez votre prompt initial et l'objectif à atteindre

✓ Demandez une analyse critique et des suggestions d'amélioration

✓ Appliquez les modifications recommandées et testez le prompt optimisé

Exemple de méta-prompt :

RÔLE : Expert en prompt engineering avec une spécialisation dans l'optimisation des interactions avec les LLM pour contextes professionnels.

TÂCHE : Analyse mon prompt actuel, identifie ses faiblesses potentielles, et propose une version améliorée qui générera des résultats plus précis et exploitables.

CONTEXTE : J'utilise ce prompt pour générer des analyses de marché dans le secteur de la foodtech.

Mon prompt actuel est :

« Analyse le marché de la livraison de repas préparés pour régimes spécifiques (keto, paléo, etc.) en France. Quelles sont les opportunités et les menaces ? »

FORMAT : Présente ton analyse en trois parties :

1. Diagnostic des faiblesses du prompt actuel (points spécifiques)
2. Principes d'amélioration appliqués
3. Version optimisée du prompt suivant la structure R.T.C.F.C.

EPREUVE

EPREUVE

CONTRAINTES : La version optimisée ne doit pas dépasser 300 mots et doit rester applicable au même modèle de langage.

10.3.3 Techniques de vérification et validation des outputs

Pour maximiser la fiabilité des informations générées par les LLM, plusieurs techniques peuvent être intégrées directement dans vos prompts.

Principes fondamentaux :

✓ Demandez la citation des sources (quand pertinent)

✓ Intégrez des mécanismes de vérification interne

✓ Utilisez les prompts d'auto-évaluation

Exemple de prompt avec mécanismes de vérification :

RÔLE : Analyste expert en études de marché B2B.

TÂCHE : Analyse les tendances actuelles du marché des solutions de signature électronique pour PME en Europe.

CONTEXTE : Je prépare un business plan pour une solution ciblant spécifiquement les cabinets d'expertise comptable et juridique.

FORMAT : Analyse structurée incluant :

1. État actuel du marché (taille, croissance, principaux acteurs)
2. Tendances émergentes (technologiques, réglementaires, comportementales)
3. Opportunités spécifiques pour le segment cible
4. Risques et barrières à l'entrée

CONTRAINTES :

- Pour chaque affirmation factuelle, indique ton niveau de confiance (Élevé/Moyen/Faible)
- Distingue clairement les faits établis des projections ou estimations
- Après chaque section principale, identifie explicitement les informations qui bénéficieraient d'une vérification complémentaire
- Si tu manques d'informations spécifiques et récentes sur un aspect, indique-le clairement plutôt que de spéculer

EPREUVE

EPREUVE

10.3.4 Checklist d'optimisation de prompts

Avant de soumettre votre prompt final, vérifiez qu'il répond aux critères suivants :

Clarté et spécificité

✓ Le rôle attribué est précis et pertinent pour la tâche

✓ L'instruction principale utilise des verbes d'action spécifiques

✓ Les objectifs sont clairement définis et mesurables

✓ Le contexte fournit toutes les informations d'arrière-plan nécessaires

Structure et organisation

✓ Le prompt suit la structure R.T.C.F.C. (Role, Tache, Context, Format, Contrainte)

✓ Les composantes sont visuellement séparées pour faciliter la lecture

✓ L'ordre des informations est logique et progressif

✓ Les listes numérotées sont utilisées pour les instructions séquentielles

Précision et contraintes

✓ Les attentes concernant le format sont explicites

✓ Les limites de longueur ou d'étendue sont spécifiées

✓ Les exigences stylistiques sont clairement communiquées

✓ Les éléments à éviter ou exclure sont mentionnés

Équilibre et objectivité

✓ Le langage utilisé est neutre et sans biais implicites

✓ Des perspectives multiples sont demandées lorsque pertinentes

✓ Des mécanismes de vérification sont intégrés si nécessaire

✓ Le prompt encourage une réponse nuancée plutôt que binaire

EPREUVE

Conclusion : Passer à l'action

> *« La meilleure façon de prédire l'avenir, c'est de le créer. »*
>
> Peter Drucker, Alan Kay ou Abraham Lincoln…

Nous arrivons au terme de notre exploration de l'**EntrepreneurIA**. Au fil des chapitres, vous avez découvert comment l'intelligence artificielle s'inscrit dans le monde de l'entrepreneuriat, et comment elle peut devenir le moteur d'une transformation profonde de votre activité. Cette conclusion est le point de départ de votre propre voyage. Armé de ces connaissances et exemples, vous êtes prêt à passer à l'action et à écrire la suite de votre histoire en tant qu'entrepreneur de l'ère de l'IA.

Pour clôturer l'ouvrage, nous vous proposons d'abord une synthèse stratégique des idées clés et des axes parcourus, écosystème, stratégie, outils, mise en œuvre, éthique, etc. Que signifie « devenir un EntrepreneurIA » ? Ensuite, un plan d'action concret sur 30-60-90 jours vous aidera à enclencher vos premiers projets en intégrant l'IA pas à pas dans votre entreprise. Enfin, un glossaire des termes essentiels vous servira de référence pour naviguer dans le jargon de l'IA. En route vers le futur que vous allez créer !

◆ Synthèse stratégique

Pour commencer, revenons sur les principaux enseignements développés dans ce livre. Cette synthèse est structurée selon les grands axes abordés, de l'écosystème de l'IA aux perspectives futures, afin de dégager une vision d'ensemble cohérente, de ce que signifie « devenir un EntrepreneurIA ».

◆ L'écosystème de l'IA

L'écosystème de l'intelligence artificielle est un environnement dynamique et en constante évolution, dans lequel les entrepreneurs doivent apprendre à naviguer. Au fil de ce livre, nous avons exploré comment cet écosystème se compose d'acteurs variés. Des géants de la tech proposant des plateformes et des services d'IA clé en main, un vivier de startups, des laboratoires de recherche à la pointe des avancées algorithmiques. Sans oublier les institutions publiques qui encadrent et soutiennent le développement de l'IA. Comprendre cet écosystème, c'est réaliser que personne n'innove seul dans son coin. Devenir un EntrepreneurIA implique de s'appuyer sur les ressources existantes, qu'il s'agisse de bibliothèques open source, partagées par la communauté, d'infrastructures cloud accessibles à la demande, ou de programmes gouvernementaux de financement de l'innovation.

L'essor de l'IA a été porté par des facteurs convergents – la disponibilité de masses de données ou Big Data, la puissance de calcul accrue, GPU, cloud computing, et des avancées conceptuelles comme l'apprentissage profond. Cet élan a créé un terrain fertile pour l'émergence de solutions nouvelles dans tous les secteurs. S'insérer dans cet écosystème signifie aussi s'inscrire dans une dynamique collaborative. Participez à des forums ou des communautés en ligne ou locales, nouez des partenariats avec des centres de recherche ou d'autres entreprises, et restez en veille permanente sur les évolutions technologiques et réglementaires. L'écosystème de l'IA vous offre beaucoup d'opportunités – à condition de savoir en tirer parti stratégiquement.

◆ Stratégie

Intégrer l'intelligence artificielle dans une entreprise ne se résume pas à adopter une nouvelle technologie, c'est avant tout un exercice stratégique. Nous avons souligné combien il est crucial d'aligner l'IA avec la vision et les objectifs business de l'organisation. De la définition d'une proposition de valeur augmentée par l'IA, jusqu'à la sélection des domaines d'application prioritaires, la stratégie guide l'entrepreneur dans ses choix. Un point clé abordé est que l'IA n'a de sens que si elle crée de la valeur : améliorer l'efficacité opérationnelle, offrir une expérience client personnalisée, générer de nouveaux revenus ou renforcer un avantage concurrentiel. Ainsi, élaborer une stratégie d'IA revient à identifier les problématiques métiers susceptibles d'être résolues ou transformées par l'IA, puis à fixer des objectifs clairs.

Cette démarche stratégique implique également d'évaluer les atouts et les faiblesses internes face à un projet IA : quelles données possédons-nous et quelles données manquent-elles ? Quelles compétences techniques avons-nous en interne ? Sommes-nous prêts à investir dans la durée ? Autant de questions traitées dans ce livre pour aider à construire une feuille de route IA réaliste. Enfin, la dimension stratégique englobe la gestion du changement. Intégrer l'IA requiert d'embarquer l'équipe dirigeante et l'ensemble des collaborateurs dans la vision, de communiquer sur le « pourquoi » du projet et de préparer le terrain pour l'adoption des nouvelles solutions. La stratégie est le fil rouge qui permet à un EntrepreneurIA de garder le cap. Elle assure que les initiatives en intelligence artificielle servent la mission globale de l'entreprise et s'inscrivent dans une perspective de long terme.

◆ Outils

Au cours de l'ouvrage, nous avons découvert un panorama des outils et technologies à la disposition des entrepreneurs pour donner vie à leurs projets d'IA. Cet arsenal technologique va des frameworks open source aux plateformes cloud proposant des services d'IA prêts à l'emploi. Le message clé est que devenir un EntrepreneurIA ne signifie pas tout développer à partir de zéro : au contraire, il s'agit de tirer parti de ces outils existants pour accélérer son projet. Par exemple, pourquoi réinventer la roue en développant un algorithme de traduction automatique si l'on peut appeler une API performante via un service cloud ? Le choix des outils doit cependant se faire en fonction du contexte de l'entreprise : compétences de l'équipe, budget, contraintes de sécurité ou de confidentialité des données, etc.

Nous avons également abordé des approches récentes visant à démocratiser l'IA, comme les solutions no-code/low-code qui permettent de prototyper des applications intelligentes via des interfaces visuelles plutôt qu'en programmant ligne par ligne. Pour l'entrepreneur, ces solutions sont autant de raccourcis potentiels pour passer de l'idée au produit minimum viable. L'ouvrage a montré qu'il existe des modèles pré-entraînés, notamment des modèles open source de type LLM, que l'on peut utiliser et adapter à ses besoins grâce au fine-tuning.. Le futur EntrepreneurIA doit se constituer une « boîte à outils » adaptée : connaître les principales technologies, savoir où les trouver, comprendre leurs forces et limites, afin de prendre des décisions éclairées sur l'architecture technique de son projet d'IA.

◆ Mise en œuvre

Après la stratégie et le choix des outils vient le temps de l'action. La mise en œuvre d'un projet d'intelligence artificielle est une aventure faite d'itérations, d'apprentissages et parfois d'ajustements en cours de route. Dans ce livre, nous avons décomposé le processus de mise en place d'une solution d'IA en plusieurs étapes concrètes. D'identification du cas d'usage précis et formulation du problème, collecte et préparation des données, développement ou paramétrage du modèle, puis tests et itérations pour affiner les performances.

L'un des enseignements majeurs est l'importance de démarrer modestement – via un prototype ou Proof of Concept – pour valider rapidement la faisabilité et la pertinence de l'approche retenue. Adopter une démarche agile est souvent judicieux : plutôt que d'attendre des mois pour un résultat « parfait » hypothétique, on construit par paliers successifs, en impliquant les utilisateurs finaux dès que possible pour recueillir leur feedback. Cela permet de corriger le tir tôt, de mieux cerner le besoin réel et de faciliter l'adoption finale. La mise en œuvre aborde aussi la question de l'intégration dans les processus existants. Un modèle d'IA qui reste confiné dans un laboratoire ne crée pas de valeur, il faut l'insérer dans le workflow de l'entreprise. Devenir EntrepreneurIA, c'est donc être capable de piloter un projet de bout en bout, en coordonnant les compétences, data scientists, développeurs, experts métier, en gérant les imprévus techniques ou de données. Et en gardant toujours à l'esprit le fil conducteur : l'impact opérationnel du projet.

◆ Éthique

Aucune initiative en intelligence artificielle ne peut aujourd'hui faire l'économie d'une réflexion éthique approfondie. Dans ces chapitres, nous avons insisté sur la responsabilité qui incombe à l'EntrepreneurIA de développer des solutions fiables, transparentes et équitables. Concrètement, cela se traduit par plusieurs préoccupations clés. D'abord, le respect de la vie privée et des réglementations comme le RGPD. Exploiter les données des utilisateurs ou des clients oblige à mettre en place des garde-fous pour garantir la confidentialité et la sécurité de ces informations. Ensuite, la gestion des biais algorithmiques : les modèles d'IA apprennent des données historiques qui peuvent contenir des biais. Vous devez donc tester et superviser les résultats pour éviter de reproduire ou d'amplifier ces injustices à l'échelle. Cela nous a amenés à discuter du concept d'IA explicable. Comment s'assurer que l'on comprend, au moins partiellement, le fonctionnement d'un modèle, surtout s'il s'agit d'une « boîte noire » de deep learning. Comment expliquer une décision automatisée à un client ou à une autorité de contrôle ?

Nous avons vu que l'éthique de l'IA n'est pas un frein à l'innovation, mais bien un cadre nécessaire pour bâtir une confiance durable autour des technologies déployées. Un EntrepreneurIA gagnant est celui qui intègre ces considérations éthiques dès la conception de son projet, plutôt que de les traiter après coup. Cela passe par l'établissement de chartes internes, la formation des équipes aux enjeux de l'IA responsable, et l'adoption des meilleures pratiques. Enfin, l'aspect éthique recouvre aussi l'anticipation du futur cadre légal : à l'horizon se profile l'AI Act européen, qui imposera des contraintes spécifiques selon le niveau de risque des applications de « minimal » à « inacceptable ». L'EntrepreneurIA doit rester attentif à ces évolutions pour garantir que ses innovations seront conformes aux normes et aux attentes de la société.

◆ Témoignages

Tout au long de l'ouvrage, des entrepreneurs et innovateurs ayant déjà intégré l'IA dans leur activité ont partagé leurs expériences – des réussites inspirantes, mais aussi les embûches rencontrées et les leçons apprises. Ces témoignages ont donné vie aux concepts en illustrant de façon concrète ce que signifie initier et mener un projet d'IA sur le terrain. Qu'il s'agisse d'une startup e-commerce, d'une PME industrielle, ou d'une entreprise de services, chaque histoire a apporté son lot d'enseignements. Parmi les points communs à retenir, on note par exemple l'importance de bien définir son cas d'usage dès le départ, car plusieurs témoignages ont insisté sur le fait qu'un projet flou aboutit rarement. La nécessité de former et d'impliquer les collaborateurs : dans les entreprises interrogées, la réussite est souvent passée par une acculturation de tous à l'IA, pour dissiper les craintes et favoriser l'appropriation. Ou encore la patience et la persévérance : peu de projets marchent du premier coup. Il faut accepter de pivoter, d'optimiser progressivement les modèles, voire de revenir à la source si les données ne donnent pas les résultats escomptés.

Les témoignages ont également montré qu'il n'y a pas qu'une seule façon d'être un EntrepreneurIA. Certains ont fait le choix de recruter une équipe data science complète en interne, d'autres ont préféré collaborer avec un prestataire extérieur ou un laboratoire académique pour accéder à des compétences pointues. Certains ont obtenu des financements publics ou levé des fonds auprès d'investisseurs séduits par le potentiel de l'IA dans leur secteur. D'autres ont démarré de façon plus artisanale avec des moyens limités, mais beaucoup de débrouillardise. En utilisant des solutions gratuites ou open sources ou en profitant de formations en ligne pour monter en compétence eux-mêmes. En lisant ces retours d'expérience, vous avez pu vous projeter, vous identifier à ces parcours variés et potentiellement éviter quelques pièges courants. Ils renforcent surtout une conviction : oui, il est possible pour une entreprise, quel que soit sa taille ou son secteur, de réussir sa transformation par l'IA, à condition d'y aller avec méthode, humilité et détermination.

◆ Financement

Un aspect pragmatique crucial abordé dans ce livre est celui du financement des initiatives d'IA. L'adoption de l'intelligence artificielle peut nécessiter des investissements significatifs : acquisition de données, infrastructure informatique, recrutement de talents spécialisés, sans garantie de retour immédiat. Nous avons donc examiné les différentes voies de financement à la disposition d'un EntrepreneurIA. Tout d'abord, le financement interne, via la réallocation de budgets ou le réinvestissement de bénéfices, passe par la construction d'un business case solide. Vous devez convaincre la direction ou les actionnaires en quantifiant le retour sur investissement attendu. Ensuite, pour les startups ou projets plus ambitieux, la recherche de financements externes entre en jeu. Nous avons discuté du capital-risque (VC) qui, ces dernières années, s'intéresse de très près aux startups d'IA, mais exige généralement une proposition de valeur différenciante et une perspective de marché suffisamment large. Intégrer de l'IA dans son pitch peut être un atout, mais gare à l'effet de mode. Les investisseurs deviennent de plus en plus attentifs à la **viabilité réelle** du modèle d'IA proposé et aux avantages concurrentiels durables qu'il procure.

En parallèle, il existe des subventions et aides publiques destinées à encourager l'innovation en IA. Que ce soit au niveau national, par exemple Bpifrance en France propose des appels à projets et des prêts d'amorçage pour l'IA. Ou Européen avec les programmes Horizon Europe, fonds dédiés à la transformation numérique. Un EntrepreneurIA avisé saura explorer ces opportunités de cofinancement, qui réduisent le risque financier tout en offrant parfois un label de crédibilité. Le livre a aussi mis en avant l'idée de s'adosser à de plus gros partenaires pour financer un projet. Par exemple, co-développer une solution avec un client clé prêt à investir, ou intégrer un programme d'accélération d'entreprise où l'on bénéficie de ressources en échange du développement d'une technologie conjointe. Enfin, nous avons évoqué le calcul des **coûts cachés** et l'importance de mesurer les résultats. Un pilote réussi doit pouvoir se transformer en projet pérenne, et cela implique de suivre des indicateurs de performance (KPI) pour prouver la valeur générée. En résumé, le financement d'un projet IA demande une approche multifacette, combinant préparation d'un dossier convaincant, recherche des bonnes sources d'investissement, et gestion rigoureuse des dépenses comme des bénéfices attendus.

◆ Perspectives

Pour conclure la partie analytique du livre, nous avons ouvert le champ sur les perspectives et les tendances émergentes de l'intelligence artificielle, en particulier celles qui impacteront les entrepreneurs dans les années à venir. L'IA évolue vite, et devenir un EntrepreneurIA, c'est aussi se préparer à innover en continu dans un paysage mouvant. Parmi les perspectives abordées, citons la démocratisation accrue de l'IA : les outils deviendront de plus en plus simples d'utilisation, abattant les barrières techniques. Cela signifie plus d'opportunités pour les non-spécialistes, mais également davantage de concurrence et la nécessité de se démarquer avec des solutions de qualité et une excellente compréhension du besoin métier.

Nous avons également évoqué l'arrivée à maturité de certains domaines comme l'IA générative. Capable de créer des images, du texte, du son, qui ouvre des usages insoupçonnés en matière de création de contenu, de design, ou même de développement de produits. Un EntrepreneurIA devra évaluer prudemment ces nouvelles capacités : quelles sont celles qui apportent un avantage concret à mon activité, et comment les intégrer intelligemment ? À plus long terme, des sujets comme l'intelligence artificielle générale (AGI) ou l'automatisation poussée de tâches complexes peuvent faire rêver ou inquiéter. Mais le livre a rappelé qu'à l'horizon de notre plan d'action EntrepreneurIA, vous allez surtout de naviguer dans l'ère de l'IA dite « faible » ou spécialisée. Gardez un œil sur les avancées majeures sans tomber dans la science-fiction. Du point de vue de la société et des marchés, les perspectives incluent aussi un cadre réglementaire qui va se préciser et un degré de maturité du public vis-à-vis de l'IA qui évolue. Le grand public et les clients s'habituent à interagir avec des systèmes intelligents, mais deviennent aussi plus exigeants quant à leur qualité et leur éthique.

Face à ces évolutions, l'EntrepreneurIA doit cultiver une agilité intellectuelle et organisationnelle. Formez constamment, encouragez l'expérimentation en interne pour tester les nouvelles idées d'IA à petite échelle, et soyez prêts à adapter votre modèle d'affaires si une disruption liée à l'IA survient dans votre secteur. Les perspectives sont pleines de promesses – amélioration drastique de la productivité, personnalisation à grande échelle, résolution de problèmes jusqu'ici inabordables – mais elles posent aussi la question de la place de l'humain. L'angle adopté dans le livre est résolument optimiste. L'IA, bien utilisée, augmentera les capacités humaines plus qu'elle ne les remplacera, et les entrepreneurs ont l'occasion d'inventer les emplois et les services de demain en misant sur une collaboration homme-machine harmonieuse.

◆ Devenir un EntrepreneurIA

Quel fil rouge se dessine à travers tous ces thèmes ? Qu'avons-nous appris, en somme, sur ce que signifie *devenir un EntrepreneurIA* ? Plusieurs traits se dégagent. D'abord, c'est adopter un état d'esprit d'explorateur, où la curiosité pour les nouvelles technologies s'accompagne d'un regard critique sur leur utilité réelle. L'EntrepreneurIA est celui qui, face à l'ébullition de l'écosystème IA, sait séparer la mode passagère de la tendance de fond, et repérer l'opportunité qui fera la différence pour son entreprise. C'est aussi un stratège, qui intègre l'IA de façon cohérente dans son modèle économique et sa chaîne de valeur, au service d'une vision claire. Il a compris pourquoi il utilise l'IA, pas juste comment la déployer.

Ensuite, devenir EntrepreneurIA c'est maîtriser de nouveaux outils et compétences ou du moins en comprendre les principes pour dialoguer avec les experts. Sans nécessairement être un data scientist, l'EntrepreneurIA doit pouvoir saisir ce qu'un algorithme peut ou ne peut pas faire. Combien de données sont nécessaires pour entraîner un modèle, ou encore comment interpréter à haut niveau les résultats d'une analyse IA. Cette culture technique de base lui permet de prendre des décisions éclairées, de constituer la bonne équipe, et d'anticiper les défis de mise en œuvre. À cela s'ajoute la responsabilité éthique : l'EntrepreneurIA place l'humain au centre de sa démarche technologique. Il veille à ce que son produit ou service intelligent respecte ses utilisateurs, améliore leur quotidien au lieu de le compliquer, et contribue positivement à la société. Il est conscient que chaque avancée s'accompagne de devoirs en termes de transparence et d'équité.

Enfin, devenir un EntrepreneurIA, c'est faire preuve d'agilité et de résilience. L'innovation ne suit pas un plan linéaire : il faut savoir expérimenter, apprendre de ses échecs, ajuster le tir en cours de route. L'IA apporte son lot d'incertitudes, données imprévisibles, résultats parfois déroutants, mais aussi de surprises positives. L'EntrepreneurIA embrasse cette part d'inconnu comme un atout, car elle signifie que lui et son équipe vont continuer à apprendre et à se dépasser. C'est en gardant cette motivation et cette souplesse que vous parviendrez à transformer l'essai. Faites de l'intelligence artificielle non pas un simple projet de plus, mais un véritable levier de transformation de votre entreprise.

En refermant ce livre, vous avez désormais en main un ensemble de connaissances, d'exemples et de principes pour tracer votre propre chemin en tant qu'EntrepreneurIA.

◆ Plan d'action 30-60-90 jours

Vous disposez maintenant des clés de compréhension et des exemples pour vous lancer. Mais par où commencer concrètement ? Nous vous proposons un plan d'action en trois étapes (30, 60 et 90 jours) pour amorcer votre transformation en EntrepreneurIA. Ce plan, progressif et opérationnel, vous guidera depuis la prise de conscience initiale jusqu'au déploiement d'un premier projet pilote.

Phase 1 (Jours 0 à 30) : S'informer, sensibiliser et préparer le terrain

✓ **Prise de conscience** personnelle – prenez le temps de vous imprégner des enjeux et des opportunités de l'IA pour votre secteur. Cela peut passer par des lectures d'articles, l'exploration de cas d'usage réussis dans votre domaine, ou la participation à un événement, conférence, webinaire sur l'IA. *Exemple :* Si vous dirigez un cabinet comptable, renseignez-vous sur comment des cabinets similaires automatisent la classification des factures grâce à l'IA. Cette étape vise à élargir vos perspectives et à identifier les tendances qui pourraient impacter votre activité. La lecture de notre ouvrage a déjà constitué un excellent point de départ pour cette prise de conscience !

✓ Prise de conscience collective : Organisez des ateliers et séminaires internes pour sensibiliser les équipes aux enjeux et bénéfices de l'IA. Présentez des cas d'usage concrets et positifs issus de votre secteur pour démystifier l'IA et souligner son potentiel bénéfique pour les employés eux-mêmes.

✓ Identification de « champions IA » internes : Désignez des ambassadeurs IA au sein des équipes qui seront formés spécifiquement pour jouer un rôle de soutien, de conseil et de référence auprès de leurs collègues. Leur rôle inclut la communication positive des progrès du projet et la collecte active de retours terrain.

✓ **Audit initial et participatif** – impliquez activement les équipes dans l'audit initial afin de favoriser leur adhésion dès le début du projet. Encouragez-les à identifier eux-mêmes les processus répétitifs ou complexes où ils voient un potentiel d'amélioration grâce à l'IA. Dressez un état des lieux honnête de votre entreprise face à l'IA. Quelles données votre organisation génère-t-elle et stocke-t-elle ? Sont-elles centralisées (par exemple dans un tableur, un CRM) et exploitables ? Quelles sont les compétences techniques de vos équipes : y a-t-il des personnes à l'aise avec l'analyse de données ou la programmation ? Quelles tâches répétitives ou décisions pourraient potentiellement être améliorées par de l'IA ? Listez également vos éventuelles contraintes, réglementations spécifiques, budget limité, etc. *Conseil pratique :* utilisez un tableau simple pour recenser vos processus métiers majeurs et évaluer leur « potentiel IA » sur une échelle faible, moyen, fort. *Exemple :* Un restaurant avec livraison à domicile pourrait identifier la gestion des stocks et la prévision des affluences comme des processus à fort potentiel d'amélioration par l'IA. Cette prédiction de la demande permettra de mieux ajuster les commandes de matières premières.

✓ **Formation et acculturation** – montez en compétence sur les fondamentaux de l'IA. Il n'est pas question de devenir un expert en 30 jours, mais d'acquérir un vocabulaire et une compréhension suffisante pour dialoguer avec des spécialistes et orienter vos décisions. Pour cela, vous pouvez suivre des cours en ligne introductifs. De nombreux MOOC, souvent gratuits, existent en français et en anglais. Regardez des tutoriels vidéo, ou lisez des guides pratiques destinés aux non-techniciens. *Conseil :* Déployez des formations courtes et interactives, en présentiel ou via des plateformes d'apprentissage en ligne (MOOCs), adaptées au niveau de chaque équipe. Privilégiez une pédagogie par projets et des témoignages d'experts pour maintenir l'engagement des collaborateurs. Impliquez d'autres membres de votre équipe dans cette formation de base, afin de créer un noyau dur conscient des enjeux de l'IA dans l'entreprise. *Exemple :* Le dirigeant d'une

PME industrielle suit un MOOC généraliste sur l'IA pendant que son responsable informatique se forme plus spécifiquement aux outils de data visualisation – chacun apporte ensuite ses connaissances lors de réunions projet.

✓ **Identification collaborative des cas d'usage prioritaires** – organisez des sessions de brainstorming participatives où les équipes, guidées par un expert, proposent, évaluent et priorisent ensemble les cas d'usage potentiels. Mettez en place une grille de décision claire basée sur l'impact métier, l'effort requis, et le niveau d'adhésion des équipes.

✓ Cherchez les **quick wins** : des applications à la fois réalisables, données accessibles, faisabilité technique et à fort impact sur votre business, ROI élevé ou gain stratégique. *Outils utiles :* matrice impact/effort pour classer les idées, et grille d'évaluation du risque versus valeur. *Exemple :* Une entreprise de e-commerce pourrait envisager l'IA pour la recommandation de produits, l'optimisation des tarifs, et l'automatisation du service client ; après évaluation, elle décide que la recommandation personnalisée est le cas d'usage le plus prioritaire, car elle dispose déjà de données clients abondantes et cela pourrait augmenter significativement le chiffre d'affaires. Une fois un ou deux cas d'usage prioritaires identifiés, formulez-les clairement.

Phase 2 (Jours 31 à 60) : Prototyper et mobiliser l'équipe autour du prototype

✓ **Prototypage rapide** et co-construction – développez votre proof of concept (PoC) en impliquant directement les utilisateurs finaux dès les premières étapes du prototypage. Leur participation active au processus technique augmentera leur compréhension et leur confiance envers l'outil développé.

✓ Lancez-vous dans la réalisation d'un premier **proof of concept** sur le cas d'usage numéro 1 déterminé à l'étape précédente. L'objectif est de développer en quelques semaines un prototype fonctionnel, même simplifié, afin de valider le bien-fondé de l'idée. Pour ce faire, adoptez une approche pragmatique : utilisez un sous-ensemble de données (par exemple les données des 6 derniers mois uniquement), et choisissez l'outil le plus rapide pour obtenir un résultat. *Exemple :* Si votre cas d'usage est un modèle de prévision des ventes, vous pourriez commencer par tester un modèle basique dans un fichier Excel avancé. L'important est d'obtenir un premier retour : le modèle arrive-t-il à dégager une tendance ? Même avec une marge d'erreur, apporte-t-il plus de valeur que les méthodes actuelles ?

✓ **Choix d'outils et de technologies** – En parallèle du prototypage, affinez votre sélection d'outils pour la suite du projet. Sur la base de ce qui a été expérimenté, décidez si vous allez continuer avec un outil no-code/lowcode, un développement spécifique (par exemple en Python) utilisant des API pour accéder à différents modèles d'IA propriétaire ou Open source. Chaque option a ses avantages : les plateformes cloud offrent rapidité et scalabilité, les solutions open source donnent plus de contrôle et évitent la dépendance à un fournisseur. Pensez également aux ressources nécessaires : un déploiement sur site (on-premise) demandera peut-être du matériel (serveur, GPU) alors qu'une solution cloud convertira ces dépenses en facturation à l'usage. *Conseil :* documentez les raisons de vos choix technologiques (coût estimé, compétences requises, facilité d'intégration), cela vous aidera à communiquer sur le projet. Il compare les résultats et la simplicité d'implémentation, et tranche en faveur de l'API cloud pour accélérer la suite, tout en notant qu'à long terme le coût par appel API devra être surveillé.

✓ **Mobilisation de l'équipe et atelier d'adoption** – Un projet d'IA ne doit pas rester l'affaire d'une seule personne. Organisez des ateliers réguliers pour que les équipes découvrent, testent et donnent leur avis sur les outils sélectionnés ou développés. Ces interactions permettent d'anticiper les réticences, d'ajuster les fonctionnalités et d'accroître l'acceptation interne. Profitez de cette période pour élargir le cercle des contributeurs. Présentez le prototype, même rudimentaire, aux équipes concernées par le cas d'usage et recueillez leurs retours. Identifiez en interne des « champions » prêts à porter le projet avec vous. Par exemple un manager opérationnel enthousiaste à l'idée d'automatiser une tâche fastidieuse, ou un employé féru de tech qui pourra consacrer du temps à l'affinage du modèle. Assurez-vous aussi du soutien visible de la direction si vous n'êtes pas vous-même le dirigeant : un sponsor haut placé qui croit au projet peut lever bien des freins. *Exemple :* Dans une entreprise de services, l'initiative de créer un chatbot est partagée avec l'équipe support client ; deux conseillers clients volontaires testent le prototype de chatbot et proposent des améliorations sur les réponses, tandis que le responsable du service client communique à toute l'entreprise sur les progrès réalisés, montrant ainsi l'engagement du management.

✓ **Premiers tests en conditions réelles** – lorsque le prototype atteint un minimum de maturité même imparfait, mettez-le à l'épreuve dans un contexte réel, mais contrôlé. Cela peut signifier déployer l'outil pour une courte durée ou sur un périmètre réduit, afin d'observer son fonctionnement concret. Sur cette période de test, collectez autant de données que possible : les prédictions de l'IA concordent-elles avec la réalité ? Les utilisateurs finaux interagissent-ils avec la solution et en tirent-ils satisfaction ? Notez les problèmes rencontrés, les erreurs ou les retours d'utilisateurs, car ils seront précieux pour l'amélioration.

Phase 3 (Jours 61 à 90) : Déploiement pilote et ajustements

✓ **Déploiement pilote** participatif – Fort des enseignements du prototype et des tests préliminaires, passez à l'échelle d'un **projet pilote** plus formel. Le principe est de déployer votre solution d'IA dans un environnement réel élargi, mais toujours limité pour maîtriser les risques. Il peut s'agir de l'étendre à une agence, un magasin, une ligne de produits ou un segment de clientèle. Définissez clairement la durée de cette phase pilote et les moyens alloués. Communiquez régulièrement et ouvertement sur les objectifs, les résultats attendus et les ajustements potentiels.

✓ **Définition des indicateurs de succès** – avant même de débuter le pilote, impliquez les équipes dans la définition et le suivi des indicateurs clés (KPI). Cette démarche participative renforce le sentiment d'appropriation du projet et donne du sens aux indicateurs suivis. Vous devez avoir arrêté une liste d'indicateurs clés (KPI) qui permettront d'évaluer objectivement la performance du projet. Ces indicateurs peuvent être techniques, précision des prédictions, temps de réponse du système, mais surtout métier, gain de temps, réduction de coûts, satisfaction client, hausse du chiffre d'affaires, etc.. Fixez des cibles ou du moins des valeurs de référence avec lesquelles comparer. *Conseil :* ne choisissez pas trop d'indicateurs – concentrez-vous sur 2 ou 3 métriques vraiment significatives et faciles à mesurer régulièrement.

✓ **Boucle de retour d'expérience** – pendant et à l'issue du pilote, mettez en place des points de suivi pour recueillir les retours d'expérience. Cela inclut l'analyse des indicateurs quantitatifs, mais aussi des feedbacks qualitatifs : avis des utilisateurs finaux (employés ou clients), commentaires des managers concernés, difficultés techniques rencontrées par l'équipe projet. Organisez par exemple une réunion de bilan à mi-parcours et en fin de pilote pour faire le point sur ce qui fonctionne, ce qui coince, et les imprévus découverts en situation réelle.

✓ **Ajustements stratégiques et passage à l'échelle** – À la fin du pilote, valorisez collectivement les réussites, les enseignements tirés et les contributions individuelles. Capitalisez sur ces apprentissages pour ajuster votre stratégie. Si le pilote est concluant, élaborez un plan de déploiement global : quelles ressources supplémentaires faudra-t-il (recrutements, budget, infrastructure) pour étendre la solution à l'ensemble de l'entreprise ou à de nouveaux cas d'usage ? Quelle feuille de route pour les prochains mois : améliorations à apporter au modèle, intégration plus poussée aux systèmes existants, etc. ? Si les résultats sont mitigés, voire négatifs, tirez-en les leçons : l'idée est-elle à revoir, le modèle à améliorer avec plus de données, ou le cas d'usage finalement moins prioritaire que prévu ? Dans tous les cas, communiquez ces résultats et décisions aux parties prenantes, direction, équipes, voire investisseurs, en toute transparence en soulignant l'importance du rôle des équipes dans la réussite future.

Ce plan en 30-60-90 jours est là pour vous mettre en mouvement. Il ne s'agit pas d'un parcours figé : adaptez-le à votre contexte, et n'hésitez pas à ajuster les délais ou l'ordre de certaines étapes si nécessaire. L'essentiel est de garder une dynamique d'avancement. Passé ces 90 jours, vous aurez accompli ce qui est souvent le plus difficile : passer de l'idée à la pratique. Vous aurez également accumulé de précieux retours d'expérience. La suite consistera à pérenniser et amplifier ces premiers succès, ou à explorer de nouveaux cas d'usage avec la même méthodologie. En répétant ces cycles d'itération, vous ancrerez progressivement l'IA dans l'ADN de votre entreprise. Le voyage de l'EntrepreneurIA ne fait que commencer – et chaque étape franchie vous rendra plus confiant et ambitieux pour la suivante.

Annexes et Ressources

Glossaire

Ce glossaire réunit une trentaine de concepts et acronymes clés abordés dans le livre, avec pour chacun une définition simple, leur usage courant en entreprise, et un exemple d'application.

Agent conversationnel (Chatbot)

Définition : Programme logiciel capable de dialoguer avec un utilisateur en langage naturel (texte ou voix).

Usage en entreprise : Servir d'assistant virtuel pour le support client, le renseignement des usagers ou l'aide interne aux employés, 24 h/24 et à grande échelle.

Exemple d'application : Le site web d'une banque déploie un agent conversationnel qui répond instantanément aux questions simples des clients (solde du compte, procédure pour faire opposition).

AI Act (règlement européen sur l'IA)

Définition : future réglementation de l'Union européenne encadrant le développement et l'usage de l'intelligence artificielle, avec une classification des systèmes d'IA par niveaux de risque.

Usage en entreprise : Les entreprises devront analyser le niveau de risque de leurs projets IA et se conformer aux obligations associées (documentation technique, contrôle humain, tests, etc.).

Exemple d'application : Une startup qui développe un logiciel de recrutement basé sur l'IA (usage à risque élevé) devra documenter son algorithme, tester l'absence de biais et permettre un contrôle humain, conformément à l'AI Act.

API (Interface de Programmation d'Application)

Définition : Ensemble normalisé de fonctions et de protocoles permettant à un logiciel d'accéder aux services ou aux données d'un autre logiciel.

Usage en entreprise : Les API sont utilisées pour intégrer facilement des services externes : par exemple, appeler une API de reconnaissance d'image ou de traduction automatique plutôt que de développer son propre algorithme.

Exemple d'application : Un site d'e-commerce utilise l'API de Google Translate pour traduire automatiquement les avis clients dans différentes langues, sans développer lui-même de moteur de traduction.

Apprentissage automatique (Machine Learning)

Définition : Sous-domaine de l'IA dans lequel des algorithmes apprennent à partir de données pour faire des prédictions ou prendre des décisions, au lieu d'être programmés explicitement.

Usage en entreprise : sert à analyser de grands volumes de données et automatiser des tâches complexes. Par exemple prédire les ventes, détecter des fraudes ou recommander des produits à des clients.

Exemple d'application : Un service de streaming musical utilise l'apprentissage automatique pour recommander des chansons à chaque utilisateur en fonction de ses écoutes passées.

Apprentissage non supervisé (Unsupervised Learning)

Définition : Technique de machine learning où l'algorithme cherche à dégager des structures dans des données non étiquetées (sans réponse connue à l'avance).

Usage en entreprise : permet de segmenter des clients en groupes homogènes sans critère prédéfini, ou de détecter des anomalies dans des données (transactions inhabituelles, etc.).

Exemple d'application : Une plateforme vidéo applique un algorithme non supervisé pour regrouper ses abonnés par profils de visionnage (fans de sport, amateurs de séries, etc.) sans catégorie prédéterminée.

Apprentissage par renforcement (Reinforcement Learning)

Définition : Technique de machine learning où un agent logiciel apprend par essais-erreurs, guidés par des récompenses ou pénalités, afin de maximiser une récompense cumulée.

Usage en entreprise : utilisé pour optimiser des processus séquentiels complexes (logistique, trading automatisé, contrôle de robots) en apprenant de l'expérience.

Exemple d'application : Un système de gestion d'énergie apprend par renforcement à ajuster le chauffage/climatisation d'un bâtiment en temps réel, en recevant une récompense lorsque la consommation diminue tout en maintenant le confort.

Apprentissage profond (Deep Learning)

Définition : Technique avancée de machine learning s'appuyant sur des **réseaux de neurones artificiels** à plusieurs couches (dits « profonds »), capables d'apprendre des représentations complexes des données.

Usage en entreprise : a permis des progrès majeurs en vision par ordinateur (reconnaissance d'objets, conduite autonome), en langage naturel (traduction, analyse de sentiments) ou en prédiction (moteurs de recommandation).

Exemple d'application : Un hôpital utilise l'apprentissage profond pour analyser des radiographies. Un réseau de neurones convolutif détecte automatiquement des anomalies subtiles sur des images médicales, aidant le radiologue dans son diagnostic.

Apprentissage supervisé (Supervised Learning)

Définition : Approche de machine learning où l'on entraîne un modèle sur des données d'entraînement étiquetées (avec la « bonne réponse » connue), afin qu'il apprenne à prédire cette réponse sur de nouveaux exemples.

Usage en entreprise : C'est la méthode la plus courante pour prédire des valeurs (ventes futures, température) ou classer des éléments (e-mail spam ou non, client à risque ou non) à partir d'historiques de données connus.

Exemple d'application : Une assurance entraîne un modèle supervisé sur des milliers de sinistres passés (avec leur coût final) pour prédire dès la déclaration d'un nouvel accident le coût probable, et ainsi mieux provisionner les indemnités.

AutoML (Automated Machine Learning)

Définition : Approche visant à automatiser une partie de la création de modèles de machine learning (sélection d'algorithmes, réglage de paramètres, etc.), via des outils facilitant le travail du data scientist.

Usage en entreprise : permet à des équipes avec peu de spécialistes IA de développer rapidement des modèles prédictifs. On le retrouve dans le marketing (prédire le départ client), la finance (score de risque) ou la maintenance (anticiper les pannes) grâce à des plateformes simplifiées.

Exemple d'application : le service RH d'une entreprise utilise un outil AutoML : il fournit ses données du personnel (âge, poste, ancienneté…) et l'outil génère automatiquement un modèle prédisant quels employés risquent de démissionner prochainement.

Biais algorithmique

Définition : Distorsion ou discrimination produite par un algorithme d'IA, souvent héritée de biais présents dans les données d'entraînement ou introduite par la conception du modèle.

Usage en entreprise : Il est crucial de détecter et corriger les biais pour éviter des décisions injustes ou discriminatoires (dans le recrutement, l'octroi de crédit, etc.) et se conformer à l'éthique et à la loi.

Exemple d'application : une banque découvre que son modèle de scoring de crédit défavorise systématiquement des emprunteurs d'un certain quartier – un biais hérité des données historiques – et revoit son algorithme pour le corriger.

Big Data

Définition : Terme désignant des ensembles de données si volumineux, variés ou générés si vite qu'ils dépassent les capacités des outils informatiques traditionnels pour être analysés. On les caractérise souvent par les « 3 V » : Volume, Variété, Vélocité.

Usage en entreprise : Le Big Data nécessite des technologies dédiées (stockage distribué, calcul parallèle), mais offre de nouvelles opportunités d'analyse. Il permet par exemple d'exploiter les données issues des réseaux sociaux, des capteurs ou des logs web pour améliorer les produits et décisions.

Exemple d'application : Une chaîne de supermarchés analyse des millions de transactions et données de fidélité chaque jour pour ajuster ses stocks en temps réel et personnaliser ses promotions, exploitant ainsi ses Big Data.

Cloud computing

Définition : Mode de fourniture de services informatiques via Internet, à la demande, allant de l'infrastructure (serveurs, stockage) aux plateformes et logiciels, généralement facturé à l'usage.

Usage en entreprise : Le cloud permet aux entreprises d'accéder à des ressources informatiques flexibles sans investissement lourd. Pour l'IA, il offre la possibilité de louer des machines puissantes pour entraîner des modèles ou d'utiliser directement des services d'IA, hébergés dans le cloud.

Exemple d'application : Une startup lance une application mobile qui analyse des photos via un modèle d'IA. Plutôt que d'acheter des serveurs, elle envoie chaque photo sur un serveur cloud où le modèle est exécuté, et ne paie que les ressources cloud utilisées à chaque analyse.

Data lake

Définition : « Lac de données » – dépôt centralisé qui stocke toutes les données brutes d'une organisation (structurées ou non) dans leur format d'origine, sans structure imposée à l'avance.

Usage en entreprise : sert de base aux projets Big Data et IA en rassemblant toutes les informations disponibles. Des data scientists peuvent explorer ce gisement de données pour y trouver des corrélations ou entraîner des modèles, même si les données n'ont pas encore été nettoyées ou formatées.

Exemple d'application : un constructeur automobile alimente un data lake avec les données des capteurs de ses véhicules, les historiques d'entretien et les retours clients. Ses analystes y puisent pour développer un algorithme de prédiction de pannes en combinant ces sources variées.

Edge computing

Définition : Paradigme où les calculs sont effectués au plus près de la source des données (sur des objets connectés, des capteurs ou des serveurs locaux), plutôt qu'envoyés dans le cloud.

Usage en entreprise : utile quand on a besoin de réactivité en temps réel ou de fonctionner sans connexion internet permanente. L'edge computing est utilisé par exemple dans les usines pour traiter immédiatement les données d'une machine pour détecter une anomalie. Ou dans les dispositifs IoT de terrain, analyser des images sur un drone sans attendre un envoi au cloud.

Exemple d'application : Une exploitation agricole utilise des drones équipés de caméras pour surveiller les cultures. L'analyse d'images se fait directement à bord du drone (edge computing) pour détecter immédiatement les zones à irriguer ou traiter, sans dépendre d'une connexion.

Entrepôt de données (Data Warehouse)

Définition : Base de données centralisée et structurée qui agrège des données d'entreprise issues de différentes sources, organisées selon un schéma unifié pour faciliter les requêtes et analyses.

Usage en entreprise : Le data warehouse alimente la **business intelligence** : tableaux de bord, rapports annuels, indicateurs clés proviennent généralement de l'entrepôt de données, garantissant que tout le monde s'appuie sur des chiffres consolidés et fiables.

Exemple d'application : Un groupe hôtelier alimente chaque nuit un entrepôt de données avec les réservations, annulations et avis clients du jour. Le lendemain, les responsables consultent un tableau de bord global (taux d'occupation, revenu moyen) issu de cet entrepôt pour piloter l'activité.

Éthique de l'IA

Définition : Ensemble des principes moraux et des bonnes pratiques visant à assurer que le développement et l'usage de l'IA se font de manière responsable, sans nuire aux personnes ni à la société.

Usage en entreprise : se traduit par des chartes éthiques internes, des comités d'éthique évaluant les projets IA sensibles. Ou l'adoption de lignes directrices (transparence, équité, respect de la vie privée) pour guider les équipes dans la conception de solutions d'IA.

Exemple d'application : Une entreprise de réseaux sociaux renonce à déployer un algorithme jugé trop intrusif par son comité d'éthique interne, évitant ainsi de possibles atteintes à la vie privée de ses utilisateurs et des polémiques publiques.

Explicabilité (Explainability)

Définition : Capacité à expliquer le fonctionnement ou les décisions d'un modèle d'IA de manière compréhensible pour un humain, afin de sortir de l'effet « boîte noire ».

Usage en entreprise : cruciale dans les secteurs régulés (banque, santé...) où il faut justifier les décisions automatiques. Les entreprises utilisent des outils d'explicabilité pour identifier les facteurs qui ont influencé une prédiction et ainsi pouvoir l'expliquer aux clients ou aux autorités en cas de besoin.

Exemple d'application : Un assureur détermine les primes d'assurance auto via un modèle IA, mais fournit à chaque client une explication personnalisée. « Votre prime est plus élevée, car vous avez eu 2 accidents récemment », ce qui est rendu possible grâce à l'explicabilité du modèle.

Fine-tuning

Définition : Procédé consistant à prendre un modèle d'IA pré-entraîné sur un large jeu de données et à le réentraîner légèrement sur une donnée plus spécifique pour l'adapter à une tâche particulière.

Usage en entreprise : Très courant pour exploiter la puissance de modèles existants sans avoir à tout recréer. Une entreprise peut ainsi prendre un modèle de langage général (type GPT) et le fine-tuner sur ses propres textes métiers pour améliorer les performances sur son domaine.

Exemple d'application : Une société dispose de milliers de documents juridiques scannés. Elle utilise un modèle de traitement du langage pré-entraîné sur du texte générique, puis le fine-tuner avec ses documents juridiques numérisés. Le modèle devient alors beaucoup plus efficace pour extraire les clauses importantes de contrats de ce type.

Intelligence artificielle (IA)

Définition : Discipline scientifique et ensemble de techniques visant à créer des machines ou des programmes capables d'accomplir des tâches normalement réservées à l'intelligence humaine (compréhension, apprentissage, résolution de problèmes, etc.).

Usage en entreprise : Terme générique recouvrant de nombreuses applications concrètes : automatisation de processus, analyse prédictive, assistants virtuels, robots physiques, systèmes d'aide à la décision… L'IA est utilisée dès qu'une tâche complexe peut être en partie déléguée à la machine pour gagner en efficacité ou en qualité.

Exemple d'application : Dans une PME, l'IA peut prendre la forme d'un logiciel qui lit et traite automatiquement les factures fournisseurs (reconnaissance de texte) pour réduire le travail manuel de saisie.

Intelligence artificielle générative (IA générative)

Définition : Sous-ensemble de l'IA qui se concentre sur la génération de contenu nouveau (texte, images, sons…) à partir de modèles entraînés sur de grandes quantités de données existantes.

Usage en entreprise : Émerge dans la création de contenu assistée (rédaction de brouillons d'articles, génération d'images pour des maquettes, création de dialogues automatisés, etc.). Elle peut accélérer les processus créatifs et proposer des idées inédites, tout en nécessitant une validation humaine.

Exemple d'application : Un studio de design graphique utilise une IA générative d'images pour proposer à un client plusieurs variantes de logos à partir d'une description textuelle. Le designer humain peaufine ensuite la meilleure proposition, ce qui a réduit le temps de conception initiale.

Internet des objets (IoT)

Définition : Réseau d'objets physiques dotés de capteurs ou d'électronique, connectés à Internet, capables de collecter et d'échanger des données (ex. : montres connectées, capteurs industriels, véhicules intelligents).

Usage en entreprise : L'IoT fournit une multitude de données en temps réel qui alimentent les systèmes d'IA. Par exemple, des capteurs dans une usine envoient des mesures en continu qu'une IA analyse pour optimiser la production ou anticiper des pannes (maintenance prédictive).

Exemple d'application : Une compagnie d'assurance automobile propose à ses clients un boîtier connecté à installer dans leur voiture. Les données de conduite collectées (vitesse, freinages brusques, kilométrage) sont analysées par une IA qui ajuste la prime d'assurance en fonction du profil de conduite réel de l'assuré.

LLM (Large Language Model)

Définition : "Grand modèle de langage". Modèle d'IA, souvent basé sur des réseaux de neurones de type Transformer, entraîné sur d'immenses corpus de textes et capable de comprendre et générer du texte de manière très naturelle.

Usage en entreprise : Les LLM récents (ex : GPT-3, GPT-4) sont disponibles via des API et peuvent répondre à des questions, rédiger des résumés, créer du contenu ou assister le service client par chatbot. Ils permettent d'automatiser ou d'accélérer des tâches rédactionnelles et analytiques complexes.

Exemple d'application : Un cabinet de conseil intègre un LLM à son intranet : les consultants posent des questions en langage naturel (par ex. « Quels sont les principaux risques de ce projet ? ») et l'IA, entraînée sur la base documentaire interne, fournit une réponse synthétique en quelques secondes.

MLOps (Machine Learning Operations)

Définition : Ensemble de pratiques inspirées du DevOps pour gérer le cycle de vie des modèles de machine learning, de leur développement jusqu'à leur déploiement et maintenance en production.

Usage en entreprise : Incontournable dès qu'on industrialise des modèles d'IA. Le MLOps prévoit la version des jeux de données et modèles, l'automatisation des déploiements, la surveillance continue des performances et la mise à jour régulière des modèles pour garantir qu'ils restent fiables dans le temps.

Exemple d'application : Une banque déploie en production un modèle d'IA pour accorder des crédits. Grâce à une pipeline MLOps, les data scientists peuvent chaque mois réentraîner le modèle avec les nouvelles données, tester automatiquement la nouvelle version, et la déployer si elle est meilleure, tout en surveillant en continu l'exactitude du modèle.

Modèle open source

Définition : Modèle d'IA dont l'architecture et souvent les paramètres entraînés sont publiquement disponibles, permettant à quiconque de les utiliser ou les adapter librement.

Usage en entreprise : Un modèle open source offre un point de départ gratuit et flexible pour développer une solution. Plutôt que de payer pour un modèle propriétaire, une entreprise peut télécharger un modèle open source (par ex. un réseau de vision pré-entraîné) et le personnaliser sur ses données, réduisant coûts et délais.

Exemple d'application : Pour son application mobile d'identification de plantes, une startup utilise un modèle de vision open source déjà entraîné sur des millions d'images (MobileNet). Elle le fine-tune sur quelques milliers de photos de sa base de plantes et obtient rapidement un classificateur d'images performant sans tout développer de zéro.

No-code/Low-code

Définition : Approches de développement qui réduisent fortement ou éliminent l'écriture de code, grâce à des interfaces graphiques et des composants préfabriqués.

Usage en entreprise : permettent à des non-développeurs de créer des applications ou des prototypes. En IA, il existe des outils no-code/low-code pour construire un petit modèle prédictif ou un chatbot via un simple paramétrage visuel, ce qui accélère l'expérimentation et implique les métiers dans la conception.

Exemple d'application : Un responsable marketing, sans savoir programmer, utilise une plateforme low-code pour créer un tableau de bord qui affiche les ventes du mois. Il prévoit celles du mois suivant à l'aide d'un module prédictif intégré, le tout en glissant-déposant des blocs fonctionnels.

Proof of Concept (PoC)

Définition : Réalisation d'un prototype minimaliste destinée à prouver qu'une idée ou une méthode est viable, avant d'investir dans un déploiement complet.

Usage en entreprise : Un PoC IA permet de valider rapidement une hypothèse (ex. : « Ce modèle peut-il prédire correctement tel phénomène ? »). S'il est concluant, on peut alors convaincre les décideurs d'allouer plus de ressources pour passer en pilote puis en production.

Exemple d'application : Avant d'automatiser son support client, une entreprise réalise un PoC de chatbot en configurant un agent virtuel répondant aux 10 questions les plus fréquentes. En deux semaines de test, elle vérifie que 50 % des demandes simples sont traitées automatiquement avec satisfaction, ce qui justifie d'étendre le projet.

RGPD (Règlement Général sur la Protection des Données)

Définition : Règlement européen, en vigueur depuis 2018, qui encadre strictement la collecte et le traitement des données personnelles des citoyens de l'UE (consentement, droit d'accès/suppression, sécurité, etc.).

Usage en entreprise : Toute entreprise manipulant des données personnelles doit se conformer au RGPD. En pratique, cela signifie entre autres documenter les finalités d'utilisation des données, ne collecter que ce qui est nécessaire, protéger ces données (chiffrement, anonymisation) et respecter les droits des personnes.

Exemple d'application : Une application mobile de santé explique clairement à l'utilisateur quelles données médicales elle collecte et dans quel but (améliorer le coaching santé via une IA). Elle obtient son consentement explicite et offre la possibilité de supprimer ses données à tout moment, conformément au RGPD.

Science des données (Data Science)

Définition : Discipline consistant à exploiter des volumes de données pour en extraire des connaissances utiles, en combinant statistique, informatique et expertise métier.

Usage en entreprise : Au cœur de la transformation **data-driven**, la science des données permet d'éclairer les décisions, analyses prédictives, modèles d'aide à la décision. Elle permet de créer de nouveaux leviers de croissance, produits basés sur la donnée, optimisation de processus. Les data scientists travaillent sur les données de l'entreprise pour y déceler des tendances ou construire des modèles qui améliorent la performance.

Exemple d'application : chez un opérateur télécom, l'équipe data science analyse des millions de données d'usage (appels, internet, support client) pour prédire quels abonnés risquent de résilier. Ces insights alimentent des campagnes ciblées pour fidéliser les clients menacés de départ.

Traitement du langage naturel (NLP)

Définition : Domaine de l'IA qui vise à permettre aux machines de comprendre, d'analyser et de générer du langage humain (textes ou parole).

Usage en entreprise : Le NLP est utilisé pour classer automatiquement des e-mails, analyser le sentiment de commentaires clients, alimenter des chatbots capables de converser, traduire des documents ou rechercher des informations pertinentes dans de gros volumes de texte.

Exemple d'application : Un cabinet juridique utilise le NLP pour passer au crible chaque jour les nouvelles décisions de justice publiées. L'algorithme identifie celles qui concernent ses domaines de spécialité et en extrait un résumé, aidant les avocats à rester à jour sans tout lire en détail.

Vision par ordinateur (Computer Vision)

Définition : Branche de l'IA qui permet à une machine de comprendre et d'interpréter des images ou des vidéos, en identifiant automatiquement les objets, visages, textes ou événements qu'elles contiennent.

Usage en entreprise : La vision par ordinateur automatise des tâches comme le contrôle qualité visuel en usine, l'analyse de vidéos de surveillance, ou l'extraction d'informations à partir de documents papier numérisés (OCR).

Exemple d'application : Une société gérant des parkings équipe ses entrées de caméras intelligentes : la **vision par ordinateur** y lit les plaques d'immatriculation des voitures en temps réel. Cela permet d'ouvrir automatiquement la barrière pour les abonnés et de calculer la durée de stationnement des visiteurs sans ticket.

Bibliographie

Chapitre 1

[1] EY & La French Tech. (2024). Étude sur les levées de fonds IA en France.

[2] Deloitte. (2024). Compétences IA des conseils d'administration.

[3] McKinsey. Impact potentiel de la GenAI sur le PIB français

[4] Statistiques d'emploi IA en France. (2024-2025). Ministère de l'Enseignement supérieur.

[5] Julia, L. (2025). Entretien accordé dans le cadre du projet EntrepreneurIA.

[6] Ateliers de France. (2024). Restauration du patrimoine avec IA. Entretien accordé dans le cadre du projet EntrepreneurIA.

Chapitre 2

[1] EY (2024). Données sectorielles sur l'adoption de l'IA et les investissements.

[2] McKinsey & Company Impact économique de l'IA.

[3] Deloitte (2023). Transformation digitale des entreprises et rôle des conseils d'administration.

[4] OCDE (2023). Perspectives sur l'automatisation et les compétences dans les PME.

[5] Boddu, S. K., et al. (2022). Applications of Artificial Intelligence in Digital Marketing : A Literature Review. (Étude identifiant 8 cas d'usage clés).

[6] Paschen, J., Pitt, L., Kietzmann, J. (2020). Artificial intelligence in marketing : Conceptual foundations and research issues. Journal of Business Research.

[7] Rust, R. T. (2020). The Future of Marketing. Journal of Marketing, 84(4).

[8] Li, J., & Huang, J. (2020). Fear of being replaced by AI : The role of perceived threat and resistance to change. Computers in Human Behavior.

[9] Méthodologie SMART (Spécifique, Mesurable, Atteignable, Réaliste, Temporel).

Chapitre 3

[1] Madrona : Big Tech's AI Spend : Fuel for the Startups That Will Shape the Future

[2] Microsoft : Accelerating over 130,000 Hugging Face models with ONNX Runtime

[3] IBM : The AI Alliance

[4] CCI Lyon Metropole : Cas d'usages de l'IA en entreprise

[5] Ataccama : Businesses will fail without AI adoption, 72 % of data experts say (2024)

[6] RedHat : IA prédictive et IA générative –

[7] REZOLVE : What are SLMs and LAMs ?

[8] IBM : What is mixture of experts ?

[9] WEVOLVER : RAG vs Fine-Tuning : Differences, Benefits, and Use Cases bpi-France : L'adoption de l'IA générative dans les TPE-PME

[10] RTInsights : AI-related Data Management Trends for 2025

Chapitre 4

[1] Forbes. (s.d.). Votre entreprise est-elle prête pour l'IA ? Proposition d'une matrice de maturité IA. Forbes France.

[2] Shearer, C., et al. (2000). The CRISP-DM Model : The New Blueprint for Data Mining. Journal of Data Warehousing, 5(4), 13–22.

[3] Boston Consulting Group (BCG). (2023). Embracing AI : How Training Employees Increases Productivity and Adoption. BCG Report.

[4] Salesforce. (2023). AI for Everyone : Employee Training and Trust in Artificial Intelligence. Salesforce Research.

[5] Microsoft. (2022). AI Literacy and Skills for the Future. Microsoft AI Learning Initiative.

[6] Orange. (2023). AI Academy : Former pour démocratiser l'IA dans l'entreprise. Orange Innovation.

[7] Decathlon. (2023). Co-construire l'IA avec les équipes terrain : le pari de l'adhésion. Témoignage interne cité dans Usine Digitale.

[8] Kotter, J. P. (1996). Leading Change. Harvard Business Review Press

[9] Hiatt, J. M. (2006). ADKAR : A Model for Change in Business, Government and our Community. Prosci Research.

[10] Amazon Web Services (AWS). (2023). Machine Learning on AWS : Scaling AI in Production. AWS White Paper.

[11] CNIL. (2023). IA et données personnelles : comment rester conforme au RGPD. Lignes directrices.

[12] JPMorgan Chase. (2023). Real-Time Fraud Detection Using AI on the Cloud. Internal Case Study Summary.

Chapitre 5

[1] MIT Sloan|When humans and AI work best together—and when each is better alone

[2] World Economic Forum : How to support human-AI collaboration in the Intelligent Age

[3] MIT Sloan : The Jobs That Artificial Intelligence Will Create

[4] SmythOS : Real-World Examples of Human-AI Collaboration

[5] MIT Sloan : When-humans-and-ai-work-best-together-and-when-each-better-alone

[6] Frontiers : Human-AI teams—Challenges for a team-centered AI at work

[7] Raconteur : How four small businesses are making use of AI on a budget HP by Virtasant : Enterprise AI Adoption : Insights from Amazon, SprintIT,

[8] Chloe Latto and al. : Human-AI Teams' Impact on Organizations – A Review

[9] SHRM : Navigating the AI Landscape : Is Culture the Key to Success ?

[10] McKinsey : The race to deploy generative AI and raise skills

[11] Cisco : AI and the Workforce Industry Report Calls for Reskilling and Upskilling as 92 Percent of Technology Roles Evolve

Chapitre 6

[1] Règlement général sur la protection des données (RGPD) – Règlement (UE) 2016/679 du Parlement européen et du Conseil du 27 avril 2016.

[2] IA Act (Règlement européen sur l'intelligence artificielle) – Proposition de règlement COM/2021/206 final et ses évolutions jusqu'en 2024.

[3] Loi Informatique et Libertés (France) – Loi n° 78-17 du 6 janvier 1978 modifiée.

[4] Directive sur les produits défectueux et responsabilité de l'IA – Proposition COM/2022/496 du 28 septembre 2022.

[5] Directive sur les services numériques (DSA) – Règlement (UE) 2022/2065 du Parlement européen et du Conseil du 19 octobre 2022.

[6] Règlement sur les marchés numériques (DMA) – Règlement (UE) 2022/1925 du Parlement européen et du Conseil du 14 septembre 2022.

[7] Loi sur la transparence des algorithmes publics (France) – Loi pour une République numérique (2016).

[8] Encadrement de la reconnaissance faciale en France – Délibérations et recommandations de la CNIL (2023-2024).

[9] Expérimentation des caméras augmentées pour les JO de Paris 2024 – Loi n° 2023-10 du 19 janvier 2023 relative à l'organisation des Jeux Olympiques et Paralympiques.

Publications officielles et rapports institutionnels

[1] CNIL (Commission Nationale de l'Informatique et des Libertés) – Rapports annuels 2023-2024 sur l'IA et la protection des données.

[2] Défenseur des Droits et CNIL – Avis conjoint sur les risques de discrimination algorithmique (2020).

[3] Livre blanc « Confiance.ai » (Programme national français sur l'IA de confiance) – 2023.

[4] Numeum (ex-Syntec Numérique) – Guide pratique sur l'IA responsable (2021).

[5] OCDE (Organisation de coopération et de développement économiques) – Recommandations sur l'IA éthique et responsable (2019).

[6] AI Ethics Guidelines (Commission européenne, HLEG AI) – Directives pour une IA digne de confiance (2019).

[7] Rapports de l'ONU et de l'UNESCO sur l'impact éthique de l'IA – 2022.

[8] Rapport de l'Autorité de la concurrence (France) sur l'impact de l'IA sur les marchés numériques – 2023.

Études de cas et analyses

[1] Affaire Amazon et son algorithme de recrutement biaisé – Enquête interne révélée en 2018, analysée dans divers rapports sur les biais algorithmiques.

[2] Clearview AI et la reconnaissance faciale – Décisions de la CNIL et amendes infligées en 2022-2023.

[3] Expérimentation de l'IA journalistique chez CNET – Polémiques de 2023 sur la fiabilité des articles générés par IA.

[4] Shadow IA et fuites de données – Cas Samsung et ChatGPT (2023), incidents rapportés par The Guardian et Reuters.

[5] Cas de plateformes type Uber et Deliveroo – Régulation française sur l'algorithme de dispatch des courses et les conditions de travail.

[6] Études sur l'impact du Shadow IA en entreprise – Articles académiques et analyses sectorielles (2022-2024).

Chapitre 7

Ce chapitre résume les différentes interviews EntrepreneurIA réalisées auprès d'entrepreneurs français. Vous pouvez retrouver l'intégralité des interviews en scannant ce QR Code.

Chapitre 8

[1] Bpifrance Création – Récapitulatif des principales aides aux projets innovants

[2] Économie. gouv.fr – L'intelligence artificielle, un levier de croissance pour votre entreprise

[3] Frenchweb – Bpifrance engage 10 milliards d'euros sur 4 ans pour l'écosystème IA français

[4] DGE (entreprises.gouv.fr) – Intelligence artificielle en France : un écosystème d'excellence

[5] Eldorado – Le financement des startups de l'IA

[6] Maddyness – Comment réussir sa levée de fonds ? Cinq conseils…

[7] Intelectium – Erreurs commises lors de la recherche de financements publics

[8] Journal du Net – ROI de l'IA générative : ce qui fonctionne…

[9] DemarreTonAventure – Coûts et bénéfices de l'IA pour les PME

[10] Opteam-IA – Exemples concrets d'impacts IA en entreprise (Bible IA)

Chapitre 9

[1] McKinsey & Company—Impact économique de l'IA générative (2023)

[2] Harvard Business Review—Automatisation et avenir du travail (2024)

[3] Forbes AI Report – État des investissements en IA dans le monde (2025)

[4] Stanford AI Index Report – Développement des modèles d'IA et impact global (2024)

[5] MIT Technology Review—Innovations en IA et régulation mondiale (2025)

[6] OECD AI Policy Observatory—Analyse des stratégies IA par pays (2024)

[7] World Economic Forum—IA et transformation du marché du travail (2024)

[8] Rapport Philippe Aghion (France) – Impact économique de l'IA en France (2024)

[9] Kai-Fu Lee, AI Superpowers—Influence de l'IA sur l'emploi mondial (2023)

[10] Bill Gates, Blog Gates Notes—Perspectives sur l'IA et transformation économique (2024)

[11] Geoffrey Hinton, Déclaration sur les risques de l'IA (2023)

[12] EU AI Act – Régulation européenne de l'IA et implications pour les entreprises (2025)

[13] China AI Strategy Report—Développement de l'IA en Chine (2024)

[14] Laurence Vanin, Interview sur l'éthique et l'IA – Yunova Consulting (2025)

[15] Microsoft AI Ethics Report—Bonnes pratiques en matière d'IA responsable (2024)

[16] OpenAI, Blog et recherches – Avancées en IA générative et modèles de langage (2024)

[17] Rapport Gartner – Adoption de l'IA en entreprise et tendances technologiques (2025)

[18] Forum Économique Mondial – Études sur la montée en compétence et l'IA (2024)

[19] Rapport Accenture – IA et transformation digitale des entreprises (2024)

[20] MIT Sloan Review—Comment les entreprises intègrent l'IA à leur stratégie (2024)

[21] UNESCO AI Report – Gouvernance et enjeux éthiques de l'IA (2024)

[22] Rapport OCDE – L'impact des politiques publiques sur l'IA (2024)

[23] Études INRIA & CNRS – Développement de l'IA en Europe et en France (2024)

[24] AI Act (Union Européenne) – Réglementation et conformité IA (2025)

[25] Étude J.P. Morgan sur l'automatisation bancaire (2024)

[26] Étude Airbus sur la maintenance prédictive par IA (2024)

[27] Rapport EDF sur l'IA et les énergies renouvelables (2024)

[28] Rapport Tesla & BMW sur l'IA dans l'industrie automobile (2024)

[29] Rapport Carrefour sur l'IA dans le retail (2024)

[30] Études Singapour/Londres sur l'optimisation du trafic via l'IA (2024)

Chapitre Bonus

[1] Branco, P., et al. (2023). À Survey on Prompt Engineering Techniques for Large Language Models. arXiv preprint arXiv : 2308.07061.

[2] Brown, T. B., et al. (2020). Language Models are Few-Shot Learners. Advances in Neural Information Processing Systems.

[3] Brynjolfsson, E., Li, L., & Raymond, R. (2023). Generative AI at Work. NBER Working Paper Series, (31,161).

[4] Bubeck, S., et al. (2023). Sparks of Artificial General Intelligence : Early experiments with GPT-4. arXiv preprint arXiv : 2303.12712.

[5] Chui, M., Harrysson, M., Manyika, J., Roberts, R., & Yee, L. (2023). The state of AI in 2023 : Generative AI's breakout year. McKinsey.

[6] Kojima, T., et al. (2022). Large Language Models are Zero-Shot Reasoners. arXiv preprint arXiv : 2205.11916.

[7] Liu, P. J., & Chilton, L. B. (2022). Design Guidelines for Prompt Engineering. arXiv preprint arXiv : 2202.02270.

[8] Liu, Y., & Chilton, L. B. (2022). Prompt Engineering for Creative Text-Based AI Generation. arXiv preprint arXiv : 2211.01332.

[9] Lo, L. S. (2023). The CLEAR path : A Framework for Enhancing Information Literacy through Prompt Engineering. The Journal of Academic Librarianship, 49(4), 102,717.

[10] Nakada, J., et al. (2025). À Theoretical Framework for Prompt Engineering : Approximating Smooth Functions with Transformer Prompts. arXiv preprint arXiv : 2503.20561.

[11] Reynolds, L., & McDonell, K. (2023). Prompt Engineering : The Definitive Guide. Prompt Engineering Guide.

[12] Reynolds, M., & McDonell, S. (2023). Prompt Programming for Large Language Models : Beyond the Few-Shot Paradigm. arXiv preprint arXiv : 2102.09690.

[13] Velásquez-Henao, J. D., et al. (2023). Prompt Engineering for Education : Towards the Development of Effective AI-Based Learning Tools. Applied Sciences, 13(21), 11,779.

[14] Wei, J., et al. (2022). Chain-of-Thought Prompting Elicits Reasoning in Large Language Models. arXiv preprint arXiv : 2201.11903.

[15] White, J., et al. (2023). À Prompt Pattern Catalog to Enhance Prompt Engineering with Large Language Models. arXiv preprint arXiv : 2302.12783.

[16] White, M., et al. (2023). Prompt Engineering for Large Language Models : A Survey. arXiv preprint arXiv : 2302.11382.

[17] Zhao, W., et al. (2023). À Survey on Prompt Engineering. arXiv preprint arXiv : 2301.00323.

[18] Zhou, Y., et al. (2023). Large Language Models for Prompt Engineering : A Review. arXiv preprint arXiv : 2303.04129.

Table des matières

Cet ouvrage a été réalisé

par **SARYTECH** [v1]

Pour LESEDITIONS**OVADIA**
N° d'éditeur : 2-36392

Dépôt Légal : 2025